"国学今用"系列

姜正成 编著

庄子与我聊人生

郑州大学出版社

图书在版编目（CIP）数据

庄子与我聊人生 / 姜正成 编著 . —郑州：郑州大学出版社，2016.8（2021.7重印）

（国学今用）

ISBN 978-7-5645-3076-1

Ⅰ . ①庄… Ⅱ . ①姜… Ⅲ . ①庄周（约前 369– 前286）– 哲学思想 – 通俗读物 Ⅳ . ① B223.5–49

中国版本图书馆 CIP 数据核字（2016）第 126124 号

郑州大学出版社出版发行

郑州市大学路 40 号　　　　　　　邮政编码：450052

出版人：张功员　　　　　　　　　发行部电话：0371-66658405

全国新华书店经销

北京洲际印刷有限责任公司印制

开本：710 mm×1 000 mm　　1/16

印张：15.75

字数：229 千字

版次：2016 年 8 月第 1 版　　　　印次：2021年7月第2次印刷

书号：ISBN 978-7-5645-3076-1　定价：49.80元

前　言

在中华民族的历史长河中，有这样一个人物：他的想象总是奇特怪诞，洋溢着浪漫色彩；他的意象总是雄浑飞跃，情致超凡脱俗；他的思想总是跌宕起伏，却能一线贯穿；他的寓言总是变幻莫测，读之奇趣横生；他的譬喻总是活泼风趣，充满睿智的灵光；他的笔触总是大气磅礴，如汪洋恣肆般一泻千里；他总是追求顺其自然无所依，最终获得无穷的自在自由……他就是中华文明史册中的一颗璀璨的明珠——庄子。

庄子（公元前369—前286），汉族，姓庄名周，字子休，享年84岁，道家学说的主要创始人之一，中国著名哲学家、思想家、文学家，辩论家。庄子祖上系出楚国公族，后因吴起变法楚国发生内乱，先人避夷宗之罪迁至宋国蒙地。庄子生平只做过地方漆园吏，因崇尚自由而不应同宗楚威王之聘。庄子与道家始祖老子并称"老庄"，他们的哲学思想体系，被思想学术界尊为"老庄哲学"，代表作品为《庄子》，名篇有《逍遥游》、《齐物论》等。庄子主张"天人合一"和"清静无为"，代表作《庄子》并被尊崇者演绎出多个版本，名篇有《逍遥游》、《齐物论》等。

那么，现在，庄子穿越历史时空，与我们今人一起探讨人生……

关于自我超脱：庄子认为应该淡泊名利、顺其自然、相濡以沫不如相忘于江湖、撄宁后成、少私寡欲，等等，告诫我们，一个人要学会不受传统的约束，敢于追求自我价值；敢于超越常规的思想，解脱世俗的束缚。只有这样，才能实现自我超脱。

关于自我省视：庄子认为应该敢于正视自己的不足、人贵有自知之明、识人先识己、认清自我价值，等等，告诫我们，一个人只有清楚地认识自己，才能认清自我的价值，才能认知别人。否则，将会失掉自我本性，随波逐流，人云亦云，将真我埋没。

关于自我修养：庄子认为应该真诚待人、大智若愚、宽容、不能以貌取人，等等，告诫我们，要想做一个有修养的人，就需要提高自己各方面的素质与能力，在各个方面进行自我教育和自我塑造，不断完善自己。

关于自我安慰：庄子认为应该接受自己所不能改变的、克服嫉妒、学会放下、只看自己所拥有的，等等，告诫我们，人生总是有缺憾的，为此，没有必要去刻意追求一些自己有可能做不到或者得不到的东西，但只要你努力了、奋斗了，只要有一颗十分积极而有意义的心，你就已经是一个非常了不起的人了。

关于自我突破：庄子认为应该脚踏实地、锲而不舍、坚持不懈、志当存高远、专心致志，等等，告诫我们，成功没有捷径，只有方式方法。攀上成功的巅峰并不难，难就难在你有没有具备自我突破的雄心壮志。

关于自我快乐：庄子认为应该学会乐观、学会享受当下的快乐、莫要贪恋物欲、打开心灵的枷锁，等等，告诫我们，人的一生中，如果把伤心事、烦恼事、无聊事都牢记心中，那么你就永远不可能快乐起来。但如果能够乐观积极地面对生活，你就会感到自己永远都是那么幸福与快乐！

关于自我节制：庄子认为应该控制好自己的情绪、凡事量力而行、沉默是金、学会敛藏德性，等等，告诫我们，一个人的一生，精力是有限的，要想让自己的人生活得洒脱、有意义，就要学会自我节制。所以，人生的真谛应该是自由而洒脱的，应该是有节制的，应该是有张有弛的……

本书收录了庄子的经典名句，以及这些经典名句对后人的启发。本书将庄子的重要思想详尽地陈述了出来，穿越几千年的历史时空，庄子与我们聊自我超脱、自我省视、自我修养、自我安慰、自我突破、自我快乐、自我节制。本书通过生动有趣的实例和深入浅出的分析，启迪你的智慧，照亮你的人生之路，开启成功之门。

目　录

第一章　庄子与我聊自我超脱

在人的一生中，假若把成败得失、功名利禄、恩恩怨怨、是是非非、生老病死等都萦绕在心中，那么，就等于背上了沉重的包袱、无形的枷锁，就会活得非常累，最终心力交瘁，伤痕累累。其实，人生在世，短短几十年的时间，何苦如此虐待自己呢？何不活得洒脱一些？何不让一切顺其自然，把一切看淡呢？只有这样，才是自我的一种升华，才是一种自我超脱。

第二章　庄子与我聊自我省视

常言道：人贵有自知之明。但真正能够审视自己，又谈何容易？庄子认为，人只有清楚地认识自己，才能认清自我的价值，才能认知别人。是的，只有找到真实的自我，才能够正确面对自己的对与错、美与丑、善与恶，从内心做到不怨天尤人，真正认识到自己的能力，再通过不断的修补与完善，向更加完美的人生靠近。否则，将会失掉自我本性，随波逐流，人云亦云，将真我埋没。

第三章　庄子与我聊自我修养

　　有修养的人凝聚人气，有修养的人聪明睿智，有修养的人宽容大度，有修养的人心灵美……有修养的人无论走到哪里，头上都罩着美丽的光环，耀眼夺目。所以，要想做一个有修养的人，就需要提高自己各方面的素质与能力，在各个方面进行自我教育和自我塑造，不断地完善自己。

第四章　庄子与我聊自我安慰

　　爱因斯坦曾经说过："不要努力去做一个成功的人，宁可努力去做一个有价值的人。"他这句话是不仅给我们指明了一个人人生发展的取向，而且也教给了我们一种对待人生的态度。是的，天能覆盖万物，却不能承受万物，地能承载万物，却不能覆盖万物，正所谓"有所长必有所短，有所能必有所不能"。所以说，人生总是有缺憾的。为此，没有必要去刻意追求一些自己有可能做不到或者得不到的东西，但只要你努力了、奋斗了，只要有一颗十分积极而有意义的心态，你就已经是一个非常了不起的人了。

第 **五** 章　庄子与我聊自我突破

　　或许，我们每个人都想突破困境，戴上成功的花环。但是，怎样做才能出人头地、成为一个成功的人呢？常言道：成功没有捷径，只有方式方法。那么，要想获得成功，就需要具备哪些素质呢？脚踏实地、锲而不舍、坚持不懈、坚强的毅力……是的，攀上成功的巅峰并不难，难就难在你有没有具备自我突破的雄心壮志。勇敢地放飞你的梦想吧，心有多大，舞台就有多大！

第 **六** 章　庄子与我聊自我快乐

　　人生的前方是什么？是一片更为辽阔的天空！生活本身并不允许每个人身上背负太多负荷与让人不快乐的东西，所以，人的一生中，如果把那些伤心事、烦恼事、无聊事都牢记心中，那么你就永远不可能快乐起来。但如果能够乐观积极地面对生活、懂得知足常乐、打开心灵的枷锁、珍惜自己所拥有的……相信你会感到自己永远都是那么幸福与快乐！

第七章　庄子与我聊自我节制

一个人的一生，精力是有限的，要想让自己的人生活得洒脱、有意义，就要学会自我节制。因为，生活中的诱惑太多了，金钱、美色、物欲等等，都在引诱着你。面对如此物欲横流的社会，如果不懂得自我节制的话，不但自己得不到想要的东西，还有可能赔上自己的健康，甚至搭上性命也未可知。所以，人生的真谛应该是自由而洒脱的，应该是有节制的，应该是有张有弛的……

第一章

庄子与我聊自我超脱

在人的一生中，假若把成败得失、功名利禄、恩恩怨怨、是是非非、生老病死等都萦绕在心中，那么，就等于背上了沉重的包袱、无形的枷锁，就会活得非常累，最终心力交瘁，伤痕累累。其实，人生在世，短短几十年的时间，何苦如此虐待自己呢？何不活得洒脱一些？何不让一切顺其自然，把一切看淡呢？只有这样，才是自我的一种升华，才是一种自我超脱。

淡泊名利，才能活得清心自在

【聊天实录】

我：庄老先生，您对自我超脱有何高见？

庄子：我曾讲过这样一个故事：子列子穷，容貌有饥色。客有言之于郑子阳者曰："列御寇，盖有道之士也，居君之国而穷，君无乃为不好士乎？"郑子阳即令官遗之粟。子列子出，见使者，再拜而辞。使者去，子列子入，其妻望之而拊心曰："妾闻为有道者之妻子，皆得佚乐，今有饥色。君过而遗先生食，先生不受，岂不命邪？"子列子笑谓之曰："君非自知我也。以人之言而遗我粟，至其罪我也，又且以人之言，此吾所以不受也。"其卒，民果作难而杀子阳。

我：您这个故事该如何解释呢？

庄子：这个故事的意思就是：列子生活贫困，面容常有饥色。有人对郑国的上卿子阳说起这件事："列御寇，是一位有道的人，居住在你治理的国家中却是如此贫困，你恐怕不喜欢贤达的士人吧？"子阳立即派管理送给列子米粟。列子见到派来的官吏，再三辞谢不接受子阳的赐予。官吏离去后，列子进到屋里，列子的妻子埋怨他并且拍着胸脯伤心地说："我听说作为有道的人的妻子儿女，都能够享尽逸乐，可如今我们却面有饥色。郑相子阳瞧得起先生才会把事物赠送给先生，可视先生却拒不接受，这难道不是命里注定要忍饥挨饿吗！"列子笑着对她说："郑相子阳并不是真正了解我。他这次是因为别人说我好话才派人赠予我米粟，以后也有可能因为别人说我的坏话而加罪于我，这就是我不愿接受他的赠予的原因。"后来，百姓果真发难而杀死了子阳。

我：您的意思是说列子生活贫困、面有饥色，却拒绝了郑国的上卿子阳派人送来的钱物。面对老婆的质问，列子的回答显示了他的智慧和清醒：子阳并不是真正了解我，他这次因为别人说我好话而派人赠予我米粟，以后就有可能因为别人说我的坏话而加罪于我。后来，这个子阳果然被起来反抗的百姓杀死了。如果列子当时接受了馈赠为其所用的话，肯定也会不免于祸。您讲这个故事的目的，是告诉世人要清醒地认识到了官场的险恶的。

庄子：是的，淡泊名利，才能活得清心自在。

【解读】　　　　～∽ **追逐名利而死的李斯** ∽～

李斯（公元前284—前208），字通古，楚上蔡（河南省上蔡县西南）人，是秦朝丞相，同时也是当时著名的文学家和书法家，据说小篆就是由他创造的。

李斯出身于平民，但他胸怀大志，为改变自己的命运，他拜荀子为师，几十年勤学苦读，终于成为秦朝的丞相，位至一人之下，万人之上，享尽荣华富贵。李斯曾协助秦始皇合并六国，统一中国，

李斯

对历史的发展做出重要的贡献。然而，就是这样一位杰出的人物，到头来却落个满门抄斩、诛灭九族的可悲下场，不免让人生出诸多的慨叹。但归根结底，李斯的悲剧，在于他在追求荣华富贵的过程中，使自己的道德逐渐丧失，最终迷失了方向。

法家思想的集大成者韩非是李斯的同学，他们都是荀子的学生，而韩非出众的文采，就连李斯自己也自叹不如。秦王在读过韩非的《孤愤》、《五蠹》等文章之后，对他极为敬佩，曾发出"如能跟此人交往，死而无憾"的感叹。后来，韩非来到秦国，并显示出他那过人的才干。但韩非毕竟过于正直，他虽有合并六国的千万条策略，却忽略了保护自己，此时他并没有意识到自己身边的好友、昔日的同窗李斯已经变成一个恶毒的小人。于是，在韩非没有任何防范和思想准备的情况下，早已经对韩非怀有嫉妒之心的李斯便向秦王说道："韩非是韩国的公子，

他只会替韩国着想，不可能真心为秦国出力的。"而听信李斯谗言的秦王，很快就把韩非关进大牢里，随后，李斯便趁机迫使韩非自杀。

秦始皇统一中国后，李斯又给秦始皇呈上有名的《焚书议》，秦始皇于是下令在全国范围内焚书，把秦国以外的史书和私人收藏的《诗》、《书》、诸子百家等全部烧掉，并于始皇帝三十五年（公元前212年），把四百六十多名儒生全部在咸阳附近活埋。这就是历史上有名的"焚书坑儒"事件，而这种残忍和愚蠢之极的举动，正是由李斯进行策划的。

后来，秦始皇在出巡的途中病危，临死前令赵高写一封诏书，有意让长子扶苏继承皇位。其实，这本来应该是顺理成章的事，毕竟扶苏是长子，立他为帝，不至于引起全国的动荡。然而，诏书还没发出，秦始皇就死了，而身为掌管皇帝玉玺的赵高却心怀私心，想立与自己关系密切，却年幼无知的胡亥为帝。在此大是大非的关头，李斯身为丞相，掌握着最高的权力，本应为国家安危和天下百姓着想，主持正义，然而他却抛弃最起码的原则，与赵高共同扶胡亥登上帝位。

胡亥继承帝位后，赵高的残暴本性便暴露无遗，他首先诛杀公子扶苏、大将蒙恬、右丞相冯去疾以及秦始皇的二十多个儿子和十多个公主；接着，赵高又加重对农民的剥削和压迫，给老百姓带来更加深重的灾难；最后，赵高为独揽权力，设计杀死李斯全家。

不久之后，在各地农民起义的洪流中，秦朝很快便土崩瓦解。

李斯无疑拥有着过人的才干和才华，然而，在获得荣耀和富贵后，他却仍然不知足，最后导致人品和人格丧失，助纣为虐，最后反被小人所害，真可谓是自掘坟墓，咎由自取。试想，如果李斯没有害死自己的同窗韩非，或者在关键的时刻能够以大局为重，立扶苏为帝，或许中国的历史会因此而改写，他的人生也会因此而重写。然而，历史不允许我们有任何的假设，李斯的下场，也正应了庄子"与物相刃相靡，其行尽如驰，而莫之能止，不亦悲乎"的警训。

可见，那些手中握有权力的人，在对待名利上一定要适可而止，才能避免危难。反之，为争名夺利而奋不顾身，则必然会落个身败名裂的可悲下场。

要学会淡泊名利

在中国历史上，有一个人对官场的险恶认识得最清醒，那就是功成身退、泛舟五湖的越国大夫范蠡。范蠡在帮助越王勾践成功之后，没有贪恋高官厚禄，而是立刻离开了越国。他从齐国写信给文种说："飞鸟尽，良弓藏；狡兔死，走狗烹。越王为人长颈鸟喙，可与共患难，不可与共乐，子何不去？"大意是说：飞鸟射杀完了，好的弓箭就会被收起来。狡猾的兔子捕完了，猎狗就会被煮掉。越王为人阴险，工于心计。可以与他共患难却不能同享乐，你为什么还不快离开呢？

文种在收到信后便称病不上朝，但最终仍未逃脱赐死的命运，而范蠡却早早料到这一点，这主要是因为他对名利的淡泊和对官场的清醒认识。

名利能给人带来巨大的物质利益，能满足人的面子思想，但如果过分地追名逐利，肯定会给人带来无尽无休的苦恼。萨克雷的《名利场》中的女主人丽蓓卡·夏普便是典范，她的一生都是在不断追求功利中度过的，但到最后，她的一切心机全白费了。作者在全书的结尾以感伤而又无奈的语气说道："唉，浮名浮利，一切虚空，我们这些人里面谁是真正快活的？谁是称心如意的？就算当时遂了心愿，以后还不是照样不满意？"

人在这个世界上，正如一个来去匆匆过客。名和利，都是过眼烟云，是身外之物，生不带来，死不带去，与其一生为它所累，不如活得实实在在、快快乐乐。

非淡泊无以明志，非宁静无以致远。古人这寥寥数语，道出了人生的许多真谛。淡泊名利，是一种佳境；追逐名利，是误入歧途。淡泊名利，可能平凡，但还不至于平庸；追逐名利，可能会风光，但心灵不会自由，这样做人还有什么意思呢？名利无非是身外之物，面对名利，我们要做到：得之泰然，不惊不喜，失之淡然，不悲不怒。为了名利而累心累身，的确是在干本末倒置的傻事。

所以说，只有淡泊名利，才能活得清心自在。

人 生 智 慧

◇淡泊名利，才能活得清心自在。

◇非淡泊无以明志，非宁静无以致远。

◇淡泊名利，是一种佳境；追逐名利，是误入歧途。

顺其自然，才能自我超脱

【聊天实录】

我：庄老先生，您对自我超脱有何高见？

庄子：我曾说过：缘督以为经，可以保身，可以全生，可以养亲，可以尽年。

我：您这句话该怎样理解呢？

庄子：这句话的意思就是：顺着自然的理路以为常法，就可以保护生命，可以保全天性，可以不给父母留下忧患，可以终享天年。

我：您的意思是认为如果顺其自然地生活，就可以让自己的生命和天性得到保护，所以对生活不要太苛求，顺其自然才能愉悦身心，幸福才能长久。

庄子：是的，顺其自然，才能自我超脱。

【解读】　　　　　　孔子不耻下问

有一天，孔子带领学生出游，来到一处瀑布面前，观看瀑布的奇观壮景，这里的瀑布气势宏伟，声势浩大，真有点飞流直下三千尺的感觉。水流撞入江中所激起的浪花飞溅，十数里以外都可以感觉到。可以说，这种急速的水流，连鱼也无法在其中游。

就在孔子为眼前的奇观壮景大为感慨时，只见有一个男子猛然间纵身跳入汹涌的激流之中，孔子和他的学生们还以为这名男子是在自杀，于是急忙跑过去，准备救这名男子，不料刚走出百米远，就看见那名男子从湍急的流水中唱着歌游到岸上来，孔子和学生们吓了一大跳，忙问他是不是要自杀。

那位男子觉得很奇怪，反问道："我这是在游泳、在玩，我活得好好的，为什么要自杀呢？"

孔子觉得很疑惑，又问道："在这样湍急的水中你也敢游泳，你就不怕被水给冲走吗？"

那位男子回答说："当然不会，这水怎么能把我给冲走呢？"

孔子又问："难道你会游泳的道术？"

男子回答说："我哪会什么游泳道术呀，我只是安于常道，顺遂自然。同漩涡一起入水，同涌浪一起出水，顺从水的规律，而不行使我个人的意愿，仅此而已！"

孔子又问道："什么叫安于常道，顺遂自然呢？"

男子回答道："我生在丘陵，对丘陵感到安适，这就叫安于常道；我在游水中长大，对水感到安适，我不知道为什么要这样做而去做了，这就叫顺遂自然。"

听完那位男子的回答，孔子终于悟出了一个道理，那就是凭本能才能开始生活，靠适应性才能成长，顺其自然才能成功。就如同那个男子，他生活在陆地上就安于陆地，生活在水上就安于水上，所以他才能够在激流的江中游泳。由于这名男子长期地生活在这个环境，他已经顺应了这里的自然，所以他成功了。

看完这个小故事中，我们不但看到了孔子不耻下问的谦和，同时也看到了那位男子的逍遥和自在，因为他真的做到了庄子所说的"缘督以为经，可以保身，可以全生"。所以，在现实生活中，不管我们遇到什么样的事情，都要尽量让自己冷静地去思考，不必急于发表意见，只要问心无愧就可以了。因为世间的万事万物，本来就应该自自然然地生长，不必在乎，但也不是不在乎，而是要懂得自然的法则，这样，你自然就会拥有一份自在。

学会顺从自然而生活

顺从自然，让一切按自然规律进行，说起来简单，做起来却不易，哪怕像吃饭睡觉这种人人都觉得稀松平常的事要顺其自然也并非易事，有一则复学公案说的就是这个问题：

源律师问："和尚修道，还用功否？"师曰（大珠慧海禅师）："用功。"曰："如何用功？"师曰："饥来吃饭，困来即眠。"曰："一切人总如是，同师用功否？"师曰："不同。"曰："何故不同？"师曰："他吃饭时不肯吃饭，百种须索；睡时不肯睡，千般计较，所以不同也。"律师杜口。

"饥来吃饭，困来即眠"，这是大珠慧海禅师对真解佛法，得自由人生状态的一种的描述。它代表一种纯任天然、不事雕琢、绝学无为、逍遥洒脱的人生境界，后期禅宗所谓"无功之功，无学之学"指的即是这种境界。这是一种极高的人生境界，看起来"饥来吃饭，困来即眠"平平淡淡，似乎不费一点心力便能做到，但真要把它变为现实却绝非易事。一个人真要把吃饭的事搞明白了，也就把所有人生问题都搞明白了。也许有人会说了，吃饭有什么难的，每个人每天不都在做吗？其实吃饭说简单非常简单，只不过是牙齿一动、舌头一搅，是每个人每天都在干的事情。但是说难却也难，难就难在把吃饭就当成是吃饭，只为自己吃饭。

所以大珠慧海禅师用功的关键即是"饥来吃饭，困来即眠"，八个字的真实意旨是还一切事物以本来面目，以平常自在心对待一切事物，返璞归真，任运随缘，回归自我。人生在世，光怪陆离的东西实在太多，谁也无法说出哪些是好的，哪些是不好的，哪些值得追求，哪些不值得追求，哪种模式算是成功，哪种模式算是失败，唯一能说明白的也许只有三点：第一，自己的事情自己承担，不要麻烦任何人为你代劳，也不要抢着为任何人代劳；第二，要多照顾自己的情绪，少顾忌他人的眼色，太多顾忌别人，把自己弄得像个演员似的，实在是一件出力不讨好的事情；第三，凡事最好量需而行、量力而行，不要订太高的目标。就像吃饭，你有多大胃口、有多少钱，就点多少菜，千万不要贪多求全。

其实，不只是吃饭这种日常之事要追求顺遂本性，其他非常规的情况紧急也应当如此。所谓人生的重大抉择多半如此，人生的苦恼也多半由于未能顺从自然。

顺其自然是最好的活法，不抱怨，不叹息，不堕落，胜不骄，败不馁，只管奋力前行，只管走属于自己的路。中国有句格言叫作"谋事在人，成事在天"，而这种"成事在天"便是一种顺其自然。只要自己努力了，问心无愧便知足了，不奢望太多，也不会事事失望。

顺其自然当然不是让你随波逐流，放任自流，而是在弄明白自己的人生方向后踏实地朝着目标走下去，坚持正常的学习和生活，做自己应该做的事情。

顺其自然不是宿命论，而是在遵守自然规律的前提下积极探索；顺其自然不是不作为，而是有所为，有所不为。

人生如同一艘在大海中航行的帆船，遇到风暴是无法改变的事实，只有顺其自然，学会适应，才能战胜困难。现实生活中我们应该学会顺其自然，学会到什么山唱什么歌。

顺其自然，一切都将按自己的规律发展，这样最好不过了——即收获充实，又不失精彩。一切顺其自然，不必刻意强求，一个人才会过得舒心舒适，人生的烦恼多半生由本心，正所谓"世上本无事，庸人自扰之"也。

人生智慧

◇顺其自然，才能自我超脱。

◇顺从自然，让一切按自然规律进行。

◇现实生活中我们应该学会顺其自然，学会到什么山唱什么歌。

与其"相濡以沫"，不如相忘于江湖

【聊天实录】

我：庄老先生，您对自我超脱有何高见？

庄子：我曾说过：泉涸，鱼相与处于陆，相呴以湿，相濡以沫，不如相忘于江湖。

我：您这句话该如何解释呢？

庄子：这句话的意思就是：泉水干涸了，鱼儿困在陆上相互依偎，互相大口出气来取得一点湿气，以唾沫相互润湿，这实在不如在江湖中互相忘记对方。

我：您的意思是您并不喜欢鱼儿相濡以沫，您更希望的是水终于又漫上来，两条鱼也终于要回到属于它们自己的天地，在自己最适宜的地方快乐地生活，忘记对方，也忘记那段相濡以沫的日子。相濡以沫也许令人感动，但是，这样的生存环境并不是正常的，往往是为了生存的必要，是无奈甚至凄凉的。如果生活时时处处都需要相濡以沫的话，那样的生活也就缺乏乐趣了，倒真不如相忘于江湖来得轻松自在。与其"患难见真情"，还不如根本无情，在安定的生活中互相不需要相帮，无风无浪，终此一生。

庄子：是的，与其"相濡以沫"，不如相忘于江湖。

【解读】 ～ **情深到极点是"忘情"** ～

《红楼梦》里的多情种子贾宝玉也终究"悬崖撒手"，脂砚斋评价宝玉有"世人莫忍为之毒"，其实这种毒也正是"情极之毒"，情深到了极点反而"忘情"，但对于世人和爱他之人来说，便算得"毒"了。

　　这里宝玉的"毒"，是"爱到极点而生出的狠毒"，其实也就是情到极致之后的"忘情"之毒。宝玉是深爱着他身边众多的女孩，但在"千红一哭，万艳同悲"的《红楼梦》里，这些美丽可爱的女孩子，都逃不出"红颜薄命"的悲剧。每失去一个闺阁知己，对于宝玉来说，都是一种致命的精神打击。如果说，黛玉的早逝以及贾府的衰败，已经让宝玉承受一次巨大的创伤，那么在贫困潦倒之后，这位"爱博心劳"的怡红公子，恐怕就再难以承受以后又失去宝钗、失去麝月的痛苦了。可是，宝钗、麝月又怎能逃得出命中注定的悲剧呢？正是为了避免看到这样一种必将降临，却又茫茫而不可知的悲剧，宝玉才主动地选择了逃避。换句话说，他的出家为僧，正是因为出于对失去宝钗、麝月等众多女儿的恐惧。——按世人的"常理"来看，宝玉既然爱着身边的女孩，就应该永远地厮守在她们的身边，直到她们香消玉殒。但宝玉的逻辑，却与常人相异，甚至对于最深爱的精神知己黛玉也产生过"莫如相忘于江湖"的念头，在有一次跟黛玉吵过架之后，他说："我只求你们同看着我，守着我，等我有一日化成了飞灰——飞灰还不好，灰还有形有迹，还有知识——等我化成一股轻烟，风一吹变散了的时候……那时凭我去，我也凭你们爱哪里去就去了。"这句话如果翻译成庄子式的语言，恐怕可以说是"相濡以沫，然后相忘于江湖"吧？

　　这种相忘于江湖不是一种绝情或者无情的做法，而是在情深到极致之后的"忘情"，情感中的甜蜜和苦痛都已经经历过的人才会说出这样貌似超达实则性情的话呀！

❧ 相忘于江湖是一种超然的境界 ❧

　　在现在的语境中，"相濡以沫"是一个充满着温暖和温馨色彩的成语，现在人们一般用它来比喻一家人同在困难的处境里，用微薄的力量互相帮助，延续生命，有时也专门用来比喻在困境中相依为命和相互救助的夫妻。

　　泉水干涸了，两条小鱼被困在远离了水的陆地上，为了生存，两条小鱼彼此用嘴里的湿气来湿润对方，这样的情景确实是让人感动的，也是现在的很多人向往的境界。但是庄子却并不喜欢相濡以沫，于是在人们还唏嘘于"相濡以沫"的款款深情时，庄子就来了一个转折，"相濡以沫，不如相忘于江湖"。他更希望的是水终于又漫上来，两条鱼也终于要回到属于它们自己的天地，在自己最适宜的地方快乐地生活，忘记对方，也忘记那段相濡以沫的日子。相濡以沫也许令人感动，但是，这样的生存环境并不是正常的，往往是为了生存的必要，是无奈甚至凄凉的。如果生活时时处处都需要相濡以沫的话，那样的生活也就缺乏乐趣了，倒真不如相忘于江湖来得轻松自在。与其"患难见真情"，还不如根本无情，在安定的生活中互相不需要相帮，无风无浪，终此一生。

　　是的，与深情款款的"相濡以沫"相比，"相忘于江湖"的选择似乎是无情的，但有的时候忘情不是无情，而是情深到极致之后的一种超脱。刘义庆的《世说新语》伤逝篇里记过这么一件事：

王戎

　　　　王戎丧儿万子，山简往省之，王悲不自胜。简曰："孩抱中物，何至于此？"王曰："圣人忘情，最下不及情。情之所钟，正在我辈。"简服其言，更为之恸。

　　　　翻译成白话就是：王戎的儿子万子（王绥）死了，山简去探望他，王戎悲痛得不能自已。山简对他说："孩子岁数并不大，你何必这么悲伤？"王戎说："圣人忘情，层次最低的人不懂感情。能够钟情的人，正是我们啊。"山简被他的话打动，也跟着悲伤起来。

　　在这里，王戎根据人们对待感情的态度把人分为三类，一种是直接不懂感情的最下之人，这里的最下不是指社会地位或者知识学问的低下，而是那些冷血功利、内心里缺乏情感的人；一种是圣人，圣人不是心里没有感情，而是有情之后的忘情；另外一种就是王戎这种人了。他们既不是内心没有感情之人，也不能做到"忘情"，所以说是感情最为强烈的"情之所钟"之辈。

　　如果说"相濡以沫"是"情之所钟"之辈之所为，那么"相忘于江湖"者也绝对不是"最下不及情"，根本不懂情为何物之人，而是"忘情"的圣人。其实，有的时候深情跟忘情只有一线之差，二者都是非有情之人不能为的。用情至深就会更深地体会到感情带给人的幸福和痛苦，也更容易滑向"忘情"，相忘于江湖者往往都是些曾经相濡以沫的人呀。

江湖很大，一条鱼可以与另一条鱼永不相逢。同样的，大道宽广，人与人可以互不伤害，各自前行，不要强迫走在一起，不要互相牵挂，忘掉是纪念的最好方式。

因此，我们应该忘掉自己的一切，这样才活得轻松，活得自在，才不会被往事折磨，才能有更大的幸福。

东汉管宁和华歆两人在园子里锄地，忽然锄到了一块金子。管宁只管锄地，把金子看得就跟石头瓦片没什么区别，华歆却把金子捡了起来。有一次，他们坐在一张席子上读书，门外有人坐着豪华马车经过，管宁只管读书，根本不为所动，而华歆却放下书到门口看热闹。于是管宁就拿刀把席子割开，对华歆说："你不是我的朋友。"

作家王少农认为，绝交是人的一大美德。

一定要与有的人绝交，不绝交不足以理清恩怨向前走。世路多荆棘，世人多险恶，与其与虎狼为伴，不如与虎狼绝交，走自己的路。

其实，绝交亦是宽恕与包容。绝交仅仅是不来往，并没有必要去攻击对方，甚至击倒对方。

只有舍得放弃，才有收获。绝交一些人，才能交往另一些人，不绝交则无法找到真正志同道合的人。

如果你绝交的是你最好的朋友，并且你知道与他绝交就再也找不到这样的人了，那怎么办？答案是：依然要绝交。

因为，不绝交不足以成就自己，不绝交不足以成全对方。

刘备可以暂时依附曹操，但两人不会成为真正的朋友，哪怕他们曾经青梅煮酒，笑谈天下英雄，但依然不能朋友到底。不能朋友到底，那就说到底还是敌人。

当然，你可以像管宁割席一样，以绝交代替对敌，便是真正爱对方，真正为对方着想了。

记住：绝交是爱。你要是真爱自己，真爱对方，就一定要与他绝交。

与其枯藤缠树同生同死，不如砍掉那根藤，自做一棵大树。

在庄子的笔下，"他用悠远无稽的说法、广大虚幻的言论、漫无边际的语词来表达，时常任意放纵而不觉同伐异，也不会执持偏于一端的见解。他认为天下人沉迷混浊，没办法同他们讲正经的道理。他以随机应变的话来任意引申，以借重别人的话来证明可信，以寓言来推广想法。"是的，我们在读《庄子》时，对此会有充分的感受，而最重要的是庄子所抵达的，是一种"相忘于江湖"、尽情游戏在精神世界的超然境界。

感情是一件多么甜蜜又无奈的东西，因为情到深处与太多东西相关，命运、信仰、忠贞、犹疑，为此，与其"相濡以沫"，不如相忘于江湖。

人生智慧

◇与其"相濡以沫"，不如相忘于江湖。

◇如果生活时时处处都需要相濡以沫的话，那样的生活也就缺乏乐趣了，倒真不如相忘于江湖来得轻松自在。

◇与其"患难见真情"，还不如根本无情，在安定的生活中互相不需要相帮，无风无浪，终此一生。

撄宁后成，始终保持内心的平静

【聊天实录】

我：庄老先生，您对自我超脱有何高见？

庄子：我曾说过：其名为撄宁。撄宁也者，撄而后成者也。

我：您这句话该如何解释呢？

庄子：这句话的意思就是：这就叫作"撄宁"。撄宁，意思就是接触外物却不受外界事物的纷扰，从而保持心境的宁静清明。

我：您的意思是"撄宁"正是您倡导的极高的修养境界，"撄"是纷乱、扰乱的意思，"宁"指心神宁静，"撄宁"也就是说身处纷乱却能够获得内心的平静。在当今这个物欲横流的社会，要想抵御世俗的、浮躁的社会侵蚀来求得个体内心的平静似乎越来越难了。

庄子：是的，撄宁后成，始终保持内心的平静。

【解读】

❧ 我静则万静 ❧

有一位虔诚的佛教信徒，每天都从自家的花园里采撷鲜花到寺院供佛。一天，当她正送花到佛殿时，碰巧遇到无德禅师从法堂出来，无德禅师非常欣喜地说道："你每天都这么虔诚地以香花供佛，依经典记载，常以香花供佛者，来世当得庄严相貌的福报。"

信徒非常欢喜回答道："这是应该的，我每天来寺礼佛时，自觉心灵就像洗涤过似的清凉，但回到家中，心就烦乱了，我们一个家庭主妇，如何在烦嚣的城市中保持一颗清净纯洁的心呢？"

无德禅师反问道："你以鲜花献佛，相信你对花草总有一些常识，我现在问你，你如何保持花朵的新鲜呢？"

信徒答道："保持花朵新鲜的方法，莫过于每天换水，并且于换水时把花梗剪去一截，因花梗的一端在水里容易腐烂，腐烂之后水分不易吸收，就容易凋谢！"

无德禅师道："保持一颗清净纯洁的心，其道理也是一样，我们的生活环境就像瓶里的水，我们就是花，唯有不停净化我们的身心，变化我们的气质，并且不断检讨，改进陋习、缺点，才能不断吸收到大自然的净化。"

信徒听后，欢喜作礼感谢道："谢谢禅师的开示，希望以后有机会亲近禅师，过一段寺院中禅者的生活，享受晨钟暮鼓、菩提梵唱的宁静。"

无德禅师道："你的呼吸便是梵唱，脉搏跳动就是钟鼓，身体便是庙宇，两耳就是菩提，无处不是宁静，又何必等机会到寺院中生活呢？"

是的，只要自己抛开杂念，在哪里不可宁静呢？如果自己欲望比太平洋还深，那么就算住在深山老林，一样安静不下来。

在这个充满欲望的社会中，抛弃一切杂念真的很难。我们多数人都不能免俗的要追求些手不可及的东西，物质上的富贵名利，精神上的情欲。但是我们要克制自己，保持内心的平静与纯真，从而做到出淤泥而不染。

学会在闹市中保持一颗平静的心

一般来说，求得平静分两种：一种是躲避纷乱以求得平静，另一种是在纷乱中求平静，这与古人说的"小隐隐于山林，大隐隐于市"是一个道理。而庄子认为的真正的平静显然是指后者，也就是"大隐隐于市"。隐于红尘之外的隐士，不是真正达到了最高境界的真隐士，混迹于红尘之中，却又不为红尘所动的才可谓真隐士也！

隐入深山，无人与之争执、吵闹，没有功名利禄的诱惑，自然不会有贪嗔之过，但有些在深山里坐得住的人到了红尘之中，却难免与人争权夺利，这样的修养，并非真修养，不过是在深山环境中没有显露出来而已。就好像是重症的潜伏期一样，只不过是还没有碰到诱因让它发作罢了。没有经历过任何污染的白纸保持洁白并没有什么值得称道的，只有像花中君子莲那样"出淤泥而不染"的才算真的经受住了诱惑，因为绚烂之极之后归于平淡的人更为可贵。正如禅宗所讲的参禅的三重境界一样：

参禅之初，看山是山，看水是水；禅有悟时，看山不是山，看水不是水；禅中彻悟，看山仍然是山，看水仍然是水。

佛家讲究入世与出世，于尘世间理会佛理之真谛。人之一生，从垂髫小儿至垂垂老者，匆匆的人生旅途中，我们也经历着人生的三重境界。

人生第一重界：看山是山，看水是水。涉世之初，还怀着对这个世界的好奇与新鲜，对一切事物都用一种童真的眼光来看待，万事万物在我们的眼里都还原成本原，山就是山，水就是水，对许多事情懵懵懂懂，却固执地相信所见到就是最真实的，相信世界是按设定的规则不断运转，并对这些规则有种信徒般的崇拜。

人生第二重界：看山不是山，看水不是水。红尘之中有太多的诱惑，在虚伪的面具后隐藏着太多的潜规则。人们看到的并不一定是真实的，一切如雾里看花，似真似幻，似真还假，山不是山，水不是水，我们很容易会在现实里迷失了方向，随之而来的是迷惑、彷徨、痛苦与挣扎，有的人会就此沉沦在迷失的世界里。然后我们开始用心地去体会这个世界，对一切都多了一份理性与现实的思考，山不再是单纯意义上的山，水也不是单纯意义的水了。

人生第三重界：看山仍是山，看水仍是水。这是一种洞察世事后的返璞归真，但不是每个人都能达到这一境界。人生的经历积累到一定程度会不断地反省，对世事、对自己的追求都会有一个清晰的认识，认识到"世事一场大梦，人生几度秋凉"，知道自己追求的是什么，要放弃的是什么。这时，看山还是山，水还是水，只是这山这水，看在眼里，已有另一种内涵在内了。

实际上，在西方哲学里，也有类似的观念。比如尼采的"精神三变"说，尼采在《查拉图斯特拉如是说》一书里说，人的精神会经历三种变化，首先是变成骆驼，然后是变成狮子，最后变成了婴儿。

最后变成了婴儿？这是一种什么样的状态？婴儿又代表什么呢？他代表对于眼前的处境，无论好坏，都可以肯定及接受，并且视之为全新的开始。正如一个婴儿，充满无限的希望，拥有无限的可能性。许多圣哲乐于用婴儿做比喻，像老子期许人们"复归于婴儿"，孟子认为"大人者，不失其赤子之心者也"，耶稣宣称"让小孩子到我面前来，因为天国是他们的"。人在经历成长的考验之后，还能像婴儿一般单纯，满心喜悦地看待这个世界，这实在是修行的最高境界。

庄子所说的"撄宁"，就如同禅宗所说的"看山仍然是山，看水仍然是水"和尼采所说的婴儿境界，这是返璞归真，也是绚烂之极归于平淡。在纷乱里保持心境的安宁其实比逃避纷乱，直接寻找一个安静的所在难得多。

从前，有个国王征集能够表现宁静的画作，并且决定对最能体现宁静的那幅画作的画家给予重奖。许多画家都争先恐后地把他们自己认为最能体现宁静的画作呈给了国王，当国王看完所有的画作之后，认为其中只有两幅比较令他满意。

其中一幅画画的是一汪平静的湖泊，湖面上波澜不兴，平静如镜，湖的四周环绕着高耸入云的群山，湖的上方，蔚蓝色的天空一碧如洗，点缀着朵朵白云，所有看过这幅画的人无不认为最能体现宁静的画非他莫属了。

而另一幅画呢，上面也画着群山，但那却是一些粗犷的、光秃秃的山，不仅如此，天空中还乌云密布，电闪雷鸣，大雨如注。而在大山一侧的峭壁上，一挂瀑布飞流直下，整幅画看起来根本就体现不出一丝宁静。

但是，当国王靠近仔细端详的时候，却发现在那瀑布后面的岩石缝中有一小丛灌木正蓬勃地生长着，而就在那丛灌木中间，一只鸟妈妈做了一个窝。画面上，鸟妈妈正静静地卧在它的窝里，谛听着瀑布那飞流直下的滔滔水声，那神情是那么恬淡安详，那么怡然自得。

国王马上选中了第二幅。

的确，真正的宁静是当我们身处外界所有的纷繁嘈杂、烦扰困惑甚至是艰难挫折中的时候，内心依然保持一份平静安然，而这也就是庄子所说的"撄而后成者也"。

是的，在生活中，无论遇到什么不平的事，不要让它改变了你的心！凡事都像无常的风雨，只一阵就过去了，地上的落叶，扫扫就没有了，不会有痕迹。如果不小心落下酸痛的心事，一定要想办法扫干净，只有扫干净了，才可能舒展地活着。

世上本无净土，净土只在自己的心中，只有心的平静，才是真正的平静。

人生智慧

◇撄宁后成，始终保持内心的平静。

◇真正的宁静是当我们身处外界所有的纷繁嘈杂、烦扰困惑甚至是艰难挫折中的时候，内心依然保持一份平静安然。

◇世上本无净土，净土只在自己的心中，只有心的平静，才是真正的平静。

少私寡欲，不为身外之物所累

【聊天实录】

我：庄老先生，您对自我超脱有何高见？

庄子：我曾说过：钱财不积则贪者忧，权势不尤则夸者悲，势物之徒乐变。

庄子：这句话的意思就是：追求钱财的人由于钱财物积累不多而忧愁，贪心者永不满足；追求地位的人常因职位还不高而暗暗悲伤，迷恋权势的人，尤其喜欢社会动荡，以便从中扩大自己的权势。

我：您的意思是说追求恬淡的人，不会为身外之物所累，更不会斤斤计较，没有强烈的物欲，于是邪恶就不会侵袭他的身心。尽管您的"无欲"和"无誉"观有一些偏激之处，但当人们为金钱所诱惑，为官爵所累的时候，能从您训谕中挖掘很多值得效法和借鉴的东西呢。

庄子：是的，少私寡欲，才能不为身外之物所累。

【解读】 ❧ 谁更轻松快乐一些 ❧

一对靠捡破烂为生的夫妻，每天一早出门，拖着一部破车到处捡拾破铜烂铁，等到太阳下山时才回家。他们回到家的时候，就在门口的院子里摆上一盆水，搬一张凳子把双脚浸在盆中，然后拉弦唱歌，唱到月正当空，浑身凉爽的时候他们才进房睡觉，日子过得非常逍遥自在。

他们对面住了一位很有钱的员外，他每天都坐在桌前打算盘，算算哪家的租金还没收，哪家还欠账，每天总是很烦。他看对面的夫妻每天快快乐乐地出门，晚上轻轻松松地唱歌，非常羡慕也非常奇怪，于是问他的伙计说："为什么我这么有钱却不快乐，而对面那对穷夫妻却会如此快乐呢？"伙计听了就问员外说："员外，想要他们忧愁吗？"员外回答道："我看他们不会忧愁的。"伙计说："只要你给我一贯钱，我把钱送到他家，保证他们明天不会拉弦唱歌。"员外果真把钱交给伙计。当伙计把钱送到穷人家时，丈夫非常高兴，可随即又烦恼起来。他们想要把钱放在家中，门又没法关严；要藏在墙壁里面，墙用手一扒就会开；要把它放在枕头下又怕丢掉……他们一整晚都为这贯钱操心，一会儿躺上床，一会儿又爬起来，整夜就这样反复折腾，无法成眠。妻子看丈夫坐立不安，也被惹烦了，就说："现在你已经有钱了，你又在烦恼什么呢？"

丈夫说："有了这些钱，我们该怎样处理呢？把钱放在家中又怕丢了，现在我满脑子都是烦恼。"隔天一早他把钱带出门，沿着整条街绕来绕去不知要做什么好，绕到太阳下山，月亮上来了，他又把钱带回家，对妻子说："这些钱说少却也不少，说多又做不了大生意，真正是伤脑筋啊！"那天晚上员外站在对面，果然听不到拉弦和唱歌了，因此就到他家去问他怎么了。这对夫妻说："员外啊，我看我把钱还给你好了。我宁可每天一大早出去捡破烂，也比有了这些钱轻松啊！"这时候员外突然恍然大悟，原来，有钱也是一种负担。

可见，即使别人没有因为觊觎你的财富而谋害你，你自己也会在这种怕失去财富或者对"怀璧其罪"的恐惧中让财富变成了一种身外的拖累。

那我们不禁要叩问：什么样的人生才是快乐的呢？放下沉重的包袱，不为外物所累，择精而担，量力而行，这样的人生，自然是轻松而快乐的。

❧ 少私寡欲，身心轻松 ❧

很多都希望自己的生活能够快乐，但是真能做到吗？毫无疑问，这是一个大大的问号。为什么呢？因为大家都会被实实在在的生活压得喘不过气来，甚至头昏眼花。著名捷克作家米兰·昆德拉有一句名言："承受生命之重。"实际上绝大多数人不堪承受生命之重，因为他们被物质财富——好房、名车、高收入、高消费等欲望折磨得疲惫不堪。其实，物质财富并不像很多人想象的那样重要，然而，有许许多多的人却在极力追逐物欲的状态下生活，这种情况在发达的西方国家尤为严重。

一项统计显示，在美国社会中，一对夫妻一天当中只有 12 分钟时间进行交流和沟通，一周之内父母只有 40 分钟与子女相处，约有一半的人处于睡眠不足的状态……大家好像每天都在为赚钱而忙碌，然后疲惫不堪，没有时间顾及其他。大家都在劳动，都在创造，但是，生活真的变好了吗？

有不少人人生旅途一帆风顺，断无生计之忧与养家糊口之虑，但他们仍在喊"活得累"，他们的"累"除了生活节奏的加快、人际关系的复杂外，主观上主要是欲望之累。

有道是欲壑难填，大凡说活得累者，都与欲望过奢有关。有些人比下有余，却总想着比上不足，于是便生出许多不满足：官不够大，钱不够多，而这些不满足不是转化为积极上进、参与竞争的动力，而是怨天尤人。在这种精神状态的支配下，当然不会心想事成、万事如意，于是只有叹息活得累了。财富、地位等并不能给我们带来幸福，幸福之门能否打开，要看我们是否拿对了钥匙。

当一个人拥有财宝、才华、美貌等的时候，常常却并不快乐。财宝、才华、美貌本身都没有罪过，但是，以此来炫耀或者贪图这些的时候，就可能引来灾祸了，《周易·系辞上传》中说的"阠藏诲盗，冶容诲淫"也是这个道理。拥有上面所说的财宝美貌等，却能够低调处之，谦虚谨慎；没有拥有上面的这些东西时，也不把它看成是一种缺失，这才是明智的做法。因为，在智者看来，很多人们认为是不幸的事在一定的条件下也可以转化为好事。

为此，请记住不要总是把拥有物质的多少、外表形象的好坏看得过于重要，用金钱、精力和时间换取一种有目共睹的优越生活，却没有察觉自己的内心在一天天枯萎。事实上，当我们走不出那种所谓的虚荣浮华，就会活得很累，同时，也容易将自己丢失。让自己活得轻松快乐一些吧，因为轻松快乐才是你来人世的根本目的。

庄子在《德充符》里说过一个发人深省的现象，宋国有个叫荆氏的地方，很适合树木的生长。这里的树干长到一两把粗的时候，有些就被人们砍去做系猴子的木桩了；树干长到三四围粗的时候，修建房屋的人就把它们砍去当大梁了；而树干长到七八围粗的时候，想做棺材的人又把它们砍去做了整副的棺木。本来树木生长得好是一件好事情，但这些树木却因为这一点遭到更早的砍伐，始终不能终享天年，这就是"有用"带来的祸患。相反，在一定条件下，"无用"和不幸也能转化为好事。庄子同样给我们举出了例子，古人在选牛、猪杀掉以供祭祀用的时候，绝对不会用"白色额头的牛、高鼻折额的猪"，在招人沉入河中祭奠河粮煦时僚也会选用健康美貌的人，绝对不会找"患有痔漏疾病的人"，因为这些情况在巫师们看来是不吉祥的，会触犯神灵。不过在庄子这样的"神人"看来，这些却是世上最大的吉祥。

"白色额头的牛、高鼻折额的猪以及患有痔漏疾病的人"，在一般人看来都是生理上的缺陷，是非常不好和非常不幸的事情，但是他们却偏偏因为这些而逃脱了被杀或者沉入河中做祭奠的命运。所以，何必为自己没有拥有美貌、财富和才华而耿耿于怀呢？对这些身外之物淡然处之，得之不喜，失之不忧，顺其自然，才不会被这些身外之物所累，成为一个真正的智者。

所以说，只有少私寡欲，此不会为身外之物所累，才能得到真正的自我超脱。

人生智慧

◇少私寡欲，不为身外之物所累。

◇放下沉重的包袱，不为外物所累，择精而担，量力而行。

◇财宝、才华、美貌本身都没有罪过，但是，以此来炫耀或者贪图这些的时候，就可能引来灾祸了。

顺应生死，坦坦然然地面对

【聊天实录】

我：庄老先生，您对自我超脱有何高见？

庄子：我曾讲过这样一个故事：庄子妻死，惠子吊之，庄子则方箕踞鼓盆而歌。惠子曰："与人居，长子老身。死不哭亦足矣，又鼓盆而歌，不亦甚乎！"庄子曰："不然，是其始死也。我独何能无概然！察其始而本无生，非徒无生也而本无形，非徒无形也而本无气。杂乎芒芴之间，变而有气，气变而有形，形变而有生，今又变而之死。是相与为春秋冬夏四时行也。人且偃然寝于巨室，而我嗷嗷然随而哭之，自以为不通乎命。故止也。

我：您这个故事该如何解释呢？

庄子：这个故事的意思就是：庄子的妻子死了，惠子前往表示吊唁，庄子却正盘腿而坐，一边敲打着瓦缶一边唱歌。惠子说："你跟死去的妻子生活了一辈子，生儿育女直至衰老而死，人死了不伤心哭泣也就算了，又敲着瓦缶唱起歌来，也太过分了吧！"庄子说："不对哩。她初死之时，我怎么能不感慨伤心呢？然而仔细考察她开始原本就不曾出生，不只是不曾出生而且本来就不曾具有形体，不只是不曾具有形体而且原本就不曾形成元气。夹杂在恍恍惚惚的境域之中，变化而有了元气，元气变化而有了形体，形体变化而有了生命，如今变化又回到死亡，这就跟春夏秋冬四季运行一样。死去的那个人将安安稳稳地寝卧在天地之间，而我却呜呜地围着她哭，自认为这是不能通晓于天命，所以也就停止了哭泣。"

我：您的意思是您强调整个宇宙是大气的流行，气分阴气与阳气两种，阴阳二气对人来说，就等于父母一样。气一聚，人就出生了，气一散，人就死亡了。所以人的生与死没有什么特别，只是气的聚和散而已。并且气一散，人又回到了本来的物质状态，这也可以说是"回家"了。这么一来，生死就可以慢慢突破了，说明死亡并不是件可怕的事，只不过是宇宙里必然的现象。既是必然的，人有生就必有死，那么何必对生死带有喜怒哀乐呢？当自己把死亡的观念跟生命的对立化解了之后，生就是死，死就是生，就可以完全超越了。

庄子：是的，顺应生死，坦坦然然地面对。

【解读】　　　**临终前开悟的乔达弥**

在佛陀时代有一个少妇，名叫乔达弥。她的第一个儿子在一岁左右就病逝了，乔达弥伤心欲绝。她抱着孩子的小尸体在街上奔走，碰到人就问是否有药可以让她的孩子复活。有些人不理会她，有的人嘲笑她，更有的人把她当作疯子。最后，她碰到了一位智者告诉她，世界上只有佛陀一个人能够为她施行奇迹。

乔达弥千辛万苦找到佛陀，她把儿子的尸体放在佛陀的面前，说出了整个过程，求佛陀救救她的孩子。佛陀以无限的慈悲心倾听着，然后轻声地说："只有一个方法可以治疗你的痛苦，你到城里去，向任何一户没有亲人死过的人家要回一粒芥菜子给我。"

乔达弥很高兴，立刻动身往城里去。她对第一户人家说："佛陀要我从一户没有死过亲人的人家拿回芥菜籽。""我们家已经有很多人过世了。"那个人如此回答。她于是又走向第二家，得到的回答是："我们家已经有无数的人过世了。"她又走向第三家、第四家……她向全城的人家去要芥菜子，最后，终于悲伤地了解到佛陀的要求是无法办到的。

她只好把儿子的尸体抱到坟场，做最后的道别，然后回到佛陀那里。"你带回芥菜子吗？"佛陀问道。"不！"她说："我开始了解您给我的教法，悲伤让我盲目，我以为只有我一个人受到死亡的折磨。"佛陀问："你为什么又回来呢？"她回答说："请您开示死亡和死后的真相，我身上是否有什么东西是不死的？"

于是佛陀为她开示："如果你想了解生死的真义，就必须经常如此反省：宇宙间只有一个永不改变的法则，那就是一切都在改变，一切都是无常，你儿子的死亡帮助你了解了我们所处的轮回世界是无法忍受的苦海。脱离生死轮回的方法只有一个，那就是解脱之道。"

乔达弥顶礼佛足，终其一生追随佛陀，据说，她在临终前终于开悟。

当然，明白上面这些并不是要人们面对着亲人的死亡完全无动于衷，而是应该尽快摆脱悲痛情绪的干扰，过好自己当下的生活，这才是最重要的，也是已经离世的亲人最希望看到。

的确，人的肉体本来是从自然中来的，也终究会回到自然当中去。但是，人的精神是永存的，存在于还活着的人的心里。所以，故去的亲人就如同故事里面的树林、小溪、鸟语、水声，不会因为形体的不在眼前而永远逝去，而是会在世亲人们的心里。那么，我们是应该选择让已故的亲人生活在一片阳光下呢，还是要让他们生活在一片阴霾里？

❧ 坦然地面对生死 ❧

"大梦谁先觉，平生我自知。"这是庄子对于人的生死极其独特的观点。浪漫达观地看待生死，是庄子哲学的一大特色。

死亡，这一人生的自然大限，构成了人类悲剧意识的根本性原因。德国哲学家卡西尔认为：对死亡的恐惧无疑是最普遍最根深蒂固的人类本能之一。一切迷信活动、神话乃至于宗教都与人类的死亡意识有关，庄子思想为人类超越死亡意识的恐惧感提供了一种独特的方法。

庄子到楚国去的路上，碰见一具骷髅，庄子用马鞭敲着骷髅问道："你是因为违背自然规律而死的吗？是国破家亡，遭到刀斧之刑而死的吗？是自己干了罪恶的勾当，有愧于父母妻子而死的吗？你是因贫穷冻饿而死，还是寿终正寝自然死亡的呢？"

问完了话，庄子就枕着骷髅睡觉。半夜，骷髅在梦中对庄子说："听你说话像是能言善辩的人，不过，你说的都是活着的人的忧患，死了之后便不存在这些问题了，你想听听死人的道理吗？"

庄子说："可以。"

"死了以后，上无君下无臣，也没有为生活奔忙的四时之事，轻轻松松地以天地为春秋，其快乐程度即使你们南面为王的君主怕也比不上的。"

庄子不相信，就说："我让掌管生死的鬼神恢复你的形貌，归还你的肌肉骨骼，送还你的父母妻子和朋友乡亲，你愿意吗？"

骷髅一听很不高兴，紧锁眉头说："我怎么会放弃比南面称王还快乐的事，却到人间受那些烦心劳体的罪呢？"

这里，庄子把死亡描绘成一种至高无上的安乐之事，既然死比生还要快乐，关于死亡的恐惧自然也就不存在了。这种说法固然不能证实，但也没人能够证伪。其实，庄子的基本思想并不是以死为乐，而是"齐一生死"。

在庄子看来，世间的万事万物都是由"气"构成的，人也不例外，"人之生，气之聚也；聚则为生，散则为死"。正因为他执着于这样一种"通天下一气"的观念，自然就对死亡抱着一种十分浪漫达观的态度。

王羲之说："死生亦大矣，岂不痛哉！"为什么庄子竟全无对于生命、对于死生的一点珍重呢？难道这也是春秋战国的险恶生存环境造成的吗？且听庄子是如何说的。

庄子认为，大自然大宇宙——其实从根本上说是道，成就了我们的形体，给我们的生命规定了许多辛劳的事务，生的特点是辛劳，辛劳所标志的是生命，再用衰老来使我们得到放松与安逸，用死亡使我们得到美好的休息。所以说，好

王羲之

好地活着的人们必定会好好地去死。喜爱生活的人们，同样会喜爱生命必然的结束——死亡。

在庄子看来，生老病死是自然的过程，就像四时交替一样不可抗拒，人因为留恋生命，所以害怕死亡，于是就带来了精神上的痛苦和悲哀。庄子认为，人是由宇宙大道演化而来的，是道在世间的具体体现形式。人的生命跟自然界中的其他生命一样，都是宇宙变化的一刹那间，人生与人死没什么差别。既然没有差别，那么活着不是什么乐事，死了也就没必要悲哀。

所以，最明智的人生活态度便是顺其自然，你出生到这个世上，就自然而然地活着，没必要庆幸什么；如果死了，就自然而然地回归，用不着为离开人世而苦恼，也不要有太多的留恋。如果一个人能够真正做到这一点，那么他的一生就会充满快乐，如果他对自己、对他人都是这样对待，那么就会坦然一生。

为此，智慧如庄子，即使面对自己的死亡，仍然能够如此幽默与超脱。但是，像庄子这样的幽默与超脱，却在无数人的心中引起了极大的震撼。因为在这幽默与超脱的背后，隐藏着一种无形的、巨大的力量，正是这种力量，在我们每次面临苦难和悲伤的时刻，一直在支撑着我们，蕴藉着我们迷惘的心灵。

人生智慧

◇顺应生死，坦坦然然地面对。

◇当自己把死亡的观念跟生命的对立化解了之后，生就是死，死就是生，就可以完全超越了。

◇人的肉体本来是从自然中来的，也终究会回到自然当中去。

面对病痛，要学会泰然处之

【聊天实录】

我：庄老先生，您对自我超脱有何高见？

庄子：我曾讲过这样一个故事：支离叔与滑介叔观于冥伯之丘、昆仑之虚，黄帝之所休。俄而柳生其左肘，其意蹶蹶然恶之。支离叔曰："子恶之乎？"滑介叔曰："亡，子何恶！生者，假借也；假之而生生者，尘垢也。死生为昼夜。且吾与子观化而化及我，我又何恶焉！"

我：您这个故事该如何解释呢？

庄子：这个故事的意思就是：支离叔和滑介叔在冥伯的山丘上和昆仑的旷野里游乐观赏，那里曾是黄帝休息的地方。不一会儿，滑介叔的左肘上长出了一个瘤子，他感到十分吃惊并且厌恶这东西。支离叔说："你讨厌这东西吗？"滑介叔说："没有，我怎么会讨厌它？具有生命的形体，不过是借助外物凑合而成；一切假借他物而生成的东西，就像是灰土微粒一时间的聚合和积累，人的死与生也就犹如白天与黑夜交替运行一样。况且我跟你一道观察事物的变化，如今这变化来到了我身上，我又怎么会讨厌它呢？"

我：您的意思是说老病死是每个人都无法逃脱的，生与死是人生的两极，是生命历程的开始和结束，而病痛则是在这个过程中不会缺少的一部分。人吃五谷杂粮，并且每个人都是肉体凡胎，生病是难免的，也是我们无法通过自己的力量改变的。但是，如何看待生病，怎样去面对病痛却完全取决于我们自己。我们面对已经到来的病痛时，不应该消极面对，而是要把它看成是自然的事情，并努力让自己在病痛的情况下也能对生活充满感激，快乐地生活下去。

庄子：是的，面对病痛，要学会泰然处之。

【解读】　　　　癌症，并没有那么可怕

五官科病房里同时住进来两位病人，都是鼻子不舒服。在等待化验结果期间，甲说，如果是癌，就立即去旅行，乙也同样如此表示。结果出来了，甲得的是鼻癌，乙长的是鼻息肉。

甲列了一张告别人生的计划表离开了医院，乙住了下来。甲的计划表是：去一趟大理和西双版纳，从攀枝花坐船一直到长江口，登上泰山极顶以初升的太阳为背景拍一张照片，在哈尔滨过一个冬天，从大连坐船到广西的北海，登上天安门，读完莎士比亚的所有作品，陪母亲看一次电影，听一次瞎子阿炳原版的《二泉映月》，写一本书。凡此种种，共27条。

他在这张生命的清单后面这么写道：我的一生有很多梦想，有的实现了，有的由于种种原因没有实现。既然得了癌症，那就顺其自然吧，继续享受命运留给我的时间，不要让病痛打断了我生命中的亮丽和快乐，不要带着遗憾地离开这个世界，用生命的最后几年去继续实现生命中还剩下的这27个梦吧。

当年，甲就辞掉了公司的职务，去了大理和西双版纳。第二年，又以惊人的毅力和韧性通过了成人考试。这期间，他登上过天安门，去了内蒙古大草原，还在一户牧民家里住了一个星期，现在这位朋友正在实现出一本书的夙愿。

有一天，乙在报上看到甲写的一篇散文，打电话去问甲的病。甲说，我们本来以为绝症是世界上最可怕事情，实际上它只是生命之树上再正常不过的一个枝丫。是它提醒了我，去做自己想做的事，去实现自己想去实现的梦想。现在我才体味到什么是真正的生命和人生。你生活得也挺好吧！乙沉默了。

是的，在生活中，我们都认为生病，尤其是像癌症那样的绝症是人生中最不幸的事情，但故事里的甲却因为一场鼻癌而体味到了真正的人生和生命真正的快乐。相反，本来幸运的乙依然活得浑浑噩噩，面对着甲最后的生命的精彩黯然神伤。

实际上，在这个世界上，每个人都患有一种癌症，那就是不可抗拒的死亡。当疾病来临的时候，不要哭天抢地，也不要怨天尤人，如果我们的生命是一条河流，那么病痛不过就是那河床下的一颗鹅卵石，它或许会暂时减缓我们前进的脚步，但在这一个生命的暂缓中我们或许会在不经意间收获到两岸的鸟语与花香。

❧ 泰然地面对一切 ❧

在生活中，很多人生病了，都很苦闷，而中医学认为，人的情绪和健康息息相关，所谓"怒伤肝，喜伤心，思伤脾，忧伤肺，恐伤肾"。因此在我们的日常生活中，要学会如何调整自己的心情：被激怒时要学会给自己疏导、慢慢平复心情，遇事激动时则要学会收敛与抑制，忧愁时学会让自己释放郁闷，而思虑时则要知道如何分散与派遣，悲伤时知道怎样让自己快乐，恐惧时要清楚如何寻求支援和帮助等。如何将自己的心情和情绪调整到最佳状态，对于我们强身健体、防病祛疾有着十分重要的作用，其作用绝不亚于吃一次十全大补汤。

然而，心理调节要比生理的调节复杂许多。生理上出现了某些不适，我们可借助药物来调理，累了可以休息，消化不良可以减少饮食，营养不良性贫血可以增加营养……一旦心理出现不适了，就只能靠自身调节了，身心是否健康，完全取决于我们自己的心理调节是否得宜。

对待疾病其实也是一样，有的人得了病，能很快调节好心理。如癌症患者面对癌症，有的很快从负面的情绪中解脱出来，坦然应对，积极治疗，而有的则变得萎靡不振、忧心忡忡。而最后我们可以发现，那些最后痊愈了的，都是以良好的心态面对疾病的，那些不能从负面的情绪中解脱出来的人，则很快失去了健康或去世。

类似的事例其实在我们的生活中屡见不鲜：有很多老年人在退休之后，很快便将自己的心理调节好，并开始从事各种有意义的活动，如科学工作、文化艺术活动等，如此一来，他们的精神有了寄托，生活得到了丰富，反倒比退休前更为振奋。

处在竞争激烈社会的我们，人际关系复杂、工作压力巨大，面对这些可能影响我们心情的因素，怎样才能让自己保持一颗平静的心态和快乐的心情很重要！这时候，我们就要学会善于调节，面对病痛，要学会泰然处之！

下面这个小故事里的退伍军人面对疾病的态度就值得我们借鉴。

在法国一个偏僻的小镇，据传有一个特别灵验的水泉，常会出现神迹，可以医治各种疾病。有一天，一个挂着拐杖，少了一条腿的退伍军人，一跛一跛地走过镇上的马路，旁边的镇民带着同情的口吻说："可怜的家伙，难道他要向上帝祈求再有一条腿吗？"这句话被退伍的军人听到了，他转过身对他们说："我不是要向上帝祈求有一条新的腿，而是要祈求他帮助我，叫我没有一条腿后，也知道如何过日子。"

所以，我们应该学习为所失去的感恩，也接纳失去的事实，不管人生是健康还是疾病，总是要让自己的生命充满了亮丽与光彩，不再为过去掉泪，努力活出自己，不辜负生命的价值。

人 生 智 慧

◇面对病痛，要学会泰然处之。

◇我们面对已经到来的病痛时，不应该消极面对，而是要把它看成是自然的事情，并努力让自己在病痛的情况下也能对生活充满感激，快乐地生活下去。

◇在这个世界上，每个人都患有一种癌症，那就是不可抗拒的死亡。

宠辱不惊，人生才会霞光万道

【聊天实录】

我：庄老先生，您对自我超脱有何高见？

庄子：我曾说过：荣辱立然后睹所病。

我：您这句话该如何解释呢？

庄子：这句话的意思就是：人们心中有了荣辱的念头之后，就能看到种种忧心的事情。过分关心个人的荣辱得失，就只能忧虑烦恼，无法摆脱痛苦。

我：您的意思是说只要做到"宠辱不惊"才叫潇洒自如，超然豁达。一个人，当你凭自己的努力和实干、凭自己的聪明才智获得了应得的荣誉、奖赏、爱戴、夸赞时，应当保持清醒的头脑，有自知之明，切莫受宠若惊，飘飘然。

庄子：是的，宠辱不惊，人生自会霞光万道。

【解读】 　　❧ 宠辱不惊的迪亚 ❧

法国植物学家迪亚是一位贵族，法国大革命时已有 70 岁的高龄了。在这场横扫一切的大动荡中，一夜之间，他的贵族头衔，他的财产包括实验室、花园、房产统统都没有了，但他坦然处之，心境平静得像水一样，耐心毅力仍在，勇气不减当年，即使经常食不果腹、衣不遮体，但他还是乐呵呵的。

有一次，法国自然科学家协会邀请他做报告，他欣然同意，上台时赤着脚，第一句话就是："今天很抱歉，没有鞋子穿，不过赤着脚倒还挺舒服。"在做报告时，他的声音抑扬顿挫，那么的专注，他在一张小纸上用微微颤抖的双手描绘着植物的特征，生活中的一切痛苦都消融在对自然的无穷乐趣之中了，这种常人难以想象的乐趣如同一位善良的仙女在陪伴着这位孤独的老人。

科学家协会准备给这位坚强的令人尊敬的老科学家一点点抚慰金，但他婉言谢绝了。9 年以后，这位历经沧桑的老人平静地走了。他到另一个世界去了，走得是那么的安详、悠闲，好像去田野小径散步一般。遗嘱中他规定了自己的葬礼方式：用自己一生中确定的 45 种植物编成一个花环，放在他的灵柩上，这是唯一的，不需要任何别的东西。这着实反映了他宠辱不惊的性格，他用这种微不足道的方式为自己建立了一个永恒的纪念碑。

在生活中随缘而安，纵然身处逆境，仍从容自若，以超然的心情看待苦乐年华，以平常的心境面对一切荣辱。宠辱不惊是一种人生的美丽，非淡泊无以明志，非宁静无以致远。不做作，不虚饰，洒脱适意，襟怀豁然。可见，宠辱不惊不仅给予你一双潇洒和洞穿世事的眼睛，同时也使你拥有一个坦然充实的人生。

正如《菜根谭》上所说："此身常放在闲处，荣辱得失谁能差遣我；此身常在静中，是非利害谁能瞒昧我。"意思是说，经常把自己的身心放在安闲的环境中，世间所有的荣华富贵和成败得失都无法左右我，经常把自己的身心放在安宁的环境中，人间的功名利禄和是是非非就不能欺骗蒙蔽我了。

不患得患失的人生最超脱

患得患失是事物给你带来的两种否同心情，只要你不钻牛角尖，懂得"痛点"转移，想问题善于从两面或多个角度去考虑，哲理就在你身边，没有必要忧心忡忡，埋天怨地。

庄子在《在宥》篇中说："人大喜邪，毗于阳；大怒邪，毗于阴。"意是说过分欢乐会伤阳气，过分忧伤有损阴气。阴阳两气不调，人便会生病，无论多长寿的寿星最后也是死于病，而不是死于老。

范仲淹写《岳阳楼记》，一为重修岳阳楼，更为劝老朋友滕子京。滕子京当年作为改革派人物受诬被贬到岳州，心中很不平，范仲淹便借记岳阳楼，而把规劝之言同自己的处世态度自然艺术地表达出来。

"不以物喜，不以己悲"，就是说人的忧喜情绪不因客观景物美好而高兴，也不由于个人境遇不佳而忧伤，顺其自然，豁达超然。

但一般人难以做到"不以物喜，不以己悲"，因为人终究是有情有欲、有心有肺的高级动物，不可能受客观外界的干扰而无动于衷，也不可能由于受到不公正的待遇而麻木不仁。只是要在客观外界向自己压迫而来时，能够坦然应付，洒脱些，想开点，向远看，随遇而安，静观其变，自寻解脱。

1957年文艺界"反右斗争"扩大化时，多少正值黄金时代的作家、艺术家蒙受了不白之冤，蹲监、坐牢、流放，但大部分都挺过来了，如现在著名的作家王蒙、刘绍棠、丛维熙、张贤亮等。王蒙，一个年轻的老布尔什维克，一夜之间成了"右派"，其打击可想而知，可他挺住了；不管在北京郊区，还是在新疆伊犁，他都坚持过来了，且积累了生活，在新时期再度成为有贡献、有影响的作家。

忧喜从何来？忧喜从荣辱观来。

俗话说："人活一张脸，树活一张皮。"人全都渴望和追求荣誉、地位、面子，为拥有这些而自豪、幸福；人不情愿受辱，为反抗屈辱甚至可以生命为代价。因此，现实人生便出现了各种各样争取荣誉的人，也有形形色色的反抗屈辱的勇者和斗士。但是，也有人把荣誉看得很淡，甘做所谓"荣辱毁誉不上心"的清闲人、散淡者，也还有为争宠、争荣不惜出卖灵魂、丧尽人格的势利小人。荣辱二字也好像试金石，划开了各种人生世态，画出了人格的高低贵贱。

以家世、钱财、容貌来划分荣辱毁誉的人，虽然具体标准不同，但其着眼点和思想方法都是一致的。他们都是从纯客观、外在的条件出发，并将这些看成是永恒不变的财富而忽略了主观、内在、可变的因素，造成了极端、片面的形而上学错误，结果吃亏的是自己。

其实，真正把一切都看淡的人才能处事不惊，喜怒不形于色。有些人说，那我在公共场合练习做丢脸的事行不行？这样虽然可以让你锻炼得脸皮厚些，但也容易变得没有羞耻心，到最后不仅不会处变不惊，反而把自己也给练丢了。所以不要想些歪念头，处变不惊需要经历，需要时间的历练，需要去悟。

如果你真想学本事，那么就尝试着让自己高兴时不要得意忘形，碰到难题时也不要急得跺脚，不管别人说什么做什么，都不要急于表达自己的意见，冷静应对，给自己充分的思考时间，那么自然能理智的应对事物，自然不会把喜怒挂在脸上了。

喜怒不形于色不是一个简单的即兴式动作，不是说就能做到，不是偶尔有兴趣时不形于色，而是在大是大非之时，在切身利益之前，甚至在盛怒盛喜之时要能不形于色。生活源于体味，性情显于细节，一个人有了切身的体验才能明白生活的真谛，琐碎的小事才能看出一个人的性情。

在生活中，与人交往，伤害别人总是那么短暂的一瞬间；做事决策，错误的总是细微的失误。一个人难的不是偶尔做事谨慎，而是一贯如常。我们的喜怒情愫能影响周围的人，甚喜时炫耀自我，甚怒时迁怒于人，恐怕世人皆有吧！所以说不形于色是要做到常态，而不能仅凭一时之兴。

但这并不是说整天板着个死面孔，这类人要么就是做事呆板老套，要么就是被生活打击太重，消极待世。与喜怒不形于色相对的是喜不自收，怒不可遏。古人有"不以物喜，不以己悲，先天下之忧而忧，后天下之乐而乐"的情怀，这种境界才是人所向往呀!

庄子安时处顺的处世态度,对荣辱的看法值得今人借鉴。他对客观外在的出身、家世、钱财、生死、容貌都看得很淡,他追求的是精神的超然和洒脱,正所谓"去留无意,任天空云卷云舒;宠辱不惊,看庭前花开花落"。

北宋苏洵在其作《心术》中说:"泰山崩于前而不变色,麋鹿兴于左而目不瞬,然后可以制利害,可以待敌。"世界上很少有天塌下来也不惊慌的心态,所以成功的人总是少数。为此,一定要练就宠辱不惊的人生态度,只有这样,人生自会霞光万丈。

人生智慧

◇宠辱不惊,人生自会霞光万丈。

◇宠辱不惊不仅给予你一双潇洒和洞穿世事的眼睛,同时也使你拥有一个坦然充实的人生。

◇此身常放在闲处,荣辱得失谁能差遣我;此身常在静中,是非利害谁能瞒昧我。

第一章

庄子与我聊自我省视

常言道：人贵有自知之明。但真正能够审视自己，又谈何容易？庄子认为，人只有清楚地认识自己，才能认清自我的价值，才能认知别人。是的，只有找到真实的自我，才能够正确面对自己的对与错、美与丑、善与恶，从内心做到不怨天尤人，真正认识到自己的能力，再通过不断的修补与完善，向更加完美的人生靠近。否则，将会失掉自我本性，随波逐流，人云亦云，将真我埋没。

敢于正视自己的不足，人生才能更上一层楼

我：庄老先生，您对自我省视有何高见？

庄子：我曾说过：将为胠箧、探囊、发匮之盗而为守备，则必摄缄縢，固扃鐍，此世俗之所谓知也。

我：您这句话该如何解释呢？

庄子：这句话的意思就是：为了警惕撬箱子、掏口袋、开柜子的小贼所做的防守戒备，就应捆紧绳索，关紧锁钮，这是世俗上所说的聪明。

我：您的意思是您认为所有为防备盗贼做的努力，其实是为盗贼更好地窃取，即聪明反被聪明误，所以无论做什么事，都应正视自己的不足。

庄子：是的，敢于正视自己的不足，人生才能更上一层楼。

【解读】　　　　曾经一无是处的大仲马

大仲马

法国大文豪大仲马在成名前，穷困潦倒。有一次，他跑到巴黎去拜访他父亲的一位朋友，请他帮忙找个工作。

他父亲的朋友问他："你能做什么？"

"没有什么了不得的本事，老伯。"

"数学精通吗？"

"不行。"

"你懂得物理吗？或者历史？"

"什么都不知道，老伯。"

"会计呢？法律如何？"

大仲马满脸通红，第一次知道自己太不行了，便说："我真惭愧，现在我一定要努力补救我的这些不足，我相信不久之后，我一定会给老伯一个满意的答复。"

他父亲的朋友对他说："可是，你要生活啊！将你的住处留在这张纸上吧。"

大仲马无可奈何地写下了他的住址，他父亲的朋友叫着说："你终究有一样长处，你的名字写得很好呀！"

可见，大仲马在成名前，也曾有过自己认为一无是处的时候。然而，他父亲的朋友，却发现了他的一个看起来并不是什么优点的优点——把名字写得很好。

把名字写得好，也许你对此不屑一顾：这算什么！然而，不管这个优点有多么"小"，但它毕竟是个优点。你可以此为基础，扩大你的优点范围。名字能写好，字也就能写好，字能写好，文章为什么就不能写好？

我们每一个人，特别是不自信的人，切不可把优点的标准定得过高，而对自身的优点视而不见。你不要死盯着自己学习不好、没钱、相貌不佳等不足的一面，你还应看到自己身体好、会唱歌、字写得好等不被外人和自己发现或承认的优点。所以，要正视自己的不足，树立自信心，找出你能做的事，并从它做起。成功就是从做好许多小事累积起来的，做好小事你就能稳步前进。你要做到不管这一天有多忙，不管遇到多少干扰，都要完成一件使你向目标迈进的事。

❧ 要敢于正视自己的不足 ❧

敢于承认自己的不足，这是一种期待成长的勇气，每个人都有长有短，真正看清这一点，不仅需要你有一双明亮的眼睛，也需要你有一颗透明的心。

生活中你会时常觉得自己在很多地方不如别人。比如在家务上，不如勤劳能干的主妇；在工作上，不如善于察言观色的同事；在处理人际关系上，甚至不如未成年的少年；在新知识的运用与掌握上，不及年轻人的迅速灵敏；碰到复杂事物，又缺乏长辈的精明练达、长袖善舞；最糟的是遇到紧急情况缺乏应变能力，反应迟钝，甚至明明稳操胜券的事情，却偏偏输得干干净净。

　　某些人也许会洋洋自得地对你说：你不用和我吵，你根本吵不过我，你吵你准输。想想也确实如此。口讷，碰到情急的事情，往往张口结舌，而且失却判断，根本忘记事情的核心点及对方理论的关键，莫名其妙地被对方的声势所压倒，真是窝囊。这就印证了一句话：会拉有被，会说有理。世上原是有是非的，却还得看你怎么说，和谁说。

　　调子放得最低，心态修炼得最静最静，经历了几番风雨几轮挫折，渐渐地，就会明白了，一个人不可能处处胜于人。有得必有失，样样齐全了，你也许会遭到更大的、意料不到的天灾人祸。就像小病小灾缠绵一生的人，往往安享天年，而无病无痛、大红大紫的人常常遭祸忽至，防不胜防。命运往往是无常的，做什么都要留有余地。

　　其实，从另一种角度来说，敢于正视自己的不足，也是某种程度上的自信，只有敢于正视自己，才能胜于人。天外有天，楼外有楼，一个人怎能时时处处胜过所有的人呢？每个人都有自己的优点与优势，也都有自己的缺点与短处，扬长避短才是机智，拿自己最不擅长的柔弱之处去硬碰别人修炼得最拿手的看家本领，其结果是可想而知了。

　　人虽有各种潜能与优越，但你不可能在所有地方都有机会发挥出来，只能在一个地方用足你的力气，在你没有用力气的地方，在你无暇顾及的地方，你必然不如那些在这地方用足力气的人。你的精力有限，机遇也有限，因此，你能如人的地方肯定很少很少，而不如人的地方绝对很多很多。

　　曾有人说："大学教师是教最复杂的知识，用最简单的艺术；小学教师是教最简单的知识，用最精辟的艺术。"那些有过家教经验的准小学教师会有深刻的体会，本以为自己的学识足以应对天真烂漫的小家伙时，却发现自己真有点"黔驴技穷"的感觉，在一个个稀奇古怪的问题的逼压下，退得简直是手足无措。"应该是"、"可能是"、"好像是"等词语一个劲地蹦出来，蒙对了是幸运，蒙错了是鄙视。

每个人都不可能掌握全人类的科学文化，时代在发展，科学也在进步，知识更在扩展，是个永无止境的过程，那又何必再去计较一时的不知道呢？重要的是要认识自己的不足，并努力去填补，提升自己。正视自己的不足是一种态度，也是一种品德。不过要承认自己一无所知，是需要相当大的勇气的，承认自己的无知，是大智慧的人才有的品质。承认自己无知，是一种态度。只有保持着这种态度，才能够最大限度地吸取营养，才会用学习的眼光去看待一切，才会看到每一事物的正面，从中发现它的有益成分。

所以说，敢于正视自己的不足，人生才能更上一层楼。

人生智慧

◇敢于正视自己的不足，人生才能更上一层楼。

◇敢于承认自己的不足，这是一种期待成长的勇气，每个人都有长有短，真正看清这一点，不仅需要你有一双明亮的眼睛，也需要你有一颗透明的心。

◇正视自己的不足是一种态度，也是一种品德。

有自知之明的人，才能不断地完善自己

【聊天实录】

我：庄老先生，您对自我省视有何高见？

庄子：我曾讲过这样一个故事：秋水时至，百川灌河。泾流之大，两涘渚崖之间不辨牛马。于是焉河伯欣然自喜，以天下之美为尽在己。顺流而东行，至于北海，东面而视，不见水端，于是焉河伯始旋其面目，望洋向若而叹曰："野语有之曰，'闻道百'，以为莫己若者'，我之谓也。

且夫我尝闻少仲尼之闻而轻伯夷之义者，始吾弗信；今我睹子之难穷也，吾非至于子之门则殆矣，吾长见笑于大方之家。"

　　我：您这个故事该如何解释呢？

　　庄子：这个故事的意思就是：秋雨不停地下，河水上涨，千百条河流都灌注到黄河，使黄河干流大大加宽，两岸之间，河中小洲之上，相互望去，连牛马都辨认不清。于是河神欢欣鼓舞自满自足起来，以为天下之壮美尽在于此了。他顺河流东行，到达渤海，往冬眠望去，看不到水的边际，于是开始改变自满自得的神态，望着浩瀚无边的大海对海神感叹说："俗语说，'闻之许多道理后，自以为没有能及得上自己'的人，就是在说我啊。我曾听说有人认为仲尼的见闻少并且认为伯夷之义是微不足道的，起初我还不相信呢。现在我看到了你的浩瀚无边和难于穷尽，我若不到你这里来，就糟了，我将长久为深明大道的人所笑话呀。"

　　我：您的这段故事给我们带来了两个成语"望洋兴叹"和"贻笑大方"，都是告诫我们不要狂妄自大。不见高山，不显平地；不见大海，不知溪流；天外有天，人外有人。我们每个人其实都不是无所不知无所不能，穷尽天下之美的，在更广大的范围之内也许就会有比我们更高一个层次的人。

　　庄子：是的，有自知之明的人，才能不断地完善自己。

【解读】　　　　　　　大师挑水

　　在一座深山中藏着一座千年古刹，有一位高僧隐居在此。听到他的名声，人们都千里迢迢来找他，有的人想向大师求解人生迷津，有的人想向大师讨一些武功秘籍。

　　他们到达深山的时候，发现大师正从山谷里挑水回来。他挑得不多，两只木桶都没有装满。

按他们的想象，大师应该能够挑很大的桶，而且挑得满满的。

他们不解地问："大师，这是什么道理？"

大师说："挑水之道并不在于挑多，而在于挑得够用。一味贪多，会适得其反。"众人越发不解。大师从他们中拉了一个人，让他重新从山谷里打满两桶水。那人挑得非常吃力，摇摇晃晃，没走几步，就跌倒在地，水全都洒了，那人的膝盖也摔破了。

"水洒了，岂不是还得回头重打一桶吗？膝盖破了，走路艰难，岂不是比刚才挑得更少吗？"大师说。

"那么大师，请问具体挑多少，怎么估计呢？"

大师笑道："你们看这个桶。"

众人望去，桶里画了一条线。

大师说："这条线是高限，水绝对不能高于这条线，高于这条线就超过了自己的能力和需要。起初还需要画一条线，挑的次数多了，就不用看那条线了，凭感觉就知道是多是少。有这条线，可以提醒我们，凡事要尽力而为，也要量力而行。"

众人又问："那么，高限应该定多低呢？"

大师说："一般来说，越低越好，因为低的目标容易实现，人的勇气不容易受到挫伤，相反会培养起更大的兴趣和热情，长此以往，循序渐进，自然会挑得更多、挑得更稳。"

其实，无论是大师，还是普通人，在能力上都会有一个底线，如果超过了这个底线，去做力不能及的事，那么，再强健的人也要摔跤。

人贵有自知之明，难得真正了解自己、战胜自己、驾驭自己。自以为自知同真正自知不同，自以为了解自己是大多数人容易犯的毛病，真正了解自己是少数人的明智。人生如秤：对自己的评价称轻了，容易自卑；称重了，又容易自大；只有称准了，才能实事求是，恰如其分地感知自我，完善自我。

人贵有自知之明

有自知之明，就意味着：无论我们做什么，虽然要尽力而为，但也要量力而行。因为一个人无论怎么强大，在能力上都会有一个底线，下面来看一则小寓言：

从前有一只蚂蚁，它力气很大，开天辟地以来，像这样的蚂蚁大力士还不曾有过，它能够毫不费力地背上两颗麦粒。若论勇敢，它的勇气也是前所未有的，它能毫无畏惧地一口咬住蛆虫，而且常常单枪匹马地和一只蜘蛛作战。它不久就在蚁穴之内声名大噪，蚂蚁们的话题几乎都离不了这位大力士。后来，这只蚂蚁大力士的头脑里塞满了颂扬的话，因此它一心想到城市里去一显身手，博得大力士的名声。有一天，它爬上一辆去往城里的干草车，坐在赶车人的身旁，雄赳赳、气昂昂，像个大王似的进城去了。

然而，满腔热情的蚂蚁大力士在城里却碰了一鼻子的灰！它以为人们会从四面八方赶来，可是不然！它发觉大家根本不理会它，城里人个个忙着自己的事情。蚂蚁大力士找到一片树叶，在地上把树叶拖呀拖的，它机灵地翻筋斗，敏捷地跳跃，可是没有人瞧，也没有人注意。所以，当它尽其所能地耍过了武艺却无人关注后，便怨天尤人地说道："我觉得城里人都是糊涂和盲目的，难道是我不可理喻吗？我表现了种种武艺，怎么没有人给我以应得的重视呢？如果你上我们这儿来，我想你就会知道，我在全蚁穴里是赫赫有名的。"

这只蚂蚁就是这样没有自知之明，自以为名满天下，碰了一鼻子灰之后才知道自己的名声仅仅限于蚁穴的范围而已。自信、自豪本是好事，但是当它们一旦与无知及狭隘同行，就成了一种消极的品质。这种虚幻的自豪感是褊狭、傲慢和无知——对创造性生活的无知，对朴实、谦恭和果敢的无知。没有自知之明而盲目地狂妄自大，那结果只能像夜郎国一样，作为一个笑话存在于人们的记忆里了。

《警世通言》中有一篇《王安石三难苏学士》，讲的就是"古来第一聪明的"苏东坡的一段故事：

北宋有名的才子苏东坡才华横溢但恃才傲物，宰相王安石颇重其才，但恶其轻薄，便派他做湖州刺史，故意让他下地方去锻炼一下。苏轼三年任满回京去拜访王安石，恰巧王安石在睡午觉，他便在外书房等待。见王安石在一张纸上写了两句诗："西风昨夜过园林，吹落黄花满地金。"苏轼心里暗笑王安石：菊花傲霜耐寒，越是秋季越精神，怎么会被秋风吹落呢？于是提笔续上两句："秋花不比春花落，说与诗人仔细吟。"写完便走了。王安石醒来看到了苏东坡的两句，心下很是不悦，知道苏轼虽经挫折而轻薄如故。次日密奏天子，又贬苏轼为黄州团练副使。苏东坡心怀不满，又不便说出来，只得怏怏上任。到了深秋，大风刮得他心绪烦乱，便偕好友到后花园赏菊。到了菊花棚下，只见满

苏东坡

地铺金，黄花都落，枝上全无一朵，唬得苏轼目瞪口呆，半晌说不出话来，明白了原来王安石贬他到黄州，是让他看秋天落瓣的黄州菊花。后来苏轼赶紧回京向前辈王安石道歉，王安石终爱其才，又恢复了他的翰林学士之位，自从这件事后，苏轼再也不敢盲目自大、目中无人了。

可见，自知无知才求知，自知无畏才拼搏。好说己长便是短，自知己短便是长。自知度愈高，求知欲愈强。学然后知不足，知然后更求知。掌握得东西越多，越感到自己学识的短浅。所以，有人说自知之明是比才能更罕见、更优美、更珍奇的东西，它总是在无边的黑夜中熠熠生辉，为行人指引正确的方向。

人生智慧

◇有自知之明的人，才能不断地完善自己。

◇自知无知才求知，自知无畏才拼搏。

◇学然后知不足，知然后更求知。

识人先识己，才能找到属于自己的方向

【聊天实录】

我：庄老先生，您对自我省视有何高见？

庄子：我曾说过：今夫斄牛，其大若垂天之云，此能为大牟，而不能执鼠。

我：您这句话该如何解释呢？

庄子：这句话的意思就是：看那斄牛，庞大的身子像遮盖天空的云气，有本领，但不能捕鼠。

我：您的意思是您认为无论什么事物，不论是庞大本领高的牦牛，还是会捉老鼠的猫，都有各自的不足，做人亦如此，只有清楚地认识自己，才能在人生的路上找到属于自己的方向，并获得成功。

庄子：是的，识人先识己，才能找到属于自己的方向。

【解读】 ❧ 懂得识人识己的刘邦 ❧

刘邦

汉高祖刘邦由一介布衣变成西汉的开国皇帝，就在于他既能够清醒地认识自己，又有识人之明。

刘邦从小就不喜欢读书，好逸恶劳，与混混无异。后来从政，仅为泗水亭长（亭长是管十里以内的小官）。然而，不曾想到的是，他竟在秦末农民起义中崛起，继而在楚汉相争中打败了不可一世的西楚霸王项羽，成为西汉王朝的开国皇帝。

论才学，刘邦从小不学无术；论武功，他自然比不上"力拔山兮气盖世"的项羽，但是，他却成功了。而刘邦的成功，恰恰是他在自知的基础上又知人善任，因而聚集了很多像萧何、张良、韩信、陈平等超一流的谋臣猛将。

汉朝建立后，在一次宴会上，刘邦趁着酒兴问大臣们："我和项羽争夺天下，我的才学、武功和谋略都不如项羽，为什么最后是我胜利呢？"这时，有大臣站出来回答："那是因为项羽残忍好杀，失去民心，又嫉贤妒能，自以为是，而陛下您正好与之相反，所以是您打败了项羽，取得了天下。"刘邦听后，却不以为然，他说："你们只知其一，却不知其二。要说运筹帷幄之中，决胜千里之外，我不如张良；镇国家，抚百姓，给饷馈，不绝粮道，我不如萧何；连百万之众，战必胜，攻必取，我不如韩信。这三个人，都是当今世上杰出的人才，而我能够信任并任用他们，所以我取得了天下。项羽有一个范增尚且不能用，所以他的失败也是理所当然了。"

是的，就自身而言，刘邦本是一个庸才，然而他最大的才能，就在于自知而不嫉贤妒能，更在于能知人善任，为我所用。这也启示我们，成大事者不一定要有非凡之才，只要他能自知并且知人，能够巧妙地借用别人的智慧和才能来为自己服务，也能走上成功之路。

正所谓"尺有所短，寸有所长"，每个人都是渺小的个体，其精力和学识毕竟有限，不可能掌控一切。聪明的人有自知之明，他们能够明智地承认自己的缺点，并且想方设法取长补短，借他人之智而为我所用。

∽◈ 学会认识自己非常重要 ◈∽

认识自己很重要，无论是在平淡的工作中，还是在令人羡慕的岗位上，都离不开"认真"二字，成大事者，都是从点点滴滴的事情做起，从自己的小位置上耕耘收获以达完善，到最后自己撑起一片蓝天。

不论你的职位是什么，高与低、轻与重，你成功的关键就是找准自己的位置，所言所行与自己的位置相符相宜，并且让你的领导知道你、肯定你和认可你。在任何单位或部门里工作，找准自己的位置很重要，应根据职位的轻重采取不同的处世方式。职位重要，一般说明你已得到了领导的器重，可以尽可能地在主管领导所辖范围内施展才干。如果职位较轻，则说明你尚未被领导重用，一言一行还须谨慎从事，一方面要尽力表现自己；另一方面要学会悠着点儿，别表现得过头而成为"出头的椽子"，那样可能会引来嫉妒和反感，使自己陷进人际关系的危机之中，最后使自己毁于"木秀于林，风必摧之"之中。这对有才干的人来说，是应该引以为戒的。

那么，如何才算得体呢？

首先，自己工作要很称职。单位里的主管领导如何知道你干什么工作并对你有较高的评价？大多数人都认为，领导眼睛是亮的，如果表现好，工作好，迟早会传到当官耳中的。情况往往不是这样，很可能你工作相当出色，可当官的根本不知道，这也是常有的事。深谙此道的人总是设法使自己很称职，设法让别人看到自己的工作，得到一个工作干得好的名声，上级领导往往把这样的人看作是崭露头角的优秀人才和单位里的能人。

其次，千万不可"才高镇主"，即不要对你的顶头领导构成威胁。如某个秘书或办事员，年轻聪明，能言善辩，在众人之中脱颖而出。他很有能力，工作起来似乎永不疲倦，可是，最后他发现自己所有的努力都遭到顶头领导的阻挠、破坏和打击。这种情况往往是因为你的领导受到了你的才华的威胁，所以总是和你找别扭、不合作。在这种情况下，本应使你显现出自己价值的那些特性反而有可能对你不利。你越能干、越出色，你的领导就越会觉得是一种威胁，也就越发使你无法得到较快的提升。

面对忙碌紧张的现代生活，面对自己、认识自己尤为重要。

亚瑟·吉士博士说过："没有两个人的生活遭遇是完全相同的，每个人均有他独特的生活遭遇。"的确，每个人的生活遭遇都是独一无二的。尽管构成人体的基本因素相同，但我们每个人的生命都很奇妙地形成一道独特的风景。

要想迈向成熟，我们首先得了解并接受这个事实，因为这是我们与他人沟通的基础。除非我们真正把他人视为一个个独立的个体，正如我们本身的情形一样，否则，我们很难与他们建立起有意义的关系来。

怎样才能使我们意识到自己的独特性，这里有两点建议来帮助你改善自己。

1. 要有独处时间，整理思绪

对同一件事情不同的人通常有不同的处理方法。有人喜欢在人群拥挤的街道上，在熙熙攘攘的人群中沉思，这种方法，可以使人达到忘我的境界，从而想出许多解决问题的方法来；有人喜欢接触大自然，或者到花园里走走，或者只是坐在窗旁偶尔眺望窗外的蓝天或树木，让身心得到彻底的放松；有些人也许比较喜欢静室独处，或用其他自我隔离的方式。总之，每天抽一小段时间出来，独处沉思，才能使你在生活中游刃有余。

2. 打破习惯的束缚，寻找新的空间

我们习惯于把自己束缚在习以为常的无聊事件里，以至于在里面窒息还不自知，周围更有不少人几乎每天都在不断重复相同的行为，生命也因此变得无聊、麻木、程序化而没有丝毫的波澜。因此，打破通常不好的习惯束缚，生活才会五彩缤纷。

所以说，识人先识己，才能找到属于自己的方向。

人 生 智 慧

◇识人先识己，才能找到属于自己的方向。

◇聪明的人有自知之明，他们能够明智地承认自己的缺点，并且想方设法取长补短，引他人之智而为我所用。

◇面对忙碌紧张的现代生活,面对自己、认识自己尤为重要。

认清自我价值，找到自己的人生坐标

我：庄老先生，您对自我省视有何高见？

庄子：我曾讲过这样一个故事：惠子谓庄子曰："魏王贻我大瓠之种，我树之成，而实五石。以盛水浆。其坚不能自举也。剖之以为瓢，则瓠落无所容。非不呺然大也。吾为其无用而掊之。"庄子曰："夫子固拙于用大矣！……今子有五石之瓠，何不虑以为大樽，而浮于江湖，而忧其瓠落无所容？则夫子犹有蓬之心也夫！"

我：您这个故事该如何解释呢？

庄子：这句话的意思就是：惠子对庄子说："魏王送我大葫芦种子，我将它培植起来后，结出的果实有五石容积。用大葫芦去盛水浆，它的坚固程度承受不了水的压力。把它剖开做瓢也太大了，没有什么地方可以放得下。这个葫芦不是不大，可我因为它没有什么用处而砸烂了它。"庄子说："先生实在是不善于使用大东西啊！……如今你有五石容积的大葫芦，怎么不考虑用它来制成腰舟，而浮游于江湖之上，却担忧葫芦太大无处可容呢？看来先生你还是心窍不通啊！"

我：您的意思是惠子认为太大的葫芦没有什么用处，便把它打碎了，而您则认为可以将葫芦作为腰舟在湖上游，找到了葫芦的价值。每个人都有其存在的价值，问题是自己想成为什么，自己想做什么，这些关系到一个人毕生事业成败的各个要件，必须要与一个人到底适合做什么相结合。因为只有了解自己到底适合做什么，并朝此方向去努力，自己的哲学和价值观才会变得明确。如此一来，即使现状多么悲惨，遭遇到多大的困难，也不会迷失自己努力的方向，才能重新站立起来。

庄子：是的，认清自我价值，才能找到自己的人生坐标。

【解读】 ✎ 司马迁忍辱负重著《史记》 ✎

汉武帝太初元年，也就是公元前 104 年，司马迁开始编写《史记》。几年之后，司马迁因为在李陵事件中没有附和汉武帝与众人的看法，被汉武帝投进监狱，处以宫刑。宫刑是中国五大酷刑之一，也是一种对人格施以极大侮辱的酷刑。司马迁一开始也非常痛苦，甚至想到了自杀，觉得自己"身体受到了摧残，再也没有用处了"。但是，司马迁不愧是一个优秀的历史学家，他从一些先贤身上得到了启发：周文王是在被囚禁的时候演绎出《周易》的；孔子被困于陈、蔡，于是写作了《春秋》；屈原被放逐，却著述了不朽《离骚》；左丘明眼睛失明，但写了《国语》；孙膑被剔去膝盖骨，但成为齐国的军师；吕不韦被放逐到蜀地，世上流传他的《吕氏春秋》……这些先贤在形体上都遭受了极大的痛苦，但他们是精神生命的强者。在逆境中他们人格高尚，意志坚定，在他们的"发愤"中蕴涵着积极进步的社会内容和强烈的正义精神。因此，形体上的缺憾非但没有让他们就此消沉下去，反而使他们创造出了灿烂的精神果实，司马迁正是从这些先贤们的事例中受到了启发而发愤著书的。

司马迁遭受了被很多人视做奇耻大辱的宫刑，在形体上可以说是很不受上天垂青了，但是他克服了身体上的极大痛苦，更加发愤著书，完成了"史家之绝唱，无韵之离骚"的《史记》。他也因而实现了自己独立的生命价值，获得了生命的尊严。

✎ 认清自我价值 ✎

在生命长河中，儒家道家表现出两种不同的态度。儒家的姿态是烈士，道家的潇洒是高士；儒家的姿态是与时间去争抢，抢出来有限的时光去建功立业，而道家的态度是在流光中顺应，去把握每分每秒，去乐生。这两种人生观最终的殊途同归是什么呢？那就是让生命获得价值。

但是，人生的价值判断永远都不会相同。有的人更多地看中历史上的名垂青史，看重仕途上的建功立业，即使让个人生命付出代价，也要去建立一项功勋。也有的人更多地看重自己内心的完善、安顿和自己道德上的成全。

如果是前者，他对于人生的心有不甘就多一点，而后者则淡泊就多一点。其实这是儒与道在作用于我们内心时候，在我们拥有的观念中呈现出的不同态度。

庄子用故事告诉我们：我们每个人都是造化中独一无二的，有着独立的生命价值。哪怕对方的地位再高，权势再重，也不能让自己屈从于他们的观念和意志，要做一个有着"自由之思想、独立之意志"的人；哪怕自己在形体上没有受到上天的垂青，也要保持精神上的独立和高贵。

是的，天生我才必有用，找到自我价值去创造价值，才会有快乐的人生之旅。一位心理学家为了实地了解人们对于同一件事情在心理上所反映出来的个别差异，对正在建筑大教堂的敲石工人作访问进行研究。心理学家问他所遇到的第一位工人："请问你在做什么？"

第一位工人没好气地回答："在做什么？你没看到吗？我正在用这个重得要命的铁锤来敲碎这些该死的石头，而这些石头又特别硬，害得我的手酸麻不已，这真不是人干的工作。"

心理学家又继续找到第二位工人，问他："请问你在做什么？"第二位工人无奈地答道："为了每天的工资，我才做这样的工作，若不是为了一家的温饱，谁愿意干这份敲石头的粗活？"

心理学家又去问第三位工人："请问你在做什么？"

第三位工人眼睛中闪烁着喜悦的神采说："我正参与兴建这座雄伟华丽的大教堂，落成之后，这里可以容纳许多人来做礼拜。虽然敲石头的工作并不轻松，但当我想到，将来会有无数的人来到这儿，再次接受上帝的爱，心中便常为这份工作献上感恩。"

积极思考正如这位工人所传达的，凡事在他看来，都是好得不能再好。因为他认清了自我价值，找到了自己的人生坐标。

"无用之用是为大用"，是庄子思想里非常重要的一个方面。"无用"并不是真的一无是处，而是没有那些在世俗功利的视角看起来可以直接拿来使用、获利的用途。而有"大用"则是说从更高的层次看来，这些没有直接用途的东西反而有着其他事物所不具备的用处。

李白说"天生我材必有用"，庄子却认为，不但是天生我材必有用，天生的每一样东西都有用。

当今有一个流行的说法是："垃圾其实是放错地方的资源。"可见物的有用无用、用处大小要看你怎么去看待，看你是不是能够摆脱浮躁的心态，不去急着追求那些看得见摸得着的直接利益。

当代散文家贾平凹曾经写过一篇散文《丑石》，来描写自家门口一块黑黝黝的石头。这块丑石在大家的眼里就是没用的，伯父家盖房，它不能垒山墙也不能铺台阶，因为极不规则，既没棱角儿，也没平面儿。奶奶要请石匠为家里凿一台石磨，它又石质太细，也没法采用。它似乎真的是一块既不好看也没有任何用处的丑石了，于是连孩子们都嫌它躺在那里碍事。

终有一日，村子里来了一个天文学家，他经过时发现了这块石头，眼光立即就拉直了。他没有再走下去，而是住了下来，以后又来了好些人，说这是一块陨石，从天上落下来已经有二三百年了，是一件了不起的东西。不久便来了车，小心翼翼地将它运走了。

这让作者和身边的人感到无比惊奇，这又怪又丑的石头，原来是从天上的，补过天，发过热，闪过光，给人们了光明、向往和憧憬。天文学家是这样解释它的"丑"和"无用"的："丑到极处，便是美到极处，正因为它不是一般的顽石，当然不能去做墙，做台阶，不能去雕刻，捶布。它不是做这些玩意儿的，所以常常就遭到一般世俗的讥讽。"

在世俗的眼光中，一块石头不能用来盖房子，不能用来砌台阶，不能雕刻也不能捶布就是"无用"的了，但这块"丑石"却正是在这无用之中蕴涵着大用途。

生活中总有许多人、许多事是不能按照常人的标准和眼前的直接利益来衡量的，只要找对要用的地方，只要你有足够的耐心等着自己发酵，积聚属于你自己的醇香，终究有一天你也会成为那颗发热闪光的星星。

有一句话说得好："有了爱好才能做得精巧。"因为能对自己热衷的工作使出全力，脑袋中闪过一个接一个精彩的点子，而这些强烈的热情及信念促使行动产生，就能够扎实地步上成功之道。相反的，"这工作真无聊，不适合我"的想法，心不甘情不愿去做事的话，将永远都无法成功，结果终其一生都无法找到由工作而产生的生存价值。

所以说，请认清你的自我价值吧，只有这样才能找到自己的人生坐标。

人 生 智 慧

◇认清自我价值，找到自己的人生坐标。

◇天生我才必有用，找到自我价值去创造价值，才会有快乐的人生之旅。

◇丑到极处，便是美到极处。正因为它不是一般的顽石，当然不能去做墙，做台阶，不能去雕刻，捶布。它不是做这些玩意儿的，所以常常就遭到一般世俗的讥讽。

走自己的路，让别人说去吧

【聊天实录】

我：庄老先生，您对自我省视有何高见？

庄子：我曾说过：且夫待钩绳规矩而正者，是削其性也。

我：您这句话该如何解释呢？

庄子：这句话的意思就是：等待曲尺、墨线、圆规、角尺来校正事物形态的，是损伤事物本性的行为。

我：您的意思是您认为做人应该做自己，不要被所谓的墨线、圆规、角尺来束缚自己的手脚。自己应有自己的发展空间，善于发现自己的好，才能活得有价值。

庄子：是的，走自己的路，让别人说去吧。

【解读】 ❧ 敢于走自己的路的爱因斯坦 ❧

物理学家爱因斯坦在瑞士苏黎世联邦工业大学读书时，有一天突发奇想地问他导师明可夫斯基："一个人，比如我吧，究竟怎样才能在科学领域留下自己的足迹，做出自己的贡献呢？"经常和爱因斯坦一起研究科学，探讨人生哲理的明可夫斯基被问得不知道怎么回答。

爱因斯坦

但明可夫斯基却没放弃这个问题，几天过去了，他忽然兴冲冲地跑到爱因斯坦那里，兴奋地说："我找到答案了！"

"是什么？"

明可夫斯基连说带比画，但怎么说爱因斯坦都不明白，于是他拉起爱因斯坦就往外跑。

明可夫斯基带爱因斯坦来到一个建筑工地，毫不犹豫地带着他走上建筑工人刚刚铺好的水泥地。看到两个年纪不算轻的冒失鬼踏坏了自己刚铺好的地面，工人大声呵斥着这两个疯狂的家伙。

遭到呵斥的爱因斯坦一头雾水地问明可夫斯基："老师，您这不是领我误入歧途吗？"

明可夫斯基不顾别人的指责，兴奋地说："对，就是歧途，你看到了吧，只有在这样的'歧途'上，你才可能留下足迹！一个人只有在新的领域，还没有凝固的地方才能留下深深的足迹，而那些早就已经凝固很久的老地面，被无数人涉足过的地方，就算你是神，也不可能再踩出脚印来……"

听着老师的话，爱因斯坦想了许久，终于说："老师，我明白你的意思了！"

从那以后，强烈的创新意识和开拓精神开始主导爱因斯坦的一切思维和行动，于是他走出象牙塔般的校园，利用自己一切能利用的时间，在物理学的三个未知领域开始深入研究，大胆地挑战和突破了牛顿力学。

探索你追求理想所面临的新领域，这是一条自己和别人从未走过的路，谁也无法代替。一片荒漠，需要你用毕生的精力，用拓荒者的精神去开垦，将荒漠变成良田。只有这样，你才有可能在将来成为某领域的先驱，成为时代潮流的引领者。

走出属于自己的成功之路

歌剧演员卡罗素美妙的歌声享誉全球，但当初他的父母希望他能当工程师，而他的老师对他的评价则是：他那副嗓子是不能唱歌的。

达尔文当年决定放弃行医时，遭到父亲的斥责："你放着正经事不干，整天只管打猎、捉狗捉耗子的。"另外，达尔文在自传上透露："小时候，所有的老师和长辈都认为我资质平庸，我与聪明是沾不上边的。"

沃特·迪士尼当年被报社主编以缺乏创意的理由开除，建立迪斯尼乐园前也曾破产好几次。爱因斯坦4岁才会说话，7岁才会认字，老师给他的评语是："反应迟钝，不合群，满脑袋不切实际的幻想。"他曾遭到退学的命运。牛顿在小学的成绩一团糟，曾被老师和同学称为"呆子"。

罗丹的父亲曾怨叹自己有个白痴儿子，在众人眼中，他曾是个前途无"亮"的学生，艺术学院考了三次还考不进去。

《战争与和平》的作者托尔斯泰读大学时因成绩太差而被劝退学，老师评价他："既没读书的头脑，又缺乏学习的兴趣。"

如果这些著名人士没有走自己的路，沉浸于他人的评价中，怎么能取得举世瞩目的成绩？

丰子恺先生给我们举过一个非常有趣的例子。丰子恺先生是现代散文家和漫画家，他真可谓智者，无论作画，还是作文，疏淡之间，人生意趣顿生，让人拍手叫绝。他在其散文中有这样一段文字：

"有一回我画一个人牵两只羊，画了两根绳子。有一位先生教我：'绳子只要画一根。牵了一只羊，后面的都会跟来。'我恍悟自己阅历太少。后来留心观察，看见果然如此：前头牵了一只羊，后面数十只羊都会跟去，就算走向屠场，也没有一只羊肯离群而另觅生路的。后来看见鸭也如此，赶鸭的人把数百只鸭放在河里，不需用绳子系住，群鸭自能互相追随，聚在一块。上岸的时候，赶鸭的人只要赶上一二只，其余的都会跟了上岸，即使在四通八达的港口，也没有一只鸭肯离群而走自己的路。"

其实又何止是羊和鸭呢？我们人也被一条隐在尘世中的绳索牵着。我们每天急匆匆地跟在一件事的后面，追逐一些看不见的东西，实际是在奔赴一个别人成功过的目标，重复别人走过的路，在别人嚼剩的残渣中寻觅零星的营养。可惜在这人生的路上，人世间能有几人寂寂地另辟蹊径呢？

生活中，每一个人都有展示自己的机会。那些每天一早来到公园练武打拳、练健美操、跳迪斯科的人，那些只要有空就练习书法绘画、设计剪裁服装和唱戏奏乐的人，根本不在意别人对他们姿态和成果品头论足，也不会因没人叫好或有人挑剔就停止练习、情绪消沉。他们的主要目的不在于当众展示、参赛获奖，而是自得其乐、自有收益，满足自己对生活美和艺术美的渴求。走自己的路，让别人去评说吧，只要自己活得快乐，又何必去在乎他人的眼光。

或许，我们也曾想过走自己的路，但走得却很艰难。这是为什么呢？实际上，我们之所以走得不顺利，甚至觉得举步维艰，除了必须面对生活中的各种考验之外，别人的一些言论和看法，也在无形中影响了我们前进的步伐。

所以，就让我们走自己的路吧！不管身后会不会袭来寒风冷雨，也不管前面会不会有坎坷与荆棘，让我们微笑着去面对一切。要相信，当我们送走了风雨，跨过了坎坷，踏平了荆棘，迎接我们的将是灿烂的阳光和迷人花香。就算到最后我们仍然一无所有，至少我们会拥有一份属于自己的宁静与洒脱！

人 生 智 慧

◇走自己的路，让别人说去吧！

◇一片荒漠，需要你用毕生的精力，用拓荒者的精神去开垦，将荒漠变成良田。

◇当我们送走了风雨，跨过了坎坷，踏平了荆棘，迎接我们的将是灿烂的阳光和迷人花香。

肯定自我，活出本真的自己

【聊天实录】

我：庄老先生，您对自我省视有何高见？

庄子：我曾经讲过这样一个故事：南海之帝为倏，北海之帝为忽，中央之帝为浑沌。倏与忽时相与遇于浑沌之地，浑沌待之甚善。倏与忽谋报浑沌之德，曰："人皆有七窍以视听食息，此独无有，尝试凿之。"日凿一窍，七日而浑沌死。

我：您这个故事该如何解释呢？

庄子：这个故事的意思就是：南海的帝王是倏，北海的帝王是忽，中央的帝王是浑沌。倏和忽经常在浑沌的地界相会，浑沌待他们非常好。

倏和忽商量着要报答浑沌的善意，他们说："人都有眼、耳、口、鼻七窍，所以能够看、听、吃、呼吸，可唯独他没有，我们试着给他凿出来吧。"于是，他们每天给浑沌凿出一窍。七天后，浑沌死了。

　　我：您的意思是倏和忽为了报答浑沌的善意而为它开凿眼、耳、口、鼻七窍，但是七窍开出来了，浑沌却死了，五官俱明、心智开化带来的却是无法挽回的悲剧。您借助"浑沌"这一既寓言化又具象化的形象非常传神地表达自己自然无为、守住本真、归于大道的思想。

　　庄子：是的，肯定自我，才能活出本真的自己。

【解读】　　　　帕瓦罗蒂曾经向婴儿学习

　　有一次，世界歌王帕瓦罗蒂去某地演出，他风尘仆仆地到了旅馆，感觉非常疲惫，就准备睡觉，却总是被隔壁的声音吵得睡不着。原来，隔壁房间有个婴儿一直在哇哇地哭，一哭就是三四个小时，并且声音洪亮，一直传到他的房间来。他被搅得心烦意乱，根本无法入睡，就在床上翻来覆去。突然，他灵机一动、一骨碌爬起来："奇怪，我平时唱歌一个小时嗓子就很累了，这个婴儿怎么哭了这么久还是中气十足？"这下，原本恼人的事倒成了启发他研究发音技巧的机会了。从此，闲暇时帕瓦罗蒂常常揣摩婴儿的哭声，他惊讶地发现：原来，由于婴儿的一切都没有发育完全，身体各部分的分工还不是非常明确，他是不会单独用嗓子的，他们哭的时候用的是丹田之气，所以嗓子不会嘶哑。从此，帕瓦罗蒂就向婴儿学习，用丹田之气唱歌，在歌剧的舞台上取得了更好的成绩。

　　歌王尚且能从婴儿那里看到本真的力量，我们每个人是不是也应该珍惜自己身上剩下的一些混沌之气，亲身感受一下那种美妙无比的无欲则刚呢？珍惜我们与生俱来的"最初一念之本真"吧，那或许是比钻石更尊贵的东西。

❦ 活出本真的自己 ❧

我们每个人的生活面貌都是由自己塑造而成的，如果我们能学会接受自己，看清自己的长处，明白自己的短处，便能踏稳脚步，达到目标，这样就不至于浪费许多时间和精力，空苦恼。

不能保持自己的本来面目，这一问题比比皆是。詹姆士·基尔奇博士认为："这是人性丛林中的一种普遍现象。"这也是造成许多精神衰弱症、精神异常或精神错乱的根源。

曾对儿童教育问题写过十多本书和上千篇报道的安格罗·派屈说道："当理想中的自我与现实中的自我不相一致时，那就是一种不幸。"这种现象在好莱坞比比皆是，著名导演山姆·伍德说过，他最头疼的就是让那些年轻演员如何秉持本色，他们只想变成三流的拉娜·透拉，或三流的克拉克·盖博，而"观众要的是另一种口味"。在执导《战地钟声》等名片之前，山姆·伍德从事过好几年的房地产生意，形成了自己的推销风格。他声称，拍电影和做买卖的原则是一样的，如果你一味模仿别人，就不能成功。"经验告诉我，"伍德说道，"不能表现出自我本色者注定要失败，而且失败得很快。"

欧文·柏林也曾给乔治·葛斯文提出过忠告，他们两人初识的时候，柏林已是位有名的作曲家，而葛斯文还是个每星期只赚35块钱的无名小子。柏林很赏识葛斯文的才华，愿意付3倍的价钱请葛斯文当音乐助理。"但是，你最好别接受这份工作。"柏林说，"如果你接受了，可能会变成一个二流的柏林，如果你秉持本色奋斗下去，你会是个一流的葛斯文。"葛斯文记下了柏林的忠告，果然成了美国当代著名的音乐家。

查理·卓别林开始拍电影的时候，导演要他模仿当时一个有名的德国喜剧演员。卓别林一直都不显得出色，直到找出了属于自己的戏路。鲍勃·霍伯也有类似的经验，他花了好几年的时间唱唱跳跳，直到还己本来面目，并以其机智的妙语广受欢迎。基尼·欧屈一直想改掉自己的得州腔，穿着入时，像个城里人。他宣称来自纽约，别人却在背后笑话他。直到有一天他弹起斑琴，成为了牛仔明星和歌星。

上天安排你到世上，就已为你打造好了属于自己的个性，所以，坚信自己是世上独一无二的，应该把自己的禀赋发挥出来。据分析，所有的艺术家都是具有一些天赋的；你是什么就唱什么，是什么就画什么。经验、环境的遗传造就了你的面目，无论是好是坏，你都得耕耘自己的园地；无论是好是坏，你都得弹起生命中的琴弦。

当初，上帝为人类的始祖亚当和夏娃造了一座伊甸园，那里地上撒满金子、珍珠、红玛瑙，各种树木从地里长出来，开满各种奇花异卉，非常好看，树上的果子还可以作为食物。上帝吩咐他们说："园中各样树上的果子你们可以随意吃，只是分别善恶树上的智慧果你们不可吃，因为你吃的日子必死。"后来，夏娃和亚当抵不住蛇的诱惑吃了智慧果，也就有了善恶和羞耻之心，被上帝赶出了无忧无虑的伊甸园。在这里，亚当夏娃的偷吃智慧果和混沌的被凿七窍非常相似，都是脱离了原来的混沌状态。但七窍一开，巧智纷生，人反而远离大道和本真，失去了最原始而浑然的力量和最初的幸福。

《道德经》里有这么一段话："含德之厚，比于赤子。毒虫不螫，猛兽不据，攫鸟不搏。……—终日号而不嗄，和之至。"也就是说婴儿虽然外表看起来是柔弱的，但却有一种奇特的力量，毒蛇猛兽飞禽都不来侵害他。婴儿就是因为没有脱离混沌状态，才初始、混沌、完整、美好，才无知无欲、贴近大道。"婴儿终日号而不哑"，也就是说婴儿从早到晚地啼哭却可以保持嗓子不哑，这是为什么呢？老子说是"和之至也"，也就是极度和谐、高度协调后达到的一种效果，也只有保持混沌状态，不刻意去区分眼耳目鼻舌嗓子以至身体各个部位的具体功能，才能达到这种效果。婴儿哭的时候是腹部或者可以叫作下丹田的位置在起伏，然后是中丹田，最后通过嗓子出来。也就是说，恰恰是婴儿各个器官的功能还没有完全分化开的混沌状态使他本身成为一个和谐完整的整体，带来了"终日号而不哑"的效果。

人生一世，活着是为了什么？不是为了别人的称誉，也不是为了效仿他人，而是活出自己，亮出属于自己的本色。你拥有独一无二的个性，才成就你独特的事业，活出属于自己的快乐。正如庄子所言，用太多的标准来衡量自己，实际上是对自己找的一种抹杀。标准太多则束缚越多，人容易失去本性的自我。

每个人都有个人对事物的判断标准，不受他人影响，人应保持自我本色，不要人云亦云。我们每个人都是世上独一无二的，要用自己的智慧完成属于自己的使命。你就是你自己，不要按照他人的眼光和标准来评判甚至约束自己，无须总是效仿他人。保持自我本色，才能体味什么是真正的快乐。

人 生 智 慧

◇肯定自我，活出本真的自己。

◇不能表现出自我本色者注定要失败，而且失败得很快。

◇我们每个人都是世上独一无二的，要用自己的智慧完成属于自己的使命。

要有自己的主见，不因别人的话而迷失自己

【聊天实录】

我：庄老先生，您对自我省视有何高见？

庄子：我曾说过：世俗之所谓然而然之，所谓善而善之，则不谓之道谀之人也。

我：您这句话该如何解释呢？

庄子：这句话的意思就是：世俗上所认为是的就认为是，所认为对的就认为对，却不称他们为谄谀的人。

我：您的意思是您认为无论世人对你的所作所为是何等的评价，那只是世俗人的想法，他们善于给人归类，不一定正确。每一个人都应有自己的想法，别人认为不正确、不可能的未必是真理，只有坚持自己的想法，才能活出一个真正的自我，找到一条属于自己的路。

庄子：是的，要有自己的主见，不因别人的话而迷失自己。

【解读】

❧ 有自己主见的玛格丽特 ❧

玛格丽特·撒切尔夫人，1925 年生于英格兰林肯郡的格兰瑟姆市。1979 年 5 月，保守党在大选中获胜，她遂成为英国第一位女首相。她任职期间工作勤恳，政绩卓著，被称为"铁娘子"。

玛格丽特的父亲罗伯茨是英国格兰文森小城的一家杂货店主。玛格丽特 5 岁生日那天，父亲把她叫到跟前，语重心长地说："孩子，你要记住——凡事要有自己的主见，用自

玛格丽特·撒切尔

己的大脑来判定事物的是非，千万不要随波逐流、人云亦云啊。这就是爸爸赠给你的人生箴言，就是爸爸给你的最重要的生日礼物，它比那些漂亮衣服和玩具对你有用多了！"从此，罗伯茨着意把女儿培养成一个坚强独立的孩子，下定决心要塑造她"严谨、准确、注重细节、对正确与错误严格区分"的独立人格。有了父亲这样一个"人生导师"，玛格丽特坚实地成长着。

罗伯茨其实并不穷，但是家里生活的设施却很简单，没有洗澡间、自来热水和室内厕所，更没有值钱的东西，玛格丽特有一阵子迷上了电影和戏剧，她几乎每周都去一次电影院或剧院，玩得不亦乐乎。有一天，当她的零用钱不够而向父亲"借"的时候，父亲果断地拒绝了，因为父亲特意要为女儿营造一种节俭朴素、拼搏向上的氛围。从小父亲就要求她帮忙做家务，10 岁时就在杂货店站柜台。在

父亲看来他给孩子安排的都是力所能及的事情，所以不答应女儿说"我干不了"或"太难了"的话，借此培养孩子的独立能力。

后来玛格丽特入学后，她才惊奇地发现她的同学有着比自己更为自由和丰富的生活，劳动、学习和礼拜之外的天地竟然如此广阔和多彩。他们一起在街上游玩，可以做游戏、骑自行车。星期天，他们又去春意盎然的山坡上野餐，一切都是多么诱人啊。幼小的玛格丽特心里痒痒的，她幻想能有机会与同学们自由安闲地玩耍。有一天，她回家鼓起勇气对威严的父亲说："爸爸，我也想去玩。"

罗伯茨脸色一沉，说："你必须有自己的主见！不能因为你的朋友在做某件事情，你就也得去。你要自己决定你该怎么办，不要随波逐流。"见孩子不说话，罗伯茨缓和了语气，继续劝导玛格丽特："孩子，不是爸爸限制你的自由，而是你应该要有自己的判断力，有自己的思想。现在是你学习知识的大好时光，假如你想和一般人一样，沉迷于玩乐，那样一定会一事无成。我相信你有自己的判断力，你自己做决定吧。"

听了父亲的话后，小玛格丽特再也不吱声了，父亲的一席话深深地印在了她的脑海里。她想："是啊，为什么我要学别人呢？我有很多自己的事要做呢，刚买回来的书我还没看完呢。"

罗伯茨经常这样教育女儿，要她拥有自己的主见和理想，特立独行、与众不同最能显示一个人的个性，随波逐流只能使个性的光辉沉没在芸芸众生之中。

正是罗伯茨对女儿独立人格的培养，才使撒切尔夫人从一个普通的女孩，最终成为一位连任三届、执政十二年的英国首相，一位在世界政治舞台上叱咤风云的政治家。

是的，假设你是父母，无论是伟大还是平凡，独立的人格都是可以受用一生的宝贵财富。尽早教会孩子们独立吧，让他们自己吃饭穿衣，让他们自己挣零花钱，让他们用自己的头脑和眼睛熟悉世界，让他们成为他们自己！

不因别人的话而迷失自己

"随波逐流、人云亦云"，其实质就是没思想、没主见。一个没有思想的人，就如同行尸走肉般活在这个世上，对于世界而言，这种人可有可无，我们要的不仅仅是一个躯壳，而且更需要的是一个有血有肉、有灵魂、有思想的整体。

罗斯福总统的夫人曾向她的姨妈请教对别人不公正的批评有什么秘诀，她姨妈说："不要管别人怎么说，只要你自己心里知道你是对的就行了。"避免所有批评的唯一方法就是只管做你心里认为对的事——因为你反正是会受到批评的。自己认准的事情就无须理会别人的议论，坚信自己可以做到，努力前进就行了。

"不要被他人的论断束缚了自己前进的步伐，追随你的热情，追随你的心灵，它们将带你到你想要去的地方。"

有一个名叫奥齐的中年人，对世界各种重大问题都有自己独特看法，如人工流产、计划生育、中东战争、水门事件、美国政治等等。每当自己的观点受到嘲讽时，他便感到十分沮丧。为了使自己的每一句话和每一个行动都能为每一个人所赞同，他花费了不少心思。他向别人谈起他同岳父的一次谈话，当时，他表示坚决赞成无痛致死法，而当他察觉岳父不满地皱起眉头时，便几乎本能地立即修正了自己的观点："我刚才是说，一个神志清醒的人如果要求结束其生命，那么倒可以采取这种做法。"奥齐在注意到岳父表示同意时，才稍稍松了一口气。

他在社会交往中，用改变自己的立场来博得他人的欢心，不能坚持自己的看法，自己的逐渐，人云亦云，又怎能开心。

我们在工作中常遇到这样的情况。领导让他的秘书看一篇报告写得如何，秘书看过后来汇报，说："我认为写得还不错。"领导摇了摇头。秘书赶快说："不过，也有一些问题。"领导又摇摇头。秘书说："问题也不算大。"领导又摇摇头。秘书说："问题主要是写得不太好，表述不清楚。"领导又摇摇头。秘书说："这些问题改改就会更好了。"领导还是摇头。秘书说："我建议打回这个报告。"

这时领导说了句："这新衬衣的领子真不舒服。"

以得到别人的赞许为需要，就很难做到实事求是。如果你感到非要受到夸奖不行，并常常做出这种表示，那就没人会与你坦诚相见。同样，你不能明确地阐述自己在生活中的思想与感觉，就会为迎合他人的观点与喜好而放弃你的自我价值。生活中只要你做事，就会有反对意见，有批评，这是现实，是你为"生活"付出的代价，是一种完全无法避免的现象。所以，找到自己想做的事，并坚定不移地走下去，不为别人的意见所左右，这就是成功人士的不二法门。

对人生而言，努力固然重要，但更重要的则是选择努力的方向。生活中人云亦云的人很多，尽管自己有不同的想法，但却不能坚持己见。每做一个决定，总是犹豫不决，常常是朝令夕改，这样的人无论其他方面多么强大，总是容易被那些坚定的人挤到一边，因此会失去很多机会，埋没很多好想法。因此，我们应该相信自己，不人云亦云，不盲从，拿出自己的魄力，坚持自己的意见和想法，不畏惧错误，即使错了，我们也同样得到了宝贵的经验。

在生活中，我们会听到很多甜言蜜语，也会听到很多中伤恶语。不管如何，都要学会保护自己，有自己的主见，不要让自己迷失在他人的话语中，时刻保持头脑清醒，自在而活。

人生智慧

◇要有自己的主见，不因别人的话而迷失自己。

◇不要被他人的论断束缚了自己前进的步伐，追随你的热情，追随你的心灵，它们将带你到你想要去的地方。

◇我们应该相信自己，不人云亦云，不盲从，拿出自己的魄力，坚持自己的意见和想法，不畏惧错误，即使错了，我们也同样得到了宝贵的经验。

相信自己，命运掌握在自己的手中

【聊天实录】

我：庄老先生，您对自我省视有何高见？

庄子：我曾说过：独有之人，是谓至贵。

我：您这句话该如何解释呢？

庄子：这句话的意思就是：具有这样特立独行的人，就可称之为至高无上的贵人。

我：您的意思是说人不应该让外物困扰，要做就做一个独立的人，要相信自己，才能超越自己。

庄子：是的，相信自己，命运掌握在自己的手中。

【解读】 善于掌握自己命运的法拉第

1791 年，法拉第出生在伦敦市郊一个贫困铁匠的家里。他父亲收入菲薄，常生病，子女又多，所以法拉第小时候连饭都吃不饱，有时他一个星期只能吃到一个面包，当然更谈不上去上学了。

法拉第 12 岁的时候，就上街去卖报，一边卖报，一边从报上识字。到 13 岁的时候，法拉第进了一家印刷厂当图书装订学徒工，他一边装订书，一边学习。每当工余时间，他就翻阅装订的书籍，有时甚至在送货的路上，他也边走边看。经过几年的努力，法拉第终于摘掉了文盲的帽子。

渐渐地，法拉第能够看懂的书越来越多，他开始阅读《大英百科全书》，并常常读到深夜。他特别喜欢电学和力学方面的书，法拉第没钱买书、买簿子，就利用印刷厂的废纸订成笔记本，摘录各种资料，有时还自己配上插图。

一个偶然的机会，英国皇家学会会员丹斯来到印刷厂校对他的著作，无意中发现法拉第的"手抄本"。当他知道这是一位装订学徒记的笔记时，大吃一惊，于是丹斯送给法拉第皇家学院的听讲券。

法拉第以极为兴奋的心情，来到皇家学院旁听，做报告的正是当时赫赫有名的英国著名化学家戴维。法拉第瞪大眼睛，非常用心地听戴维讲课，回家后，他把听讲笔记整理成册，作为自学用的《化学课本》。

后来，法拉第把自己精心装订的《化学课本》寄给戴维教授，并附了一封信，表示："极愿逃出商界而入科学界，因为据我的想象，科学能使人高尚而可亲。"

收到信后，戴维深为感动。他非常欣赏法拉第的才干，决定把他招为助手。法拉第非常勤奋，很快掌握了实验技术，成为戴维的得力助手。

半年以后，戴维要到欧洲大陆做一次科学研究旅行，访问欧洲各国的著名科学家，参观各国的化学实验室，戴维决定带法拉第出国。就这样，法拉第跟着戴维在欧洲旅行了一年半，会见了安培等著名科学家，长了不少见识，还学会了法语。

回国以后，法拉第开始独立进行科学研究，不久，他发现了电磁感应现象。1834年，他发现了电解定律，震动了科学界，这一定律，被命名为"法拉第电解定律"。

法拉第依靠刻苦自学，从一个连小学都没念过的装订图书学徒工，跨入了世界第一流科学家的行列，恩格斯曾称赞法拉第是"到现在为止最伟大的电学家"。法拉第的生活异常困难，可以说那是人生的最低谷，一个人在三餐都很难保证的情况下，有多少能做到不放弃追求自己的梦想呢？法拉第就是这样坚强的人，他没有放弃自己学知识的权利，没有放弃让自己卓越的机会，他把握着每个学习的机会，在没有机会受到正规教育的时候，他抓住了一切能够学习的机会，所以他成功了，他是在困境中实现自己辉煌的典型例子。

是的，个人的人生和命运，主要取决于个人后天的努力，取决于个人后天的个性、精神等因素。而个人的家庭、生理基础及时代环境，仅仅提供了一个人生斗争的平台而已，它们并没有决定结果，只是规定了人生的起点。

其实，每个人都是独一无二的，每个人都有自己最优秀的一面，差别就在于如何认识自己、如何发掘和重用自己。首先你要认为你能，然后去尝试，再尝试，最后你就会发现你确实能。同时要在内心强化"我能，我一定能"的信念，要肯定自己的价值，让自己充满自信，才能发挥自己的能力。

命运靠自己把握

天下无论多少条路，都靠自己走，别人永远无法替代，而命运只有靠自己把握，只有自己才是自己真正的主人。

古代有这样一个笑话：一个衙门的差役，奉命解送一个犯了罪的和尚，临行前，他怕自己忘带东西，就编了个顺口溜："包袱雨伞枷，文书和尚我。"在路上，他一边走，一边念叨这两句话，总是怕在哪儿不小心把东西丢一件，回去交不了差。和尚看他有些发呆，就在停下来吃饭时，用酒把他灌醉了，然后给他剃了个光头，又把自己脖子上的枷锁拿过来套在他的身上，自己溜之大吉了。差役酒醒后，总感到少了点什么，可包袱、雨伞、文书都在，摸摸自己脖子，枷锁也在，又摸摸自己的头，是个光头，说明和尚也没丢，可他还是觉得少了点啥，念着顺口溜一对，他大惊失色："我哪里去了，怎么没有我了？"

是啊，什么都没丢，却将自己弄丢了，虽为笑话，却也让人深思。亨利曾经说过："我是命运的主人，我主宰我的心灵。"做人应该做自己的主人，应该主宰自己的命运，不能把自己交付给别人。生活中有的人却不能主宰自己，有的人把自己交付给了金钱，成了金钱的奴隶，有的人为了权力，成了权力的俘虏，有的人经不住生活中各种挫折与困难的考验，把自己交给了上帝。

做自己的主人，就不能成为金钱的奴隶，不能成为权力的俘虏，要不失自我，在各种诱惑面前保持自己的本色，否则便会丢失自己。过于热衷于追求外物者，最终可能会如愿以偿，但却会像差役一样把最重要的一样给丢了，那就是自己。

我们有权利决定生活中该做什么，不能由别人来代做决定，更不能让别人来左右我们的意志，而自己却成了傀儡。其实，只有自己最了解自己，别人并不见得比自己高明多少，也不会比自己更了解自身实力，只有自己的决定才是最好的。

我们应该做命运的主人，不能任由命运摆布自己。像莫扎特、梵高生前都没有受到命运的公平待遇，但他们没有屈服于命运，没有向命运低头，他们向命运挑战，并最终战胜了它，成了自己的主人，成了命运的主宰。

挪威大剧作家易卜生有句名言说："人的第一天职是什么？答案很简单：做自己。"是的，做人首先要做自己，首先要认清自己，把握自己的命运，实现自己的人生价值，这样，才是真正的自己。

所以说，在这个世界上没有做不到的事情，只要你能想到，下定决心去做，就一定能办到。无论在什么情况下，决定你命运的不是别人，而是你自己，最关键是要相信自己。你每一天的努力，都将是明日成功的基础，你一点一滴的耕耘都孕育着未来的成功。人生是一条没有尽头的路，所以请不要留恋逝去的梦，要把命运掌握在自己手中。

人生智慧

◇要相信自己，命运掌握在自己的手中。

◇做人首先要做自己，首先要认清自己，把握自己的命运，实现自己的人生价值，这样，才是真正的自己。

◇在这个世界上没有做不到的事情，只要你能想到，下定决心去做，就一定能办到。

第一章

庄子与我聊自我修养

　　有修养的人凝聚人气，有修养的人聪明睿智，有修养的人宽容大度，有修养的人心灵美……有修养的人无论走到哪里，头上都罩着美丽的光环，耀眼夺目。所以，要想做一个有修养的人，就需要提高自己各方面的素质与能力，在各个方面进行自我教育和自我塑造，不断地完善自己。

真诚待人，是沟通你我的桥梁

【聊天实录】

我：庄老先生，您对自我修养有何高见？

庄子：我曾说过：真者，精诚之至也。不精不诚，不能动人。

我：您这句话该如何解释呢？

庄子：这句话的意思就是：所谓真，就是精诚的极点。不精不诚，不能感动人。

我：您的意思是您认为在人与人之间的交往过程中，只有真诚的人才能受到大家的欢迎，因为真诚的人不会说谎，不会运用权谋，不会暗箭伤人，所以别人与他交往会有一种踏实的感觉。

庄子：是的，真诚待人，是沟通你我的桥梁。

【解读】　　用真诚打动乘客的空姐

一架飞机起飞前，一位女乘客请空姐给她一杯水，她需要吃药。空姐很有礼貌地回答："小姐，飞机刚刚起飞，还在颠簸。为了您的安全，请稍等片刻，等飞机进入平稳飞行后，我会立刻把水给您送过来，好吗？"

飞机进入了平稳飞行状态很久后，那位空姐才猛然想道：糟了，由于太忙，她忘记给那位乘客倒水了！就在此时，有人按响了服务铃。当空姐来到客舱，看见按响服务铃的果然是刚才那位女乘客，知道自己错了，她小心翼翼地把水送到那位乘客跟前，面带微笑地说："小姐，实在对不起，是我的疏忽，延误了您吃药的时间。"但是这位女乘客似乎并不领情，她指着手表怒气冲冲地说道："医生要求我中午一定要吃药，但是现在已经三点了，你让我怎么吃这药？"空姐手里端着水，心里有些委屈，但是她的脸上依然带着歉意的微笑，不停地解释着，可是无论她怎么说，这位挑剔的女乘客都不肯原谅她的疏忽。

接下来的飞行途中，为了补偿自己的过失，每次去客舱给乘客服务时，空姐都会特意走到那位女乘客面前，微笑地询问她是否需要水，或者别的什么帮助，然而，那位女乘客明显余怒未消，并不理会空姐。

临到目的地前，那位乘客要求空姐把意见本给她送过去，空姐知道她要投诉自己。此时空姐心里虽然依然委屈，但是仍然不失职业道德，显得非常有礼貌，面带微笑地说："小姐，请允许我再次向您表示真诚的歉意，无论你提出什么批评意见，我都将欣然接受！"那位女乘客没有开口，接过留言本，在本子上写了几行字。等到飞机安全降落，所有的乘客陆续离开后，空姐打开意见本，却惊奇地发现，那位女乘客在本子上写下的并不是投诉信，而是一封热情洋溢的表扬信。

这位空姐用诚恳的态度向对方表示了歉意，面对这样的态度，即使是要求再苛刻的人，都会被打动。由此可见，诚恳的态度在人际交往中是多么的重要。只有抱着诚恳的态度，才能在与人交往中得到相应的回报或帮助，才有可能在人际关系中树立良好的形象。

真诚待人，沟通你我

人类区别于动物，因为人类会思维，正是人类的思维使他们变得复杂，从而从动物中独立了出来。人类往往认为自己比动物聪明，这种想法只存在于人类，正是这种聪明，使人类之间的斗争也比动物激烈，它使人类成为一种凶残的高级动物。同样，人类的聪明也使人类之间产生猜疑，致使人类之间的相互信任逐渐减少。以诚相待，让彼此的心透明，成为我们共同的呼声。

人与人之间一定会产生隔膜，社会的复杂性远远超越了人类本身，置身于社会，人类无法改变自己，但我们要用一颗真诚的心去对待周围的亲人和朋友。朋友之所以成为朋友，就是因为彼此能相互信任，以诚相待才是成为朋友的必要条件。

朋友间的真诚，就是交友要诚心诚意，对待朋友要诚实、要信任、要友善、要有爱心。生活中的一件小小的事，或一句简短但伤人极深的话语，都有可能让昔日的好朋友变成匆匆而过的陌生人。因此，我们不能因谋求私利而做一些伤害朋友、欺骗朋友的事，而是要信任朋友、帮助朋友。有时，一句体贴入微的话，朋友会从内心感激你；一句温馨的祝福，会让人高兴得几天睡不着觉；一个发自内心的微笑，一个信任的眼神，对方会从内心喜欢你。真正的朋友，朋友开心，你会感到无比的高兴，朋友若伤心流泪，你的心也会难受。当朋友有难时，何不伸出手来扶一把，不要总是把报酬放在第一位。这样，你的真诚就会慢慢地融入别人的心底。

朋友贵在真诚，爱因斯坦曾说过："人生最宝贵的莫过于有几个头脑和心地都很正直的真正的朋友。"当一个人遇到困难、挫折、不幸和苦恼时，最渴望朋友的关心和帮助，哪怕只是一句问候的话，他的心里也会得到极大的安慰，可见一个好朋友对一个人一生的影响是很大的。假如你有几位真心真意的朋友，那你将会终身受益。人们常说"近朱者赤、近墨者黑"，我们交朋友也应该本着真心、诚心、与人为善。有些人交朋友，只想交城市的，不想交农村的；只想交女性的，不想交男性的或者相反。其实，朋友是不论城乡和男女的，如果一味地追求这些，也就失去了交朋友的意义，也是交友目的不纯的一种表现。

良友识于患难时。当你遇到困难和不幸时，真正的朋友不是献上多少甜言蜜语，也不是装腔作势的怜悯，而是重在行动，应该是当你事业有成、工作一帆风顺的时候，他会向你表示祝贺并分享你的快乐；当你遇到挫折、困难、忧愁和悲伤的时候，他会分担你的忧愁和痛苦，送去一句问候的话语，献上一份真诚的爱心，那时候，你会真正感觉到"有友同行，不亦乐乎"。

人类发展到今天，已是社会发展的巨大进步。社会的复杂性终究会导致人类的复杂性，因为人类彼此之间的斗争是难免的。可无论怎样我们都要用一颗真挚的心来对待人，用诚心去感化人、鼓舞人，只有这样，我们的社会才会更加美好。

人在社会上生存，总有求助于他人的时候，但无论事情是大还是小，都需要有诚恳的态度：对需要帮助的朋友，要表现得热情有度，自己能做到的事情，就努力地去完成；自己做不到的事情，要委婉而礼貌地拒绝；对求助的人，要用真心的微笑、诚恳的态度打动对方；如果是对方实在无法做到的事情，就要学会理智地谅解。

所以说，真诚待人，是一种修养，是一种拉近你我之间距离的桥梁。

人 生 智 慧

◇真诚待人，是沟通你我的桥梁。

◇只有抱着诚恳的态度，才能在与人交往中得到相应的回报或帮助，才有可能在人际关系中树立良好的形象。

◇人与人之间一定会产生隔膜，社会的复杂性远远超越了人类本身，置身于社会，人类无法改变自己，但我们要用一颗真诚的心去对待周围的亲人和朋友。

大智若愚，才是真正的睿智之人

【聊天实录】

我：庄老先生，您对自我修养有何高见？

庄子：我曾说过：知其愚者，非大愚也；知其惑者，非大惑也。

我：您这句话该如何解释呢？

庄子：这句话的意思就是：知道自己愚昧的人，并不是最大的愚昧；知道自己迷惑的人，并不是最大的迷惑。

我：您的意思是一个人知道自己愚昧、迷惑，本身就是一种清醒，换句话说，用愚昧、迷惑来掩饰自己的才智，才是真正的聪明。

庄子：是的，大智若愚，才是真正的睿智之人。

【解读】

大智若愚的司马懿

司马懿

司马懿 (179—251)，字仲达，河内温县孝敬里（今河南温县招贤镇）人，三国时期魏国杰出的政治家和军事家。其孙司马炎建立晋国后，他被追尊为晋宣帝，是晋朝的实际创始者。

司马懿自从追随曹操出战起，在军事上就提出过许多重大的建议，这些建议均显示出他在战略上的深谋远虑，有些建议的实施甚至对当时的天下形势发生了重大的影响，显示出他的进取之心和博大的胸怀。

虽然司马懿长于谋略，而且雄心勃勃，富于进取，决心干出一番惊天动地的大事业，但深受老庄道家思想影响的他，却始终保持低调，柔弱处下，甚至甘愿受辱。在与诸葛亮交锋的过程中，更是显示出他过人的智慧和忍辱负重的精神。

青龙二年（234年），诸葛亮率蜀国10万大军攻魏，司马懿遵照魏明帝"坚壁拒守，以逸待劳"的指示，与诸葛亮相持百余日。诸葛亮数次挑战，司马懿均坚壁不出。诸葛亮无奈，便派人给司马懿送去"巾帼妇人之饰"，借此嘲讽司马懿胆小如鼠，无男子汉大丈夫的气概。诸葛亮的这一招，要是换作其他的魏国将领，肯定早就上当了。然而，"知雄守辱"的司马懿并没有上诸葛亮的"激将法"，仍然坚守不战，而且，为平息部下不满情绪，司马懿故意装怒，上表魏明帝请战。明帝不许出战，并派骨鲠之臣辛毗杖节来做司马懿的军师，以节制他的行动。以后，只要诸葛亮一来挑战，司马懿就故意要带兵出击，辛毗杖节立于营门，司马懿便"无法"出兵。不久之后，诸葛亮就病故于五丈原军中，蜀军随之撤兵。

司马懿晚年时，由于在朝中受到曹爽的排挤，便称病不出。但是，曹爽对司马懿仍不敢掉以轻心。有一次，司马懿闻听曹爽的心腹李胜要来探望他，司马懿便拥被卧床，并佯装耳聋，言语哽噎，声嘶气喘，做出一副病危的样子。曹爽料想司马懿将不久于人世，遂对其放松，并放心无忧地率领大小官僚随驾打猎。然而，曹爽一出城，司马懿便立即发动兵变，夺取兵权，至此，魏国由司马氏掌权，并最终建立晋朝。

就用兵而言，司马懿显然是远逊于诸葛亮的；就政治背景而言，与曹爽相比，司马懿也明显处于劣势。但司马懿真正高明的地方在于，他能够做到柔弱处下，避其锋芒，大智佯愚，等待时机，终于后发制人，这正是由道家的思想熏陶出来的杰出政治家和军事家，同时也揭示出"道"的真谛是极富智慧的。

可见，庄子的智慧不仅在于教我们如何通过现象看到本质，还在于教我们如何运用"道"来修炼自己，能够在复杂的环境中保持自己的优势和实力，最后达到战胜对手的目的，而司马懿，堪称为集道家和兵家精髓于一体的将才。

大智若愚是一种智慧

庄子在《庄子·外篇·达生十九》中讲了这样一个故事：

纪渻子为周宣王驯养斗鸡，过了十天周宣王问："鸡驯好了吗？"纪渻子回答说："不行，正虚浮骄矜自恃意气哩。"十天后周宣王又问，回答说："不行，还是听见响声就叫，看见影子就跳。"十天后周宣王又问，回答说："还是那么顾看迅疾，意气强盛。"又过了十天周宣王问，回答说："差不多了，别的鸡即使打鸣，它已不会有什么变化，看上去像木鸡一样，它的德行真可以说是完备了，别的鸡没有敢于应战的，掉头就逃跑了。"

《庄子》里面有很多寓言是发人深省的，因为它对很多事情的理解与我们通常的看法大相径庭。比如在上面的关于斗鸡的故事中，我们通常认为当一只鸡真正去争斗的时候，需要像一个将士一样趾高气扬，踌躇满志，有必胜之心张于外，先在气势上压倒敌人。而庄子给我们的境界是要它一层一层把外在的锋芒全都消弭，把一切的锐气纳于内心。这种内心其实是一种含蕴，也就是说并不是它真正没有斗志了，而是斗志内敛，也只有当这种时候，才达到了大智若愚的境界。

智慧使人聪明，也使人迷糊。庄子说"堕肢体，黜聪明"，伏尔泰说"一个过于灵巧、过于聪明的民族，再也长不出尖头。"都是说流于表面的聪明应少一点，拙应该多一点。拙并不是笨，而是专一，就是不把精力用在小聪明上。孔子在《论语》中说"智可及，愚不可及也"，说的是有个叫宁武子的人，国家太平时，就聪明，国家混乱时，就愚笨。他的聪明别人赶得上，他的愚笨别人赶不上，抱朴守拙是比锋芒毕露需要更多智慧的。

大智若愚可以说是中国古人智慧的结晶，但这绝不只是中国人独有的财富，在国外，也有这种大智若愚的人。

曾经风靡全球的美国影片《阿甘正传》里的阿甘也是一位传奇的"低智商者"。影片中的阿甘是一个看似傻头傻脑，实际上却非常可爱的人物。从小他就是一个不出色的人，智商低于80，连公立小学都不愿接受他。除此之外，他还必须靠脚掌走路，为此常常受到其他孩子的欺负。但就是这么一个不起眼的小孩，日后竟然成了全美的足球明星、越战英雄、亿万富翁。

也许有人认为阿甘是傻人有傻福，幸运女神特别眷顾他。但其实阿甘的单纯、执着都是他成功的重要的因素。他的思维方式跟常人比起来简单多了，他不会考虑他的行动将会给他带来多少好处，只是认为这是他应该做的，他就去做，可以说他的头脑非常单纯，对一切事情似乎都茫然无知，如一个刚出生的婴儿一样纯真。比如在阿甘立志要完成生前好友心愿的这件事上，就足见阿甘的质朴可爱。他一开始并没有考虑做虾生意会给他带来多少好处，只是想这是我好友的心愿，我必须要帮他完成。人们对阿甘的这一举动加以嘲笑时，他也只是毫不介意地回答："傻人做傻事。"可是当时嘲笑阿甘的人，谁又能预想到阿甘做的这件傻事使他成为万众瞩目的富翁呢?

或许,所谓的"傻"正是一个人的睿智之所在。由于"傻",在做一件事的过程中,可以摒弃许多凡人所具有的疑思顾虑、患得患失,一旦认定一个目标,就会完全投入其中,达到浑然忘我的境界。可以说这样的"傻"人正是通过自己独特的思维方式将复杂的万象简单化,在这意义上达到庄子所倡导的返朴璞归真的极境。

大智若愚的人有再多的聪明都不随便显摆,厚积薄发、宁静致远,注意自身修为,对很多事都有着大度开放的姿态,有着海纳百川的境界。所以说,大智若愚,才是真正的睿智之人。

人 生 智 慧

◇大智若愚,才是真正的睿智之人。

◇"傻"人正是通过自己独特的思维方式将复杂的万象简单化,在这意义上达到庄子所倡导的返朴璞归真的极境。

◇大智若愚的人有再多的聪明都不随便显摆,厚积薄发、宁静致远,注意自身修为,对很多事都有着大度开放的姿态,有着海纳百川的境界。

做一个宽容的人,将会拥有美好的世界

【聊天实录】

我:庄老先生,您对自我修养有何高见?

庄子:我曾讲过这样一个故事:鲁有兀者叔山无趾,踵见仲尼。仲尼曰:"子不谨,前既犯患若是矣。虽今来,何及矣!"无趾曰:"吾唯不知务而轻用吾身,吾是以亡足。今吾来也,犹有尊足者存,吾是以务全之也。

夫天无不覆，地无不载，吾以夫子为天地，安知夫子之犹若是也！"孔子曰：
"丘则陋矣。夫子胡不入乎，请讲以所闻！"无趾出。孔子曰："弟子勉之！
夫无趾，兀者也，犹务学以复补前行之恶，而况全德之人乎！"

　　我：您这个故事该如何解释呢？

　　庄子：这个故事的意思就是：鲁国有个被砍去脚趾的人，名叫叔山
无趾，靠脚后跟走路去拜见孔子。孔子对他说："你极不谨慎，早先犯
了过错才留下如此的后果。虽然今天你来到了我这里，可是怎么能够追
回以往呢！"叔山无趾说："我只因不识事理而轻率作践自身，所以才
失掉了两只脚趾。如今我来到你这里，还保有比双脚更为可贵的道德修
养，所以我想竭力保全它。苍天没有什么不覆盖，大地没有什么不托载，
我把先生看作天地，哪知先生竟是这样的人！"孔子说："我孔丘实在
浅薄。先生怎么不进来呢，请把你所知晓的道理讲一讲。"叔山无趾走了。
孔子对他的弟子说："你们要努力啊。叔山无趾是一个被砍掉脚趾的人，
他还努力进学来补救先前做过的错事，何况道德品行乃至身形体态都没
有什么缺欠的人呢！"

　　我：您的意思是说苍天没有什么不覆盖的，大地也没有什么不托载的。
这是一种多么宽广的胸怀呀，真正的得道之人也会是像天地一样无所不
包、心胸宽容的，不会因为一个人曾经犯过错误就歧视他、放弃他。

　　庄子：是的，做一个宽容的人，将会拥有美好的世界。

【解读】　　　富翁的所有财产该给谁

　　以前，有一位富翁，在他年事已高时，便决定把家产分给三个孩子，但在分
财产之前，他要三个儿子去游历天下做生意。

　　临行前，富翁告诉他们："你们一年后要回到这里，告诉我你们在这一年内，

所做过的最高尚的事。我的财产不想分割，集中起来才能让下一代更富有；只有一年后，能做到最高尚事情的那个孩子，才能得到我的所有财产。"

一年过去后，三个孩子回到父亲身边，兴高采烈地向他汇报这一年来的所获。

老大先说："在我游历期间，曾遇到一个陌生人，他十分信任我，将一袋金币交给我保管。后来他不幸过世，我将金币原封不动地交还他的家人。"

父亲："你做得很好，但诚实是你应有的品德，称不上是高尚的事情！"

老二接着说："我到一个贫穷的村落，见到一个衣衫破旧的小乞丐，不幸掉进河里，我立即跳下马，奋不顾身地跳进河里救起那个小乞丐。"

父亲："你做得很好，但救人是你应尽的责任，也称不上是高尚的事情！"

老三迟疑了一下说："我有一个仇人，他千方百计地陷害我，有好几次，我差点死在他的手中。在我旅行途中，有一个夜晚，我独自骑马走在悬崖边，发现我的仇人正睡在崖边的一棵树旁，我只要轻轻一脚，就能把他踢下悬崖；但我没这么做，而是走开了，这实在不算做了什么大事。"

听到这里，父亲正色道："孩子，能原谅自己的仇人，是高尚而且神圣的事，你办到了。来，我所有的产业将是你的。"

是的，宽恕别人，就是善待自己。仇恨只能永远让我们的心灵生活在无尽的黑暗之中，而宽恕，却能让我们的心灵获得自由，获得解脱。宽恕别人，可以让生活更轻松愉快。宽恕别人，可以让我们有更多的朋友。

宽容是一种美德

泰山不让细土，故能成其大；河海不择细流，故能成其深。"不舍弃任何人"是真正圣人的气度与胸襟。其实，在西方也有提倡以宽容感化人心的类似故事。

一天，文士和法利抓到一个妓女，两个人将妓女押到耶稣的面前。文士说："像这种淫荡的女人，按照摩西律法应该用石头将她砸死，您说对吗？"耶稣听完文士的话后，沉默不语。法利又说："请问您将怎样惩罚这种坏女人呢？"耶稣仍然一言不发。这时，众多的人都围了过来，不断追问怎样处置这个妓女。耶稣看了看众人，用手指向那个妓女说："如果你们中间谁认为自己从来没有做过错事，谁就可以用石头砸死她。"众人听了耶稣的话，面面相觑，一言不发，慢慢地，一个个都散去了。

只剩下耶稣和那个妓女，耶稣说："你走吧，我定不了你的罪，没有人可以定你的罪，因为没有人从未犯过错误。"妓女听了耶稣的话，泪流满面，发誓改过自新，不再做妓女。

霍姆林斯基

苏联的教育家霍姆林斯基说，有时宽容引起的道德震动比惩罚更强烈，耶稣的确以他的宽容教育和拯救了那个妓女。而相比之下，只把叔山无趾当作反面教材而没有看到叔山无趾悔过向善的积极一面的孔子是应该感到脸红的。法国大文豪雨果说过，世界上最宽阔的是海洋，比海洋更宽阔的是天空，比天空更宽阔的是人的胸怀。对待别人的态度是一面镜子，照出的是你自己的境界和胸怀。就如同你从自家的窗户看所有其他人家的窗户都是脏的，那只能说明是你自己的窗户需要清理了。而如果能够怀着一颗宽容心对待身边的人和你身处的这个社会，那么你将获得自己心灵之窗的明亮与净洁。英国大戏剧家莎士比亚在他的名剧《威尼斯商人》中有这样一段台词："宽容就像天上的细雨滋润着大地，它赐福于宽容的人，也赐福于被宽容的人。"

一个愤怒的人对着围满镜子的四周咆哮不已，结果镜子里所有的人都向他龇牙咧嘴。你怎样对待别人，别人就会怎样对待你。天底下再笨的人，也会依自己的喜好去批评、咒骂、抱怨他人，而大部分做这些事情浪费时间的人，都是不能成功的。只有善于融洽周围对你有敌意的人，会体谅、宽容，做一个品格高尚、善解人意的人才有可能智慧地排解人生的一个个压力，最终走向成功。要记住我们的人生目标不是为了恨和失败，而是为了爱和成功，为了快乐和谐的生活。

努力让自己去原谅自己和他人吧，在我们责怪他人的时候实际上是在逃避自己的责任。你是想永远活在愤怒的烈火中、哀怨中，还是想一身轻松，让每个人都对你献出他们的微笑呢？怎样做全在你自己。宽容是一杆幸福秤，你放上的宽容越多，得到的微笑就越多，不信？试试看吧！

当你面对来自敌人的批评和他所做的一切让你痛苦的事，愤怒是于事无补的，它会让你失去理智，丧失冷静。对于这样的压力，你要用宽恕来将它化解，这样，你就会不生气，让自己的生活更加幸福。

宽恕是一种修养、智慧和美德，宽恕了别人，你心中的怨恨、责怪、愤怒就没有了；同时它还是自我心灵的解脱，是消除怨恨、责怪、愤怒的良药。生气是用别人的错误来惩罚自己，宽恕才能解放自己，宽容是博大的"自私"。

宽容具有丰富的内涵，宽容是一种非凡的气度，代表了心灵的充盈和思想的成熟。宽容是一种美德，凛然超然于狭隘、自私、固执之上，昂然的姿态让个性有缺陷的人望尘莫及。宽容是一份接纳，海纳百川，不计前嫌，以博大的胸怀包容一切，只有能接纳世界的人才能得到世界，也才会看到一个美好的世界。

所以说，做一个宽容的人，你将会得到一个美好的世界。

人 生 智 慧

◇做一个宽容的人，将会拥有美好的世界。

◇宽容具有丰富的内涵，宽容是一种非凡的气度，代表了心灵的充盈和思想的成熟。

◇宽容是一份接纳，海纳百川，不计前嫌，以博大的胸怀包容一切，只有能接纳世界的人才能得到世界，也才会看到一个美好的世界。

不可以貌取人，心灵美才是最重要的

【聊天实录】

我：庄老先生，您对自我修养有何高见？

庄子：我曾经讲过这样一个故事：阳子之宋，宿于逆旅。逆旅人有妾二人，其一人美，其一人恶，恶者贵而美者贱。阳子问其故，逆旅小子对曰："其美者自美，吾不知其美也；其恶者自恶，吾不知其恶也。"阳子曰："弟子记之！行贤而去自贤之行，安往而不爱哉！"

我：您这个故事该如何解释呢？

庄子：这个故事的意思就是：阳朱到宋国去，住在旅店里。旅店主人有两个妾，其中一个漂亮，一个丑陋，可是长得丑陋的受到宠爱而长得漂亮的却受到冷淡。阳朱问其中的缘故，年轻的店主回答："那个长得漂亮的自以为漂亮，但是我却不觉得她漂亮；那个长得丑陋的自以为丑陋，但是我却不觉得她丑陋。"阳子转对弟子说："弟子们记住！品性贤良但却不自以为具有贤良的品行，走到哪里都会受到敬重和爱戴啊！"

我：您的意思是说您认为一个人有道德，从外形上不一定看得出来。当一个人道德有所长时，欣赏他的道德学问，就忘记了他外形好看不好看。外在的和内在的美与丑，迷乱了多少人的双眼啊！但是需要记住的是感情的偏向往往决定你眼里的他（她）的美丑，更需要记住的是千万不要以貌取人。

庄子：是的，不可以貌取人，心灵美才是最重要的。

【解读】

诸葛亮与黄阿丑

诸葛亮的聪明、谋略家喻户晓，知道他相貌风流倜傥的就不多了，而知道他娶了一位"黄头发，黑面皮，眼窝深陷"，被人们称为"黄阿丑"的相貌丑陋的女子做妻子的就更少了，这是一个什么样的故事呢？

东汉末年，群雄割据，战火在神州大地上燃起，这时二十多岁的诸葛亮正隐居在湖北襄阳附近的隆中。他名为隐居，实则胸怀大志，胸中装着天下形势与智谋、对策，等待着大显身手的时机。

诸葛亮

207 年，陷入困境中的刘备二顾茅庐，请诸葛亮出山。诸葛亮的心里有些矛盾和犹豫，他想听一听好朋友黄承彦的见解。当时，黄承彦也是襄阳地区的一位名士，五十多岁了，熟习经史，经常同诸葛亮一起谈论天下大事。黄承彦家有一个女儿，生来聪明伶俐，不但会纺织刺绣，更通晓诗书。但是，这个姑娘的长相并不好：黄头发，黑面皮，眼窝深陷，被人们称为"黄阿丑"。不少人都为她惋惜：阿丑那样聪慧，如果长得好些，一定会找到一个好丈夫的，可惜……阿丑却不以为然，她同父亲说："世人都说婚姻要郎才女貌，我看未必。女子有才，为什么不能挑选一个如意的丈夫呢？"

阿丑的才识和不凡的见解传到了诸葛亮家中，诸葛亮听了深为赞佩，他想可以借这次拜见黄承彦的机会见一见那位遐迩闻名的黄阿丑。

诸葛亮风尘仆仆地来到了黄承彦家里，受到了黄家热情的接待。黄承彦唤出女儿阿丑同诸葛亮见面，阿丑见诸葛亮身材修长，仪态潇洒，十分爱慕。诸葛亮看黄阿丑，虽然长得不美，但眼睛明亮有神，闪着机智的光芒，而且，阿丑不像平常女子那样扭扭捏捏，她坦然大方，给诸葛亮以很好的印象。

诸葛亮向黄承彦讲了刘备来访的情况，述说了自己心底的矛盾，他说："如果我只想苟全性命于乱世，平生所学必将荒废，况且刘备诚恳相请，不好拒之太甚；若答应出山，势必奔波，生死成败难以预料，这可怎么办呢？"

没等诸葛亮讲完，黄阿丑插言说："依我之见，先生的顾虑实属不必。你满腹才学，被称为'卧龙'。卧龙一辈子不出山，那这个龙还有何用处？大丈夫难道能平平庸庸度过一生吗？你说出山危险，隐居安闲，也不过是一厢情愿罢了。古来隐居避世的能有几个真得安闲？大丈夫一生在世，我以为应建一番功业才对。"

阿丑的一番话让诸葛亮感动万分，诸葛亮连连点头称是，心中更加敬慕这位见识不凡的女子，下决心娶她为妻。

诸葛亮终于答应刘备，做他的谋士。在此同时，他也与黄阿丑成了亲。阿丑是一个聪明贤惠的女子，她帮助诸葛亮料理着许多事务，传说木牛流马就是她的发明。诸葛亮一生的功业，应该说还有阿丑夫人的许多功劳呢！

黄阿丑人丑心不丑、仪态见识不丑，赢得了一代名相诸葛亮的敬慕，传为佳话。可见，生命力的昂扬与绽放，不需要外在形体的装饰与美化，有了美丽的心灵，生命自然如金子般闪亮夺目。

切不可以貌取人

以貌取人是人间通病，但人都是平等的，当然不能以貌取人，一个人从外在，根本看不出什么，很容易被真实情况误导。《史记·仲尼弟子列传》中也记载有大圣人孔子因以貌取人而看走眼的故事。

孔子弟子很多，其中有一个叫宰予的，能说会道，很善言辞，一开始他给孔子留的印象不错，但慢慢地就露出了真相，不仅人很坏还很懒，整天就知道睡大觉不读书听讲，孔子骂他是"朽木不可雕也"。而另一个弟子子羽长得非常难看，想侍奉孔子，但孔子觉得他资质低下不可能成才，所以就对他十分冷淡。后来子羽只好退学回去自己钻研，修身实践，后来成了个很著名的学者，名气很大。孔子听说了这件事之后感慨地说："以言取人，失之宰予；以貌取人，失之子羽。"意思就是说，不能以一个人的外貌来衡量一个人，也不能光凭一个人所说的话来衡量他。

一个穿着华丽的富人和一个穿着肮脏的穷人在佛祖眼中都是一样，之所以有区别也是人为的区别。人看人，通常只看外表，其实，英俊潇洒、如花似玉的外表下，往往隐藏着丑陋的心，而语不惊人、其貌不扬的人，未必就没有一颗温柔善良的心。不要以貌取人，也许穿着短裤在街边小摊上吃早点的人，就是某个公司的老板，而那个满身名牌的人，也许是个每天吃饭都要算计的月光族。

对一个人来说，最重要的是心灵，而非五官肢体或者穿着打扮，所以说，不可以以貌取人，心灵美才是最重要的。当然了，"人靠衣装，佛靠金装"，任何事物经过"装饰"后都会显得更加完美，我们自身的打扮也要符合社会的审美要求，符合自己的身份与地位，只要不给别人造成不美的视觉影响就行了。

人生智慧

◇不可以貌取人，心灵美才是最重要的。

◇生命力的昂扬与绽放，不需要外在形体的装饰与美化，有了美丽的心灵，生命自然如金子般闪亮夺目。

◇以言取人，失之宰予；以貌取人，失之子羽。

君子之交淡若水，小人之交甘若醴

【聊天实录】

我：庄老先生，您对自我修养有何高见？

庄子：我曾说过：君子之交淡若水，小人之交甘若醴；君子淡以亲，小人甘以绝。

　　我：您这句话该如何解释呢？

　　庄子：这句话的意思就是：品格高尚的人相互的交往是道义之交，他们的交情像水一样清淡，小人的交情甜得像甜酒一样；君子淡泊却心地亲近，小人甘甜却利断义绝。

　　我：您的意思是您认为真正的朋友就像水一样清淡，不掺杂任何杂物，不虚伪，不猜忌。如果两个人的友情是建立在权位、利益、金钱的关系之上，那么一旦你有一天不得志，或者一无所有时，他们就会全部消失。

　　庄子：是的，君子之交淡若水，小人之交甘如醴。

【解读】　　　　高山流水遇知音

俞伯牙

　　俞伯牙与钟子期的知音之交也被后人传为佳话。俞伯牙从小就酷爱音乐，他的老师成连曾带着他到东海的蓬莱山，领略大自然的壮美神奇，使他从中悟出了音乐的真谛。他弹起琴来，琴声优美动听，犹如高山流水一般，虽然有许多人赞美他的琴艺，但他却认为一直没有遇到真正能听懂他琴声的人，一直在寻觅自己的知音。

　　有一年，俞伯牙奉晋王之命出使楚国。八月十五那天，他乘船来到了汉阳江口，遇风浪，停泊在一座小山下。晚上，风浪渐渐平息了下来，云开月出，景色十分迷人。望着空中的一轮明月，俞伯牙顿时琴兴大发，拿出随身带来的琴，专心致志地弹了起来。他弹了一曲又一曲，正当他完全沉醉在优美的琴声之中的时候，猛然看到一个人在岸边一动不动地站着。俞伯牙吃了一惊，手下用力，"啪"的一声，琴弦被拨断了一根。俞伯牙正在猜测岸边的人为何而来，就听到那个人大声地对他说："先生，您不要疑心，我是个打柴的，回家晚了，走到这里听到您在弹琴，觉得琴声绝妙，不由得站在这里听了起来。"

俞伯牙借着月光仔细一看，那个人身旁放着一担干柴，果然是个打柴人。俞伯牙心想：一个打柴的樵夫，怎么会听懂我的琴呢？于是他就问："你既然懂得琴声，那就请你说说看，我弹的是一首什么曲子？"

听了俞伯牙的问话，那打柴的人笑着回答："先生，您刚才弹的是孔子赞叹弟子颜回的曲谱，只可惜，您弹到第四句的时候，琴弦断了。"

打柴人的回答一点不错，俞伯牙不禁大喜，忙邀请他上船来细谈。那打柴人看到俞伯牙弹的琴，便说："这是瑶琴，相传是伏羲氏造的。"接着他又把这瑶琴的来历说了出来。听了打柴人的这番讲述，俞伯牙心中不由得暗暗佩服。接着俞伯牙又为打柴人弹了几曲，请他辨识其中之意。当他弹奏的琴声雄壮高亢时，打柴人说："这琴声，表达了高山的雄伟气势。"当琴声变得清新流畅时，打柴人说："这后弹的琴声，表达的是无尽的流水。"

俞伯牙听了不禁惊喜万分，自己用琴声表达的心意，过去没人能听得懂，而眼前的这个樵夫，竟然听得明明白白，没想到，在这野岭之下，竟遇到自己久久寻觅不到的知音，于是他问明打柴人名叫钟子期，和他喝起酒来。两人越谈越投机，相见恨晚，结拜为兄弟，约定来年的中秋再到这里相会。

和钟子期洒泪而别后第二年中秋，俞伯牙如约来到了汉阳江口，可是他等啊等啊，怎么也不见钟子期来赴约，于是他便弹起琴来召唤这位知音，可是又过了好久，还是不见人来。第二天，俞伯牙向一位老人打听钟子期的下落，老人告诉他，钟子期已不幸染病去世了，临终前，他留下遗言，要把坟墓修在江边，到八月十五相会时，好听俞伯牙的琴声。

听了老人的话，俞伯牙万分悲痛，他来到钟子期的坟前，凄楚地弹起了古曲《高山流水》，弹罢，他挑断了琴弦，长叹了一声，把心爱的瑶琴在青石上摔个粉碎。他悲伤地说："我唯一的知音已不在人世了，这琴还弹给谁听呢？"

两位"知音"的友谊感动了后人，人们在他们曾经相遇的地方，筑起了一座古琴台。直至今天，人们还常用"知音"来形容朋友之间的情谊。交朋友要交真心的，忠诚的，正直的，善良的，智慧的。能一下子就跟你嘻哈打笑，相处过密的，往往最容易分开。朋友是建立在相互尊重的基础之上，如果连尊重都没有了，世间的许多感情，恐怕都不能维持。所以，君子之交淡若水。

君子之交淡若水

"君子之交淡若水"，是中国人长期以来推崇的理想交友境界，甚至奉为交友的准则，舍此莫取。"纯洁而伟大的友谊"被捧上了天，仿佛美神维纳斯一样理想和完美。确实，诸如马克思与恩格斯的友谊，刘、关、张的义交，俞伯牙与钟子期的知已之遇，确实堪称"淡若水"的"君子之交"。无论富也罢，穷也罢，都能够同甘共苦，心灵相通，为了朋友，赴汤蹈火，万死不辞。

庄子的"君子之交淡若水，小人之交甘若醴。君子淡以亲，小人甘以绝"正说明了这种现象。品德高尚的人与朋友的交往清淡如水，所以能长久相亲，而品德卑劣的人与朋友交往只求名利之甘美，因而容易断绝。那么，为什么古人要把"淡若水"视为"君子之交"而把"甘若醴"称为"小人之交"呢？理由有三：其一，水是维持生命之必需物质，寓意人对交往之需要如同对水的需要一样；其二，水无色透明，一眼见底，寓意人交往像水一样透明圣洁，心心相印；其三，水无添加剂和杂质，不易腐蚀变质，寓意人的交往真挚无私，纯净持久，而酒或蜜等物质是不具备这些特性的。

正如古人说的那样："君子淡如水，岁久情愈真；小人口似蜜，转眼成仇人。"很多人确实是这样做的。他们能以德为本，上交不谄，下交不渎，道义相砥，过失相规，学问相补，困难共担，所以感情真挚，友谊长存。

也应看到，在现实交往中还有一种人却是另一副模样，他们把朋友"交往"看作商品"交易"，把交往的目的定位在赚取最大的"好处"上。

他们对有职有权的领导视做靠山，投其所好，送其所要，百般奉迎，一旦该领导权移势消，就迅速移情，另攀高枝；对同级，他们平时称兄道弟，吃喝不分，有时也信誓旦旦要为朋友两肋插刀，但在节骨眼上却"利则相攘，患则相倾"；而对下级，他们排斥异己，培植亲信，封官许愿，网罗党羽，甚至买官卖官，大发不义之财，可见，在他们之间的感情是虚伪的，友谊是不会长久的。

至此，"好朋友"的定义是什么？天天在一起？常常通电话？如果不能黏在一起，是不是就只能算作泛泛之交？如果真的是这样，那么从古流传至今的那句话"君子之交淡若水"其意义何在？事实上，好朋友贵在交心，深厚的友谊无须靠丰盛的宴席作为铺垫。为共同的事业、共同的目标一起奋斗的伙伴，彼此之间有着共同的追求，因此也对彼此有着深深的理解。这种友情，是工作顺利时的快乐分享，是患难与共时的相依相偎，更是遭遇困难时的鼎力相助。如果没有这种精神上的协调一致，即使时时相伴左右也是面和心不和。

有的人认为同事之间没有真正的友谊，其实同事之间共同为事业奋斗，即使个性、爱好不大一致，但只要有大体相同的理想，为共同的目标工作，也能建立起深厚的友谊。如果觉得性格志趣合得来就每天形影不离，合不来就慢慢相互疏远，这样的做法只能在同事之间形成小团体，产生一种不和谐的气氛。

但是，现在也有人把"君子之交淡若水"理解成君子之间的交往是淡淡的，没有特别浓烈的感情，那么庄子所说的"君子之交淡若水"本意是这样的吗？庄子借林回之口说，他之所以舍弃了价值千金的璧玉而背着婴儿跑是因为"价值千金的璧玉跟我是以利益相合，这个孩子跟我则是以天性相连"。"天性相合"是多么好的回答呀，饱含哲理又是如此诗性。接下来说的是君子之交和小人之交，可见这两者的区别不是感情的深浅，而是看这两者是以利益相和还是以天性相连、志趣相投。

君子有高尚的情操，所以他们的交情纯得像水一样。这里的"淡若水"不是说君子之间的感情淡得像水一样，而是指君子之间的交往不含任何功利之心．他们更为重要的是心交，是天性上的相连，是志趣相投，如伯牙与子期，虽没有什么直接的共同利益，却长久而亲切。

而小人的友谊是建立在共同利益之上的，他们之间的交往则往往夹杂有各种各样的功利需要而显得亲密无间，也就是"甘若醴"。然而他们的这种交往是不长久的，有了共同的利益便亲密无间，一旦共同的利益消失，他们也就互不理睬了。

故此，人与人之间的交往，如果没有诚恳的内心来配合，那么再完美的形式也只能是空洞的表演，而再怎样完美的表演，也终归会有曲终人散的时候。古人云："以利相交，利尽则散；以势相交，势去则倾；以权相交，权失则弃；以心相交，成其久远！"

所以说，君子之交淡若水，小人之交甘如醴。

人 生 智 慧

◇君子之交淡若水，小人之交甘如醴。

◇君子有高尚的情操，所以他们的交情纯得像水一样。

◇以利相交，利尽则散；以势相交，势去则倾；以权相交，权失则弃；以心相交，成其久远！

放下身架，是一种自我修养

【聊天实录】

我：庄老先生，您对自我修养有何高见？

庄子：我曾说过：道隐于小成，言隐于荣华。

我：您这句话该如何解释呢？

庄子：这句话的意思就是：大道被小小的成功所隐蔽，言论被浮华的辞藻所掩盖。

我：您的意思是说您认为那些所谓的成功，往往阻碍了人们继续成长之路；而那些华丽的辞藻，也往往掩盖了最朴实的真理。所以，做人还是要低调一些为好，只有放下"身架"，才能提升"身价"。

庄子：是的，放下身架，是一种自我修养。

【解读】　　❧　平易近人的华盛顿　❧

乔治·华盛顿是美利坚合众国的第一任总统，他正是靠着平易近人的领导风格来赢得千万美国人的尊重和拥戴的。华盛顿虽然是个伟人，但他在你面前，你会觉得他普通得就和你一样，一样的诚实，一样的热情，一样的与人为善。

有一天，他穿着一件过膝的普通大衣独自一人走出营房，由于他平时比较低调，所以那些遇到他的士兵，没有一个能够认出来来。当来到一条街道旁边时，他看到一个下士正领着手下的士兵筑街垒。那位下士双手插在裤袋里，站在旁边，对抬着巨大水泥块的士兵们喊道："一、二，加把劲！"但是，尽管下士喊破了喉咙，士兵们也经过了多次努力，但还是不能把石头放到预定的位置上。他们的力气几乎用尽，石块眼看着就要滚下来。这时，华盛顿疾步跑到跟前，用强劲的臂膀，顶住石块。这一援助很及时，石块终于放到了预定的位置上。士兵们转过身来，拥抱华盛顿，表示感谢。

华盛顿转身向那个下士问道："你为什么光喊'加把劲'，却不帮大家呢？""你问我？难道你看不出我是这里的下士吗？"那位下士背着双手，霸气十足地回答道。

华盛顿笑了笑，然后不紧不慢地解开大衣纽扣，露出他的军装，说："按衣服看，我就是上将。不过，下次在拾重东西的时候，你也可以叫上我。"那个下士一看，马上知道站在自己面前的人是谁了，顿时羞愧难当。

可见，如果要想在社会上走出一条路来，就要学会放下身架，也就是放下你的学历，放下你的家庭背景，放下你的身份，让自己回归到"普通人中"。同时也不要在乎别人的眼光和批评，做你认为值得做的事，走你认为值得走的路。

只有放得下你的"身架"，你的思考才会富有高度的弹性，才不会有刻板的观念，而能吸收各种资讯，形成一个庞大的信息库；只有放得下你的"身架"，你才能比别人早一步抓到好机会，也能比别人抓到更多的机会，因为你没有身架的顾虑；只有放得下你的"身架"，你才会在未来的人生道路上披荆斩棘，让你的"身价"倍增。

放低"身架"，抬高"身价"

在现实的生活中，我们经常可以看到一些喜欢摆"身架"的人，哪怕只是当了芝麻大小的一个官，也要把官腔打得十足，无论干什么事情都是装腔作势，表现出一副威风了不起的样子。殊不知，他们"身架"摆得越大，在别人的心目中，他的"身价"就越低。

帕尔梅，是瑞典的首相，在瑞典人民眼里，他是一个平民首相。

因为，帕尔梅生活简朴，确实与普通人没什么两样，他从家里到首相府，从不乘车，在上下班的路上不停地和过往的行人打招呼甚至闲聊。帕尔梅喜欢接近群众，同他周围的人关系也很融洽。没事的时候他还尽可能地帮助别人，与普通的热心人一样，没有一点政府领导人的架子，就像一个普通的瑞典公民。

在假期里，帕尔梅一家经常出去旅游，在一些常去的地方甚至和当地的居民也成了朋友。帕尔梅还喜欢一个人出门，到各种地方去找人谈话，以了解社会上的情况，听取普通人的意见。他待人诚恳，态度谦和，从来不会因为身为首相而高高在上。虽然如此，但帕尔梅并没有因为放下"架子"而让人看不起，反而因为没有"架子"受到瑞典人民的广泛尊敬。而帕尔梅在人们心目中的地位，比其他那些高高在上的官员要高得多。

尽管他是政府首相，但生活仍和普通百姓一样，住在平民公寓里。帕尔梅去国内外，除了正式的访问或参加重要的国际活动，一般都不带随行的保卫人员，只是在参加重要国务活动时，才乘坐专用的防弹汽车，配备警察保护，有时甚至独自一个人乘出租车去机场参加重要会议。

有一次，他一个人去维也纳参加一个重要的会议，直到他进入会场，在插有瑞典国旗的座位上坐下来，人们才发现他。

帕尔梅没有架子，跟很多普通人都有交往。最重要的交流方式就是书信。他那时候每年大概能收到一两万封来信，其中不少都是国外的普通民众写来的。为此帕尔梅专门雇用了几个工作人员，拆阅和答复这些来信，尽可能使得每封信都得到回复。帕尔梅在任的时候，首相府的大门永远向普通群众开放，这一切都使他的形象在瑞典人民，心目中日益高大。不像许多国家领导人，动辄大群保镖，前呼后拥，待人处事高高在上，让人不敢接近。在瑞典人民的心目中，帕尔梅是一位政府首相，更是一位平民；他不但是国家领导人，更是普通民众的兄弟朋友。他在人们心中的地位要远远高出那些"伟大"的人，而这恰恰是因为他能够放得下身架。

是的，一个人的"身价"与"身架"是成反比的。要想提高自己的"身价"，就得放低自己的"身架"。托尔斯泰说："真正身份高贵的人谈吐总是平易近人的，这种单纯既掩饰了他们对某些事物的无知，也表现了他们良好的风度和宽容。"你如果想在社会上真正地走出一条路来，活出从容快乐的人生，那么就要放下自己的架了。放下你的家庭背景，放下你的身份，做自己应该做的事，走自己应该走的路，这样才能吸收各样的资讯，才能抓到更多的机会，才能不断地进步，才能够发展！

对于一些相对比较成功的人来说，降低姿态，与大家平等相处，非但没有人觉得他失去了面子，反而让大家更加尊重。如果公司的经理老板经常与下属的职员在一起，同吃同喝，无形之中就能增加他的亲和力，就更能使员工听他的指挥。假如他高高在上，不苟言笑，下属的敬畏之心是有了，但是距离也远了，没有人拥戴，"身价"也就一落千丈了。特别是对于遭遇困境的人来说，降低姿态，放下身段，抛开面子，面前的困难可能会轻松解决掉。

其实，"身架"与"身价"，既能给人带来荣耀，也可能会毁掉一个人的声

名。昔日越王勾践若抱住身份不放，没有卧薪尝胆的低姿态，那么就没有后来"三千越甲可吞吴"的壮举了；三国时的刘备如果没有"三顾茅庐"的求贤之举和礼贤下士的谦恭姿态，而是以"皇叔"的身份高高在上，就不会有三国争雄的故事了；孔子如果没有"三人行，必有我师焉"的谦虚态度，而是以"圣人"的态度来对待别人，那么他就不可能成为圣人了。所以，身份和地位越高的人，越要把自己的"身架"放下，只有这样才能赢得追随者的敬重和信赖。

放下身架对于年轻人尤为重要，很多年轻人难免带着几分傲气，比较清高，认为自己无所不能、所向披靡，其实不然。刚刚踏入社会、初入职场的新人还是个"婴儿"，正处在从爬到走的成长阶段，一定要让自己逐步培养起空杯思维、低调心态，这样的人心灵总是敞开的，能随时接受启示和一切能激发灵感的东西，这也是走向成功的最佳途径。

泰戈尔说过："当我们变得谦卑的时候，便是我们接近于伟大的时候。"的确，只有谦卑的人，才能真正学到东西，而真正有才能的人，都是谦卑的。这就好比大海一样，大海之所以如此博大，是因为它把自己的姿态放得最低。所以说，放下身架，就是一种空杯归零的心态：只有学会倒出水，才能装下更多的水。

人生智慧

◇放下身架，是一种自我修养。

◇真正身份高贵的人谈吐总是平易近人的，这种单纯既掩饰了他们对某些事物的无知，也表现了他们良好的风度和宽容。

◇当我们变得谦卑的时候，便是我们接近于伟大的时候。

第四章

庄子与我聊自我安慰

爱因斯坦曾经说过："不要努力去做一个成功的人，宁可努力去做一个有价值的人。"他这句话是不仅给我们指明了一个人人生发展的取向，而且也教给了我们一种对待人生的态度。是的，天能覆盖万物，却不能承受万物，地能承载万物，却不能覆盖万物，正所谓"有所长必有所短，有所能必有所不能"。所以说，人生总是有缺憾的。为此，没有必要去刻意追求一些自己有可能做不到或者得不到的东西，但只要你努力了、奋斗了，只要有一颗十分积极而有意义的心态，你就已经是一个非常了不起的人了。

接受自己所不能改变的，学着去感谢它

【聊天实录】

我：庄老先生，您对自我安慰有何高见？

庄子：我曾说过：人之有所不得与，皆物之情也。

我：您这句话该如何解释呢？

庄子：这句话的意思就是：许多事情是人所不能干预的，这都是事物自身变化的实情。

我：您的意思是说您认为事物有其自身的发展规律，非人所能改变，因此，在不可变更的事实面前，我们应该学会接受。

庄子：是的，接受自己所不能改变的，学着去感谢它。

【解读】　　　　**懂得接受现实的塞尔玛**

塞尔玛年轻的时候，曾经有一次跟随着她的丈夫驻扎在一个沙漠的陆军基地里，然而，部队刚驻扎下不久，塞尔玛的丈夫就被上级派到另外一个地方去学习了，赛尔玛不能跟丈夫一起前往，只好一个人留在部队中。当时，正是夏天的时候，火辣辣的太阳把整片沙漠晒得滚烫，即便在仙人掌的阴影下，气温也达到了华氏125度。而塞尔玛却只有一个人，整天只能待在一座小铁皮房子里。更让塞尔玛难受的是，那里只有墨西哥人和印第安人，他们都不会说英语，由于语言不通，所以没有人能够与塞尔玛聊天。在孤独和寂寞中，塞尔玛精神快被摧垮了，于是她便给父母写了一封信，在信中向父母诉说了自己目前的艰难处境以及心中的孤独、寂寞和苦闷，并对父母说自己要丢开一切回家去。塞尔玛的父母收到信后，父亲马上就给她回了一封信，但信的内容却只有两行字："两个人从牢中的铁窗望出去，一个看到泥土，一个却看到星星。"

　　然而，父亲的这两行字，却完全改变了塞尔玛的生活，甚至改变了她的一生。塞尔玛反复地读着父亲的这封信，大受启发，终于决定要在沙漠中找到属于自己的"星星"。

　　于是，塞尔玛主动走出她的那座小铁皮房子，并开始接触当地的那些人，与他们聊天、交朋友，而当地人对塞尔玛也十分热情、友善。当塞尔玛表示自己对当地的纺织、陶器很感兴趣时，他们就把自己最喜欢的、平时舍不得卖掉的纺织品和陶器送给了塞尔玛，渐渐地，塞尔玛与当地人成了无话不说的好朋友。

　　此外，塞尔玛还开始研究起那些引人入迷的仙人掌和各种沙漠植物，并学习有关土拨鼠的知识。她在观看沙漠日落时，甚至还找到了海螺壳，要知道这些海螺壳是几万年前当这沙漠还是海洋时留下来的……这时，塞尔玛终于发现，这片原来令自己难以忍受的沙漠，竟然变成了让自己流连忘返的奇景。

　　塞尔玛为自己的这个发现而兴奋不已，不久之后，她又写了一本书，书名就叫《快乐的城堡》。至此，塞尔玛终于真正看到属于自己的"星星"了，同时她也听到了来自自己内心深处的掌声。

　　到底是什么使塞尔玛对生活的看法有了这么大的转变呢？其实，沙漠没有改变，当地人也没有改变，只是塞尔玛的心改变了。正是这一念之差，使得塞尔玛把原先认为倒霉的遭遇变成了一生中最有意义的经历。其实，生活是属于我们自己的，既然这样，我们为何不对生活付之一笑呢？要知道，生活从来都是真实的、诚恳的，所以，我们不妨用自己的笑脸来换回生活的笑脸，不妨用自己的掌声换回生活的掌声。

少一些抱怨，学着去接受

　　可以改变的事和不能改变的事是人们常遇到的两件事，可以改变的事我们一般能坦然面对，而不能改变的事却习惯了采用抱怨的态度来面对，对生活的抱怨我们在许多场合中都能听到。其实，如果不能改变我们生活的外部世界，那么可以改变我们自己，让我们用策略与智慧来面对生活的一切。

一个女儿对父亲抱怨她的生活，抱怨事事都那么艰难，她不知该如何应对生活，想要自暴自弃。她已厌倦抗争和奋斗，好像一个问题刚解决，新的问题便会马上出现。她的父亲是位厨师，父亲把她带进厨房。他先分别往三只锅里各倒入一些水，然后把三个锅分别放在旺火上烧，不久锅里的水烧开了。他往第一只锅里放了些胡萝卜，第二只锅里放进一只鸡蛋，最后一只锅里放入咖啡粉，最后将它们放入开水中煮，整个过程父亲一句话也没有说。

女儿咂咂嘴，不耐烦地等待着，纳闷父亲在做什么。20分钟后，父亲把火关掉，把胡萝卜捞出来放入一个碗内，把鸡蛋捞出来放入另一个碗内，然后又把咖啡舀到一个杯子里，做完这些后，他才转过身问女儿："亲爱的，你看见什么了？"

"胡萝卜、鸡蛋、咖啡。"她回答。

父亲让她靠近些并让她用手摸摸胡萝卜，她摸了摸，注意到它们变软了。父亲又让女儿拿起鸡蛋并打破它，将壳剥掉后，女儿看到的是一只煮熟的鸡蛋。最后，父亲让她喝了咖啡。品尝到香浓的咖啡，女儿笑了，她怯生生地问道："爸爸，这意味着什么？"

父亲解释说："这三样东西面临同样的逆境——煮沸的水，但其反应各不相同。胡萝卜入锅之前是强壮的、结实的，毫不示弱，但经开水的洗礼之后，它变软了，变弱了。鸡蛋原来是易碎的，它薄薄的外壳保护着它呈液体的内部，但是经开水一煮，它的内部却变硬了。而咖啡粉则很独特，进入沸水之后，它们倒改变了水。"然后，他问女儿："这三样东西哪个是你呢？当逆境找上门来时，你该如何反应？你是胡萝卜，是鸡蛋，还是咖啡粉？"

事实上，生活中有很多事情我们无力改变，所以我们必须学着去接受，从最乐观的角度来审视它们，而不是抱怨我们无力改变的事情。

英国伦敦泰晤士河畔威斯敏斯特教堂旁边，矗立着一块墓碑，上面刻着一段非常著名的话："当我年轻的时候，我梦想改变这个世界；当我成熟以后，我发现我不能够改变这个世界，我将目光缩短了些，决定只改变我的国家；当我进入暮年以后，我发现我不能够改变我们的国家，我的最后愿望仅仅是改变一下我的家庭，但是，这也不可能。当我现在躺在床上，行将就木时，我突然意识到：如果一开始我仅仅去改变我自己，然后，我可能改变我的家庭；在家人的帮助和鼓励下，我可能为国家做一些事情；然后，谁知道呢？我甚至可能改变这个世界。"

其实，我们的生活并不是由生命中所发生的事决定的，而是由我们自己面对生命的态度，以及看待事情的态度来决定的。所以，虽然我们无法改变人生，但我们可以改变人生观；虽然我们无法改变环境，但我们可以改变心境；虽然我们无法让环境来适应自己，但我们可以调整自己的态度来适应环境。

是的，人只能学着去适应环境，如果不能改变环境就改变自己。只有这样，才能克服更多的困难，战胜更多的挫折，实现自我。如果不能看到自己的缺点与不足，只是一味地埋怨环境不利，从而把改变境遇的希望寄托在改变环境上面，这实在是徒劳无益的。

人 生 智 慧

◇接受自己所不能改变的，学着去感谢它。

◇我们的生活并不是由生命中所发生的事决定的，而是由我们自己面对生命的态度，以及看待事情的态度来决定的。

◇如果不能看到自己的缺点与不足，只是一味地埋怨环境不利，从而把改变境遇的希望寄托在改变环境上面，这实在是徒劳无益的。

克服嫉妒，就能拥有一个幸福的人生

【聊天实录】

我：庄老先生，您对自我安慰有何高见？

庄子：我曾说过：人含其德，则天下不僻矣。

我：您这句话该如何解释呢？

庄子：这句话的意思就是：人人怀藏德行，天下就不会产生邪恶了。

我：您的意思是说您认为如果天下人都自觉遵守道德，有顺其自然的想法，不去强求外界，那么这个世界就会太平许多。

庄子：是的，克服嫉妒，就能拥有一个幸福的人生。

【解读】 ❦ **嫉妒是一个"毒瘤"** ❦

一个大学心理学系的两名同寝室的女研究生，成绩不相上下，平时也很要好，大家都称她们是该系的一对姊妹花。到第三年的时候，两人都参加了托福和GRE考试，其中一个考试成绩较为理想，遂向美国一所著名大学提出申请，校方告知每年可获得两万美元的奖学金，该女生高兴万分，天天盼着学校的正式录取通知书。

另一女生考砸了，看到同室女友那兴高采烈的模样，便心生嫉妒，使出了一条毒计。成绩考得好的女研究生左等右等，就是不见通知书，于是托人到美国学校打听，校方说，他们曾经收到一份拒绝来该校的电子邮件，校方只好将名额转给他人。女研究生听后，犹如五雷轰顶，再不清这到底是怎么一回事。后来通过调查才发现是同室女友盗用她的名义，给对方发了一封电子拒绝函，女研究生怀着愤怒的心情，将此事诉诸法庭。

可见，嫉妒是一种不健康的心理，是一种巨大的人格缺陷，是一种无能的自我表现，并且，嫉妒的习惯会让人一生碌碌无为，嫉妒的受害者首先是嫉妒者自己。莎士比亚说得很确切："嫉妒是绿眼的妖魔，谁做了他的俘虏，谁就要受到愚弄。"嫉妒者经常处于愤怒嫉恨的情绪中，势必影响自己的学业、工作和生活。生气是用别人的缺点来惩罚自己，嫉妒却是用别人的优点和成就折磨自己，因而它就更加残酷无情地毁掉自己一生的前途和事业。自己不上进，恨别人的上进；自己无才能，恨别人有才能；自己无成就，恨别人获得了成就。嫉妒者的光阴和生命就在对他人的怨恨中毫无价值地消磨掉，到头来两手空空，一事无成。俗话说："世上本无事，庸人自扰之。"嫉妒者都是庸人，他们自己给自己制造烦恼、痛苦和思想包袱；他们自己给自己制造"敌人"，树立对立面；他们自己给自己制造不平静，所以，嫉妒者都是无事生非和无事自扰的庸人。

嫉妒，害人害己

嫉妒往往被认为是一种很低级的行为，其实，嫉妒也是一种很正常的情感，也是拥有健康心态的证据。看见自己很想做的事，别人可以轻易就完成，因而出现嫉妒的情绪，但却不至于造成别人的困扰。

如果你的嫉妒，让人生充斥着不满的情绪，那你是绝对无法享有快乐的生活。如果可以将嫉妒的负面情绪转换成正面，反而就成了快乐生活的出发点。嫉妒是有一定范畴的，很不可思议的是，人很少对那些和自己拥有极大才智差异的人或是和自己境遇不同的人产生嫉妒。一般人大概不会对拿到奥运金牌的选手嫉妒，而会嫉妒拿到金牌的人的都是那些自己想拿金牌却又拿不到的人。

人的欲望嫉妒有时会实现的，即反过来说，那些会让人嫉妒的欲望，只要去努力或许是可以实现的。因此，如果你只是在那里嫉妒却不努力，是不可能拥有金钱、地位和幸福的。试着把嫉妒转换成努力的动力，嫉妒对你的人生而言，绝对会有正面作用。

　　如果你的努力无法完成你的人生目标，即也就只有放弃这件事，再寻找其他可以让你快乐的事，放弃那些很难舍弃的欲望，或许可以让你成长。但是，嫉妒别人代表不了自己努力去实现自己生命的价值，毕竟人不能靠嫉妒来推动生命，也不会因嫉妒而停止运行。

　　嫉妒者总是与别人攀比，看到别人的优势就眼红，就会产生艳羡，由艳羡又转化为渴望，由渴望又变为失望、焦虑、不安、不满、怨恨、憎恨。他们情绪极端不稳定，易激怒，爱感情用事，反复无常，自制力极差，一次次的痛苦循环，使得心理负荷越来越重，终日被自己的嫉妒所折磨、撕裂、噬咬，使得嫉妒者内心苦闷异常。因此当嫉妒心理侵扰时，嫉妒者会心烦意乱、会痛苦、会愤恨。

　　嫉妒者怀着仇视的心理和愤恨的眼光去看待他人的成功，而自己却在这种不良的情绪中受到极大的心理伤害。

　　要想避免和克服嫉妒，重要的一条是对自己的期望值不要过高。想事事都超过别人，事事都优越于别人、比别人强，是不可能的，也是办不到的。那种不切实际的奢求，过高的期望值，往往不能达到，反而容易产生嫉妒。每个人都要冷静而客观地衡量自己的主客观条件，掂一掂自己的分量，制定目标，力求从自己的实际出发，不可过高地要求自己。当经过努力达不到既定目标时，不要气馁，更不要嫉妒达到目标的人。要认真地总结经验教训，把目标修订得更切合实际一些，使自己稳步、踏实地前进，切不可对超过自己的人妒忌起来。

　　少一分虚荣就少一分嫉妒，虚荣心是导致嫉妒心理产生的重要原因。虚荣心强的人如果看到别人在某件事上比自己强，就会产生嫉妒。他们死要面子，追求虚假的荣誉和别人的尊敬，不愿意别人超过自己，以贬低别人来抬高自己。在生活中，最好不跟任何人比，你自己不行，就自行修行。世界上原本就有得意人生和失意人生，你最好选择随意人生，随心随意，随遇而安。如果你觉得自己是最幸运的，那倒真有可能，因为幸运只是一种自己的感觉，但你千万别以为自己是世界上最不幸的，无论你多么的不幸，总会有比你更不幸的人。

　　当嫉妒心理紧紧缠绕自己的时候，换一种心情，让痛苦发泄出来，可以减轻嫉妒的危害。首先,可以运用快乐治疗法。嫉妒是使人不快乐的重要因素,嫉妒者会给自己带来极大的不快乐。要想消解这种不快,只有在生活中寻找快乐,要有一种比上不足、比下有余的心理状态。快乐是一种情绪,嫉妒也是一种情绪,在人的心理上何种情绪占据主导地位,主要靠人来调整,所以用快乐来战胜嫉妒情绪,能将不公平的、愤懑的痛苦化解得无影无踪,让心中充满阳光和快乐。有了嫉妒心理并不可怕,只要能微笑着去战胜它,就能有一个幸福的人生。

嫉妒会使兄弟变成仇人,会使朋友变成敌人,会使身心变得疲惫,会使情绪变得异常,会使灵魂变得扭曲,会使心胸变得狭窄,会使和睦的家庭四分五裂,会使人际关系雪上加霜。

嫉妒之心人皆有之,只是强弱不同。

适当嫉妒可以认清自己和别人的差距,激发人们的竞争意识,让人的潜力充分发挥,但过度地嫉妒就会走向反面,带给人们的往往是惆怅、遗憾或悲剧。

人从来不嫉妒那些平庸而无能的人,从某种角度讲,嫉妒是对你身上某一方面的优点或长处的肯定,应当感到欣慰和自豪。因此,对一些人的嫉妒或不满,应不以为然,只把它作为对自己的一种鼓励和鞭策。

学会调整自己的心态,不断开阔自己的心胸,那些可能会不期而至的嫉妒便会烟消云散。

面对强者,嫉妒者会千方百计想把人生之线擦短或擦掉,而真正的勇士则会努力用自己的生命去画一道更长的人生之线。

实际上,人生不如意者十之八九,所以每一个人总会遭遇到各种各样的痛苦和烦恼,这是不以人的意志为转移的。而嫉妒者更是不快乐,他们受到的痛苦比其他人遭受的痛苦都要大,因为他们不是在自己的成就里寻找快乐,而是在别人的成就里寻找痛苦,所以他们自己的不幸和别人的幸福都使他们痛苦万分。

因此说,当你面对比自己强的人时,应该克服嫉妒,让生活中多一些智慧,少一些嫉妒,千万别让嫉妒扭曲你的灵魂,荒芜你多彩的人生。如果能做到这些,那么你就能拥有一个幸福的人生。

人生智慧

◇克服嫉妒，就能拥有一个幸福的人生。

◇嫉妒是一种不健康的心理，是一种巨大的人格缺陷，是一种无能的自我表现。

◇嫉妒是绿眼的妖魔，谁做了他的俘虏，谁就要受到愚弄。

学会放下，生活其实很简单

【聊天实录】

我：庄老先生，您对自我安慰有何高见？

庄子：我曾说过：知其不可奈何而安之若命，德之至也。

我：您这句话该如何解释呢？

庄子：这句话的意思就是：明知世事艰难，无可奈何，却又能做到安于处境，顺应自然，实在是道德修养的至高境界。

我：您的意思是您认为最聪明的人不是硬着头皮去做自己难以完成的事，而是舍得放下然后去寻找新的可能，顺着自然的路径走而不知道它的所以然，才是真正的简单快乐。人人都想快乐生活，但快乐却不愿追随每一个人，只有真正懂得生活的人才知晓快乐的真谛——即简单。

庄子：是的，学会放下，生活其实很简单。

【解读】　　　　大哲学家第欧根尼的生活之道

　　第欧根尼不是疯子，他是一个古代伟大的哲学家，通过戏剧、诗歌和散文的创作来阐述他的学说；他向那些愿意倾听的人传道，他拥有一批崇拜他的门徒，他言传身教地进行简单明了的教学。所有的人都应当自然地生活，他说，所谓自然的就是正常的而不可能是罪恶的或可耻的。抛开那些造作虚伪的习俗，摆脱那些繁文缛节和奢侈享受，只有这样，你才能过自由的生活。

　　第欧根尼躺在光溜溜的地上，赤着脚，胡子拉碴的，半裸着身子，模样活像个乞丐或疯子。可他就是他，而不是别的什么人。大清早，他随着初升的太阳睁开双眼，搔了搔痒，便像狗一样在路边忙开了他的"公事"。他在公共喷泉边抹了把脸，向路人讨了一块面包和几颗橄榄，然后蹲在地上大嚼起来，又掬起几捧泉水送入肚中。他没工作在身，也无家可归，是一个逍遥自在的人。街市上熙熙攘攘，到处是顾客、商人、奴隶、异邦人，这时他也会在其中转悠一两个钟头。人人都认识他，或者都听说过他。他们会问他一些尖刻的问题，而他也尖刻地回答。有时他们丢给他一些食物，他很有节制地道一声谢；有时他们恶作剧地扔给他卵石子，他破口大骂，毫不客气地回敬。他们拿不准他是不是疯了，他却认定他们疯了，只是他们的疯各有各的不同，他们令他感到好笑，此刻他正走回家去。

　　他没有房子，甚至连一个茅庐都没有。他认为人们为生活煞费苦心，过于讲究奢华。房子有什么用处？人不需要隐私，自然的行为并不可耻，我们做着同样的事情，没什么必要把它们隐藏起来。人实在不需要床榻和椅子等诸如此类的家具，动物睡在地上也过着健康的生活。既然大自然没有给我们穿上适当的东西，那我们唯一需要的是一件御寒的衣服，某种躲避风雨的遮蔽。所以他拥有一条毯子——白天披在身上，晚上盖在身上，他睡在一个桶里，他的名字叫第欧根尼。人们称他为"狗"，把他的哲学叫作犬儒哲学。他一生大部分时光都在希腊的科林斯城邦度过，那是一个富裕、懒散、腐败的城市，他挖苦嘲讽那里的人们，偶尔也把矛头转向他们当中的某个人。

他的住所不是木材做成的，而是泥土做的贮物桶，这是一个破桶，显然是人们弃之不用的。住这样的地方他并不是第一个，但他确实是第一个自愿这么做的人，这出乎众人的想法。

他就这样生活着，有些人这样说，因为他全然不顾社会规范，而且还朝他所鄙视的人咧嘴叫喊。此刻他正躺在阳光下，心满意足，乐悠悠，比波斯国王还要快活（他常这样自我吹嘘）。他知道他将有贵客来访，但仍然无动于衷。

马其顿国王、希腊的征服者亚历山大正在视察他新的王国，他到处受欢迎受尊崇受奉承。他是一代英雄，他新近被一致推举为远征军司令，准备向那古老、富饶而又腐败的亚洲进军。几乎人人都涌向科林斯，为的是向他祝贺，希望在他麾下效忠，甚至只是想看看他。唯独第欧根尼，他身居科林斯，却拒不觐见这位新君主，怀着亚里士多德教给他的宽宏大度，亚历山大决意造访第欧根尼。

亚历山大穿过两边闪开的人群走向"狗窝"，他走近的时候，所有的人都肃然起敬，第欧根尼只是一肘支着坐起来。国王进入每一个地方，所有的人都向他鞠躬敬礼或欢呼致意，第欧根尼一声不吭。

一阵沉默，亚历山大先开口致以和蔼的问候，打量着那可怜的破桶，孤单的烂衫，还有躺在地上那个粗陋邋遢的形象，他说："第欧根尼，我能帮你忙吗？"

"能，"第欧根尼说，"站到一边去，你挡住了阳光。"

一阵惊愕的沉默，慢慢地，亚历山大转过身，沉默不语。几分钟后，他对着身边的人平静地说："假如我不是亚历山大，我一定做第欧根尼。"因为亚历山大真正理解自由的含义。

不论你对简单下什么样的定义，其本质都是摆脱过剩的物质。你依然可以追求烹饪之乐，但却不必订数种美食杂志，累积收藏无数的食谱；你依然可以追求最新的时尚，但却不必同款鞋各买一色或买许许多多的领带；你依然可以买下别墅，却不必依平日家居的方式来布置它；你可以鼓励多交朋友，朋友却不必多到非得用名片检索的地步。

今天，请学会放下，开始更简单的生活，不要理睬生活带给你的焦虑，不要让生活的繁杂压垮你本就不重的身体，也抛却你所有的物品，只取你所需要的，而非你所不可求的。

生活其实很简单

文明发展了，社会进步了，生活富裕了，人们在解决了生存这个最基本问题后，接下来就是如何生活、提高生活质量的问题。消费时代的到来，人们以攫取金钱和占有财富来极大满足感官生活的需要，于是许多矛盾接踵而至，拥有的东西太多，吃喝玩乐，追逐时尚，盲目趋同，应接不暇。这样一来，人的生命内涵淡化了，人的注意力分散了，人变成了物的奴隶，人得牺牲时间侍候物，以致精疲力竭，力不从心，其结果是人的心智内存被淤积，人的精神生命被消解，人被物化异化，人情味丧失，麻木不仁，漠不关心。对此，台湾学者傅佩荣先生主张现代人的"简朴生活"，它有两个原则：一是"东西用到坏为止"，二是"不拥有不需要的东西"。

现代人如果学会"放得下"来给自己增加点心理弹性，就会在生活中少一份烦恼，多一份快乐。我们常说一个人要拿得起，放得下，而在付诸行动时，"拿得起"容易，"放得下"难。所谓"放得下"，是指心理状态，就是遇到"千斤重担压心头"时也能把心理上的重压卸掉，使之轻松自如。

生活中我们会遇到许多让自己放不下的事情，像子女升学，家长的心就首先放不下；又比如老公升官或者发财啦，老婆也会忐忑不安放不下心，怕男人有钱变坏了；再比如因说错话、做错事受到指责、被人误解，等等。总之有些人就是这也放不下，那也放不下，想这想那，愁这愁那，心事不断，愁肠百结，长此以往，就会产生心理疲劳，乃至发展为心理障碍。

英国科学家贝佛里奇指出："疲劳过度的人是在追逐死亡。"我国唐代著名医药家、养生学家孙思邈，享年102岁，他在论述养生良方时说："养生之道，常欲小劳，但莫大疲，莫忧思，莫大怒，莫悲愁，莫大惧，勿把陵恨耿耿于怀。"这些话都是在告诫人们，只有放得下，才会获得真正的健康。事实也是如此，许多人之所以感到生活很累，无精打采，未老先衰，就因为习惯于将一些事情吊在心里放不下来，结果在心里刻上一条又一条"皱纹"，把"心"折腾得劳而又老。

面对此种状况，最简单可行的方法就是放得下，真正做到"不管风吹浪打，胜似闲庭信步"。

生活中，也需有放弃的智慧。当你与人发生矛盾或冲突时，只要不是什么大的原则问题，你完全可以放弃争强好胜的心理，甚至甘拜下风，这样就可能化干戈为玉帛，避免两败俱伤。因为争论的结果，十有八九是使双方比以前更加相信自己是绝对正确的；当你在家庭生活中发生摩擦时，放弃争执，保持缄默，就可以唤起对方的恻隐之心，使家庭保持和睦温馨。

在物欲横流的今天，摆在每个人面前的诱惑实在太多，保持清醒的头脑是必要的，如果抓住想要的东西不放，甚至贪得无厌，就会带来无尽的压力、痛苦不安，甚至毁灭自己……

在放与不放之间往往难以取舍，这就需要巨大的勇气。

台湾心理学家余德慧说："俭不是物质的缺乏，而是精神的自在；朴不是生命的空虚，而是心灵的单纯。"所以说，请学会放下吧！生活其实很简单。

人生智慧

◇学会放下，生活其实很简单。

◇顺着自然的路径走而不知道它的所以然，才是真正的简单快乐。

◇俭不是物质的缺乏，而是精神的自在；朴不是生命的空虚，而是心灵的单纯。

只看自己所拥有的，不看自己没有的

【聊天实录】

我：庄老先生，您对自我安慰有何高见？

庄子：我曾说过：物固有所然，物固有所可，无物不然，无物不可。

我：您这句话该如何解释呢？

庄子：这句话的意思就是：万物原本就有它正确的方面，万物原本就有它可以肯定的一方面。没有什么物类不存在正确的方面，没有什么物类不存在应当肯定的一方面。

我：您的意思是说您认为万事万物都有两面性，就看你是看积极的一面，还是看消极的一面了。如果只看到消极的一面，你可能就会变得越来越一无所有，甚至会产生心理疾病；如果注意到积极的一面，那么你就会变得越来越感觉自己拥有很多东西，心里也充满了阳光，而成功也总是习惯于青睐那些积极的人。

庄子：是的，只看自己所拥有的，不看自己没有的。

【解读】　　　　我只看我所有的，不看我所没有的

有这样一个女人，她站在台上，不时地挥舞着她的双手，仰着头，脖子伸得好长好长，她张着嘴，眼睛眯成一条线，认真地看着台下的学生。偶尔她口中也会咿咿呀呀的，不知在说些什么，她基本上是一个不会说话的人。但是，她的听力很好，只要你猜中，或说出她的意见，她就会乐得大叫一声，伸出右手，用两个指头指着你，或者拍着手，歪歪斜斜地向你走来，送给你一张用她的画制作的明信片。

她就是黄美廉，一位自小就患有脑性麻痹的病人。脑性麻痹夺去了她肢体的平衡感，也夺走了她发声讲话的能力，她从小就因肢体不便而生活在众多人异样的眼光中，她的成长充满了艰辛。

黄美廉出生于台南，父亲是位牧师。出生时由于医生的疏忽，造成她脑部神经受到严重的伤害，以致颜面四肢肌肉都失去正常作用。当时她的爸爸、妈妈抱着身体软软的她，四处寻访名医，结果得到的都是无情的答案。她不能说话，嘴还向一边扭曲，口水也不能止住地流下。

六岁时，她还无法走路，妈妈听说患有脑性麻痹者到二三十岁仍是在地上爬，绝望地曾想把她掐死，再自杀。奇妙的是，当爸爸妈妈悉心照顾她，且不断为她祷告时，她的四肢渐渐有力了，会自己吃饭，会自己站立，虽然一瘸一拐，但总算可以跨出人生的第一步了。

童年，她因无法像别的小孩子一样，自由自在地玩耍、奔跑，还要面对许多异样的眼光，一些小孩会嘲笑她，用手、石头或棒子打她，看她气得发抖或哇哇大哭，那些小孩子就越发得意。

在坎坷的成长过程中，父母的爱和她对耶稣的信仰，陪她度过生命中每一个难关。恩师马治江，给她鼓励与支持，使她拾回信心，这些都是她深觉感恩的。

黄美廉最终没有被那些外在的痛苦所击败，她克服了难以想象的困难，终于获得了美国加州大学的艺术博士学位。她用她的手当画笔，以色彩告诉人们"寰宇之力与美"，并且要"活出生命的灿烂色彩"。

在一次演讲中，全场的学生都被她不能控制自如的肢体动作震慑住了，这是一场倾倒生命、令人振奋的演讲会。

"请问黄博士，"一个学生小声地问，"你从小就长成这个样子，请问你怎么看你自己？你就没有怨恨吗？"他的话音刚落，许多人都开始议论，怎么可以在大庭广众之下问这样的问题，太伤人了，大家担心黄美廉会受不了。"我怎么看自己？"黄美廉用粉笔在黑板上重重地写下这几个字。她停下笔来，回头看着发问的同学，然后嫣然一笑，又回过头来，在黑板上龙飞凤舞地写了起来：一、我好可爱！二、我的腿很长很美！三、爸爸妈妈这么爱我！四、上帝这么爱我！五、我会画画！我会写稿！六、我有只可爱的猫！七、还有……"

教室内鸦雀无声，没有人敢讲话。总见她回过头来定定地看着大家，再回过头去，在黑板上写下了她的结论："我只看我所有的，不看我所没有的。"

忽然，教室里响起了雷鸣般的掌声，只见黄美廉倾斜着身子站在台上，一种满足的笑容，从她的嘴角荡漾开来，还有一种永远也不会被击败的傲然，瞬间在她的脸上绽放出动人的光彩。

是的，上帝给谁的都不会太多，上帝对谁都不会不公平。我们不能用狭隘的眼光去看生活，更不能用苛刻的视角看自己，那样我们只会看到自己没有蒙娜丽莎的漂亮，没有赫本的魅力，没有布什家族的背景，也没有比尔·盖茨的财富……但是如果我们拥有一颗阳光快乐的心灵，看到自己所拥有的，就足以快乐充实地生活着。

可见，我们之所以经常觉得不开心、不快乐，甚至是痛苦，其根源就在于我们很少想到自己已经拥有的东西，却总是想着自己所没有的东西。于是，我们开始轻视乃至忽视自己所拥有的一切，却开始抱怨自己所没有的，这样一来，当然就不开心了。

学会只看自己所拥有的

其实，天下人除有食欲、性欲两项基本欲望外，还有对金钱欲、名利欲等一些欲望，这是由人的社会性所决定的。但是这些欲望和前两项比起来，并不是每个人都可以实现。成为有钱人或是名人，那只有非常少的人办得到，要拥有崇高的社会地位更不是那么容易，名来利往的世界中，又有多少成功人呢？

对于有钱人来说，金钱并非万能；对有名的人来说，出名并不全然都是好的。这些话一半是谦虚，一半则是事实。对那些原本就是有钱人而言，拥有金钱是很理所当然的事，所以自然可以把钱看得不重，这可能也是事实。但就那些既没有钱又没有名的人来看，他们会希望也有机会成为这样的人，这种念头是不可磨灭的事实，就像可以实现的欲望看起来通常都很小，但不能实现的欲望却很大。

这就好比不同的人同时看到桌子上的半杯水一样，心态不好的人，他只看到杯子的上半部是空的，却忽视了下半部还有水，于是便叹着气说："唉，这个杯子已经空了一半了！"而心态好的人，却看到了杯子的下半部还有水，于是高兴地说："哇，真是太好了，杯子里还有半杯水哦！"

看到了吗？听到了吗？其实杯子还是那个杯子，水也还是那些水，不多也不少，不增也不减，可以说它的本质并没有任何的变化，只是看待它的人变换一个角度而已。所以，什么叫幸福？幸福其实就是看到自己所拥有的东西！

在生活中，为什么很多人不快乐、不幸福？为什么很多人感觉自己很空虚、很迷茫？就是因为他们更多地把注意力放在自己没有的东西上，而不懂得享受自己所拥有的。一个珍惜生命的人，无论身体健康，还是身有残疾，都懂得如何生活。他不气馁、不抱怨，因为，他知道今天的生活来之不易。他知道要想让自己过得好，就必须努力，因此，他热爱生活，热爱自己，他只关注自己拥有的东西，并发自内心地为之骄傲。

比起失业的人，你有稳定的工作，所以应该感到快乐；比起月薪 1500 元的人，你有 2000 元的月薪所以应该感到快乐；比起每天多次换车、花费两小时上班的人，你不用换车，只花 1 个小时就能上班，你也应该感到快乐。如此，你还有什么理由郁郁寡欢、愤愤不平呢？你应该全身心投入工作和学习，把工作当作乐趣和学习的机会，努力提升自己，创造美好的生活，这样你的生活就会快乐和充实起来。

也许上帝夺走了我们很多东西，可如果我们一直坐在那里埋怨上帝是多么的不公平，结果我们仍然无法把失去的东西找回来，那么只会让自己失去更多。但如果我们能够积极地去面对，多看自己拥有的，而不是失去的，就会感受到真正的幸福。

◇只看自己所拥有的，不看自己没有的。

◇上帝给谁的都不会太多，上帝对谁都不会不公平。

◇也许上帝夺走了我们很多东西，可是如果我们一直坐在那里埋怨上帝是多么的不公平，结果我们仍然无法把失去的东西找回来，那么只会让自己失去更多。

绝自卑的纠缠，学会欣赏自己

【聊天实录】

我：庄老先生，您对自我安慰有何高见？

庄子：我曾讲过这样一个故事：公文轩见右师而惊曰："是何人也？恶乎介也？天与，其人与？"曰："天也，非人也。天之生是使独也，人之貌有与也。以是知其天也，非人也。"泽雉十步一啄，百步一饮，不蕲畜乎樊中。神虽王，不善也。

我：您这个故事该如何解释呢？

庄子：这个故事的意思就是：公文轩见到右师大吃一惊，说："这是什么人？怎么只有一只脚呢？是天生只有一只脚，还是人为地失去一只脚呢？"右师说："天生成的，不是人为的。老天爷生就我这样一副形体，让我只有一只脚，人的外观完全是上天所赋予的。所以知道是天生的，不是人为的。"沼泽边的野鸡走上十步才能啄到一口食物，走上百步才能喝到一口水，可是它丝毫也不会祈求畜养在笼子里。生活在樊笼里虽然不必费力寻食，但精力即使十分旺盛，那也是很不快意的。

我：您的意思是说右师只有一只脚，然而面对别人的诧异的目光，他并没有感到自卑和不自在，而是觉得一切都是自然而然的。自己不同于众人的不见得就是弱势，就如同自由自在的野鸡不会去羡慕养在笼子里的家禽。在这里您用右师的故事告诉我们，人活着要有独立不可拔的精神。一只脚的人也顶天立地活在世上，"天上地下，唯我独尊"，绝不受外形、外境界的影响。不管别人怎么看，也不管别人说些什么，我就是我，我就是这个样子，是很自然的。只有做到顶天立地，认识到古往今来只有一个我，我是唯一的，也是可贵的，一个人才算真的认识了自我。

庄子：是的，拒绝自卑的纠缠，学会欣赏自己。

【解读】　　　　❧ **女孩因自信而美丽** ❧

在一个漆黑的夜晚，一个可爱的小女孩出生在一个贫穷的家庭里，但是，全家人并没有因为她的诞生而增添一分喜悦，因为这个家实在是太穷了。雪上加霜的是，女孩的父亲在一次外出打工时，死于一场车祸，只剩下母女俩相依为命。为了生活，她们只好到处为人织毛衣。

在艰难的度过十八年之后，女孩已经出落成一位亭亭玉立的少女了。在圣诞节的早上，妈妈给了她20美元。女孩很惊讶，妈妈却说："这是你十八年来的辛苦换来的。"女孩握着这20美元就去了商店，因为她没有什么漂亮的衣服，所以便一直低着头沿着马路边走。这时，女孩看到了自己心仪许久的男孩，女孩想：今天晚上，他的圣诞舞伴会是谁呢？

走着走着，女孩已经到商店了。进入商店后，她的视觉便被刺激了一下，因为她看见商店里有很多漂亮的发卡。这时，一个服务员说："小姑娘，你看你这亚麻色的头发配这个绿发卡，一定很漂亮！"女孩看了一下标签：16元！她觉得太贵了，于是她想说自己买不起，但还没来得及说，服务员已经帮她戴上了发卡，然后对她说："小姑娘，你照一下镜子！"女孩子看了一眼镜子，一下子就惊呆了，因为镜子里面的她实在太漂亮了。于是，女孩下了决心，拿出20美元，买下了发卡，然后，她拿着剩下的4美元飘飘然地走了。

出门口的时候，女孩不小心碰到了一位老奶奶。她隐隐约约听见老人在叫她，但她没有回头。一路上，女孩挺胸抬头，又蹦又跳。这时，她又看见那个自己心仪许久的男孩，而男孩也正好看到了女孩。男孩也一下子就惊呆了，因为他没有想到：原来镇上还有这么漂亮的女孩！于是，他走向女孩，对女孩说："我能否有幸邀请你做我圣诞舞会的舞伴？"女孩很高兴地答应了。这时，女孩又想：我已经奢侈一次了，不如再把这剩下的4美元也花掉吧！

于是，女孩又高高兴兴地回到了商店。女孩一到商店门口，发现那位老奶奶还在那里，而老奶奶一看到女孩，就高兴地说："小姑娘，我知道你会回来的。"女孩充满疑惑地看着老奶奶，老奶奶微笑着说："刚才你出门的时候，把发卡掉在地上了……"

可见，女孩之所以漂亮，其实不是因为她的头上戴着发卡，而是因为她的自信。而女孩之所以一直认为自己配不上心仪的男孩，也不是别的，恰恰是因为自卑惹的祸。当我们抛开自卑，找回属于自己的自信时，我们的脸上自然就会绽放出迷人的微笑，幸运之神也会降临到我们的头上。

❧ 学会欣赏自己 ❧

心理学家认为，自卑是一种过多地自我否定而产生的自惭形秽的情绪体验，是一种消极、不良的心境。它消磨人的意志，软化人的信念，淡化人的追求，使人畏缩不前，自我怀疑、自我埋没、自我消沉，以至于陷入悲观哀怨的深渊。所以，我们要想办法战胜自卑，拒绝和自卑纠缠不清，才能找到属于自己的成功线路。

自卑是很常见的一种心理状态，但是它并非不可战胜。在世界知名人物中，很多人是从自卑中走向成功的。例如，法国伟大的启蒙思想家、文学家卢梭，曾因为自己是孤儿，从小流落街头而自卑；存在主义大师、作家萨特，两岁丧父，左眼斜视，右眼失明，失去亲情与身体的残疾使他产生了深深的自卑；法兰西第一帝国皇帝、政治家、军事家拿破仑年轻时曾因为自己身材矮小、家庭贫困而自卑；美国英雄总统林肯出生于农庄，9岁失母，只受过一年学校教育就下田劳动，林肯曾深深为自己的出身而自卑；日本著名企业家松下幸之助，4岁家败，9岁辍学谋生，11岁亡父，他为自己的不幸遭遇而自卑……这些都影响了他们的生活，但并没有阻止他们为梦想而前进的步伐。

自卑会吞噬人的创造力和判断力，是我们超越自己过程中的一道阻碍，只有冲破这道障碍我们才能收获成功。

自信是自卑的"天敌"，如果能坚信自己，不断强化"我行，我能行"的理念，就能慢慢走出自卑的阴影。只有相信自己，才是战胜自卑最有效的方法。战胜了自卑，每个人都会超越自己，从平庸变得杰出。

是的，很多时候，我们之所以自卑，那是因为我们只在意那些自己所没有的东西，却忽视了自己所拥有的东西。所以，当遇到各种来自生活中的挫折的时候，我们要积极地调整自己的心态，不要老盯着自己的短处和弱点，多找自己的优点和长处，以增强自己的自信心，走出自卑就能超越自己，赢得成功。

人生智慧

◇拒绝自卑的纠缠，学会欣赏自己。

◇自卑会吞噬人的创造力和判断力，是我们超越自己过程中的一道阻碍，只有冲破这道障碍我们才能收获成功。

◇很多时候，我们之所以自卑，那是因为我们只在意那些自己所没有的东西，却忽视了自己所拥有的东西。

学会像接受完美一样接受缺憾

【聊天实录】

我：庄老先生，您对自我安慰有何高见？

庄子：我曾讲过这样一个故事：鲁有兀者王骀，从之游者与仲尼相若。常季问于仲尼曰："王骀，兀者也。从之游者，与夫子中分鲁。立不教，坐不议，虚而往，实而归。固有不言之教，无形而心成者邪？是何人也？"仲尼曰："夫子，圣人也。丘也直后而未往耳！丘将以为师，而况不若丘者乎？奚假鲁国，丘将引天下而与从之！"常季曰："……何谓也？"仲尼曰："自其异者视之，肝胆楚越也；自其同者视之，万物皆一也。夫若然者，且不知耳目之所宜，而游心乎德之和。物视其所一而不见其所丧，视丧其足，犹遗土也。"

我：您这个故事该如何解释呢？

庄子：这个故事的意思就是：鲁国有一个被砍断一只脚的人叫王骀，跟他求学的人和孔子的弟子一样多。孔子的学生常季问孔子："王骀站不能给人以教诲，坐不能议论大事，跟他学的人空虚而来满载而归，好奇怪啊，这是什么样的人呢？"孔子说："他是圣人，学识和品行都高于我，我将拜他为师，我要引导天下人去跟他学。"季常说："王骀是怎样运用心智的呢？"孔子说："他只求自由自在，忘心而忘形，忘形而忘情。在忘情的境界之中，看自己断了一只脚就像失落了一块泥土，超尘绝垢，大家都乐意跟从他。"

我：您的意思是说您是借孔子之口来赞美王骀这个残疾人，赞美王骀的心态好，管他残疾不残疾，反正我是一个人。其实，世上人人都有缺点，人人都有"残疾"。毕竟人无完人，金无足赤。

庄子：是的，学会像接受完美一样接受缺憾。

【解读】 ❧ 战胜缺憾的霍金 ❧

著名物理学家霍金教授的身体状况众所周知, 21 岁时, 被确诊患有罕见的、不可治愈的运动神经病 ALS, 叫作肌萎缩性脊髓侧索硬化。1963 年, 医生说他只能活两年半, 并且随着病情的恶化, 他将失去所有的活动能力。然而, 这种致命的打击并没有击倒霍金, 他也并没有因为自己丧失所有活动能力而否定自己的价值。

霍金自称: "幸亏我选择了理论物理学, 因为研究它用头脑就可以了。"霍金虽然不能用笔和纸工作, 却能借助描绘在纸上的精神图像表达他的思想, 他的方法

霍金

使较传统的需要假说、实验和观测的科学方法更加直观。由于霍金教授无法发声, 只能借助声音合成器来发声, 这一组合十分费力, 所以他的讲演风格既简练又准确, 没有其他讲演者常用的矫揉造作的手法或是废话。

霍金教授之所以伟大, 除了他在学术上的贡献外, 还因为他有着积极乐观的生活态度。一个失去所有活动能力的人, 换在别人身上早就失去生存的勇气了, 然而, 他心中没有仇恨, 没有苦恼, 也没有怨天尤人, 而是不甘放弃, 积极向上, 用自己的执着与乐观战胜了身体的缺陷。

可见, 身体有缺憾并不可怕, 可怕的是因此对自己失去信心, 自暴自弃。

事实上, 每个人都有缺点和不足, 这是正常的, 必须学会去接受, 顺其自然。如果非要和自然规律抗衡, 必然会自讨苦吃, 所谓"世界并不完美, 人生当有不足"。有时候, 留些缺憾, 反倒可使人清醒, 催人奋进。

学会接受不完美

人的一生中总会发生一些难以预料的事情，面对生活的不完美和不如意，我们既不能放弃自己，也不能苛求自己更完美。我们所能做的就是勇敢地接受自己不完美的现实，不抱怨、不懊恼，怀着一颗包容的心看待生活给我们的不如意。在轻松、满足的环境中我们才能生活得更好，刻意的追求只会使我们的生活越来越糟糕。

一位人力三轮车师傅，40多岁，相貌堂堂，如果去当演员，应该属偶像派。当别人问他为什么愿做这样的"活儿"，他笑着从车上跳下，并夸张地走了几步给人家看，哦，原来是跛足，左腿长，右腿短，天生的。

问者很尴尬，可他却很坦然，仍是笑着说，为了能不走路，拉车便是最好的伪装，这也算是"英雄有用武之地"。他还骄傲地告诉别人："我太太很漂亮，儿子也帅！"

师傅虽然有残缺，行动不便，但没有人看到他生过气。

其实，在人世间，很多人注定与"缺陷"相伴而与"完美"相去甚远的。渴求完美的习性使许多人做事比较小心谨慎，生怕出错，因此，必然导致其保守、胆小等性格特征的形成。在现实生活中我们不难发现，有的人长得一表人才，举止得体，说话有分寸，但你和他在一起就是觉得没意思，连聊天都没丝毫兴致。这些人往往是从小接受了不出"格"的规范训练，身上所有不整齐的"枝桠"都给修剪掉了，于是便失去了个性独具的风采和神韵，变得干巴、枯燥，没有生机，没有活力。客观地说，人性格上的确存在着"缺陷美"，即在实际生活中，那些性格有"缺陷"而绝对不属于十全十美的人反而显得更具有内在的魅力，也更具有吸引力。

不仅人自身是不完美的，我们生活的世界也是布满缺憾的。比如，有一种风景，你总想看，它却在你即将聚焦的时候巧妙地隐退；有一种风景，你已经厌倦，它却如影随形地跟着你；世界很大，你想见的人却杳如黄鹤；世界很小，你不想

看见的人却频频进入你的视线；有一种情，你爱得真、爱得纯，爱得你忘了自己，而他却熟视无睹，如果能够倒过来，多好，可以不让自己再忍受痛苦。世上有许多事，倒过来是圆满，顺理成章却变成了遗憾。然而，世上的许多事情正是在顺理成章地进行着，我们没办法将它倒过来。

有时候人们会被这种在生活中或是工作中吹毛求疵、追求完美的压力所蒙蔽，认为只有做得更好才会使自己更加幸福，其实，大可不必，有时候你的缺陷也是一笔可观的财富，所以，没必要为自己的缺陷而生气。

其实，生活中尽善尽美的事情真是少得可怜，它们大多有着这样那样的缺陷，让我们感到深深地遗憾。面对缺陷，我们不要一味气馁、气愤，更不要自卑、悲观，将缺陷与它本身的优势或独特之处联系起来，事情就不会如你所想的那么失败了，还有可能的是它还会成为你人生走向成功的重要力量。

在我们的成长过程中，逐渐养成了这样的信念：我们应该自始至终努力让生活变得尽善尽美。不幸的是，你的期望越高，往往失望也越大。由于对自己的要求过高，给自己施加了过多的压力，就会束缚住自己的手脚，迫使你最终放弃了努力，以致一无所成，或者最终崩溃掉。相反，如果你降低了对自己的要求，不再对自己提出好高骛远的期望，反而会因为解脱而舒畅开心起来，会觉得自己更有创造力，更可以轻松上阵了。正如莎士比亚说过的那样："最理想的境地总是不可到达的，但是人们往往不知道应该退而求其次。"结果，你可能被碰得头破血流。因此，完美主义不是一种你应给予强化的心态，而是一种你应给予弱化的心态。

在生活中，事事追求完美可不是什么值得称赞的做法，你努力的方向应该是让自己充满才干、独一无二而不是做什么都有两下子却始终是咣咣当当的半瓶子醋。要记住，虽然你缺点很多，也相当不完美，但因为你是你不是别人，这点就会让你变得独特和稀有起来。卢梭说："大自然塑造了我，然后把模子打碎了。"但是，有太多人违背自我，以别人眼中的"完美"作为自己的目标和追求对象，所以，肯定活得很累。对于生活，大可不必如此，只要保持正常状态拥有一颗知足的平常心，你将轻松许多。而且，接受多数人身上都存在的缺点，你的生活一定能或多或少地得到改观。同样，对自己也尽量宽容一些，学会欣赏自己的不完美才会构建属于自己的生活和天空！那么，从现在开始，学会接受自我，找寻不完美的美丽所在吧！

所以说，缺陷和不足是人人都有的，但是作为独立的个体，一定要相信，自己有许多与众不同的甚至优于别人的地方，并且要用自己特有的形象装点这个丰富多彩的世界。也许你在某些方面确实逊于他人，但你同样拥有别人所无法企及的专长，有些事情也许只有你能做而别人却做不了！为此，一定要学会像接受完美一样接受缺憾！

人生智慧

◇学会像接受完美一样接受缺憾。

◇最理想的境地总是不可到达的，但是人们往往不知道应该退而求其次。

◇缺陷和不足是人人都有的，但是作为独立的个体，一定要相信，自己有许多与众不同的甚至优于别人的地方，并且要用自己特有的形象装点这个丰富多彩的世界。

第五章

庄子与我聊自我突破

　　或许，我们每个人都想突破困境，戴上成功的花环。但是，怎样做才能出人头地、成为一个成功的人呢？常言道：成功没有捷径，只有方式方法。那么，要想获得成功，就需要具备哪些素质呢？脚踏实地、锲而不舍、坚持不懈、坚强的毅力……是的，攀上成功的巅峰并不难，难就难在你有没有具备自我突破的雄心壮志。勇敢地放飞你的梦想吧，心有多大，舞台就有多大！

脚踏实地，是走向成功的最佳捷径

【聊天实录】

我：庄老先生，您对自我突破有何高见？

庄子：我曾说过：六合之外，圣人存而不论；六合之内，圣人论而不议。

我：您这句话该怎样理解呢？

庄子：这句话的意思就是：天地四方宇宙之外的事，圣人总是存而不论；宇宙之内的事圣人虽然细加研究，却不随意评说。

我：您的意思是说您认为真正有智慧的人，不会好高骛远，更不会去谈论那些虚无的事，而是踏踏实实做好眼前的事。

庄子：是的，脚踏实地，是走向成功的最佳捷径。

【解读】 一心想成为富翁的奈哈松

在很久以前，泰国有个叫奈哈松的人，一心想成为一个富翁，他觉得成为富翁的最短的捷径便是学会炼金之术。

此后他把全部的时间、金钱和精力，都用在了炼金术的实验中了。不久以后他花光了自己的全部积蓄，家中变得一贫如洗，连饭都没得吃了。妻子无奈，跑到父亲那里诉苦。父亲知道情况后，决定帮女婿改掉这个急功近利的毛病。

他让奈哈松前来相见，并对他说："我已经掌握了炼金之术，只是现在还缺少一样炼金的东西……"

"快告诉我还缺少什么？"奈哈松急切地问。

"那好吧，我可以让你知道这个秘密。我需要3公斤香蕉叶下的白色绒毛，而且这些绒毛必须是你自己种的香蕉树上的，等到收齐绒毛后，我便告诉你炼金的方法。"

奈哈松回家后，便迫不及待地将已荒废多年的田地种上了香蕉。为了尽快凑齐绒毛，他除了种以前就有的自家田地外，还开垦了大量的荒地。当香蕉长熟后，他便小心地从每张香蕉叶下收刮那些白绒毛，而他的妻子和儿女则抬着一串串成熟的香蕉到市场上去卖。就这样，十年过去了，奈哈松终于收集够了3公斤绒毛。这天，他一脸兴奋地拿着绒毛来到岳父家里，向岳父讨要炼金之术。

岳父指着院中的一间房子说："现在，你去把那边的房门打开看看吧！"

奈哈松一打开那扇门，立即看到满屋金光，竟全是黄金，他的妻子、儿女都站在屋中。妻子告诉他，这些金子都是他这十年里所种的香蕉换来的。面对着满屋实实在在的黄金，奈哈松这才恍然大悟。

是的，懂得生活，就会知道生活的艰辛，不是有了梦想就可以成功，只有付出行动，脚踏实地，才能实现自己人生的目标。其实，生活也好，人生也罢，从来就没有轻轻松松的事，只有付出汗水才能真正体会到成功的喜悦。而靠其他捷径得来的财富，来得容易，也会轻易地失去。

成功的捷径就是脚踏实地

人生的过程，是个不断认识自己的过程，是个不断挖掘自己的过程。每一个人都是很有潜力可挖掘的，因为，每一个人真的都是一口深不见底的井，而且，每个人都站在自己的井台上打水，就看如何认识自己如何对待自己。如果，你认为自己这口井里的水很多，拼命勤奋地打，一桶一桶的，不管风吹雨打，只要不停顿，始终能打出水，你都无法估计你的这口"井"究竟蕴藏着多大的容量。

当然，重要的是拼命是勤奋是不管风吹雨打是不停顿……而这样坚韧持久的动力，一定是来自内心的，一定是由痛苦不堪的压力转化的。所以，在经受了压力并体验了由压力变动力再由动力产生成果的这样一个完整的过程，对失败挫折打击已不那么惊慌也不那么沮丧不那么抱怨，并学会很自然地要求自己咬咬牙直直腰地再干一次再来一遍，只要有"再一次"、"再一遍"的不屈不挠，只要不犹豫地把手里的桶继续放入自己的井里，不怕苦不怕累地往上提水，这样，任何失败挫折打击不仅不能压垮人、枯竭人，反而会使人更加饱满并拥有更多的生命之水，有生命力的"水"是柔韧的斩不断的源源不绝的。

一个有价值的生命，一定是竭尽全力地使用自己；一个有意义的人生，一定是充分地体现出自己。所以，不让自己患得患失，认准了一条道，踏踏实实地走，一步一个脚印。不期望走得很快，更不幻想一步登大，只是不让自己止步，慢慢地不停地走，看不出速度，可总在进步，并渐渐地靠近目标。按照这样的宗旨，你就会平稳地不息地走过了一了不平坦的路。再回头一看，有时会感到惊喜，感到安慰，因为走出了一个出乎意料的自己，这时你就会才明白，人是可以创造意外创造奇迹的，因为，人是一口不测的井，只要尽情挖掘，你拥有的水会是一条滔滔的大河。当心底有一条大河源源地流淌着，会有一种透彻的坦然使人进入自由的境界，会更有信心向自己这口井的深处开掘，也许，还会流淌出大江大海。

事情往往就是这样，你越着急，就越不会成功，因为着急会使你失去清醒的头脑，结果在你奋斗的过程中，急于求成占据着你的思维，使你遭受失败。

慧能是一个小和尚，师父让他每天早上负责清扫寺庙院子里的落叶。

清晨起床扫落叶实在是一件苦差事，尤其在秋冬之际，每一次起风时，树叶总随风飘落。

每天早上都需要花费许多时间才能清扫完树叶，这让慧能头痛不已，他一直想要找个好方法让自己轻松些。

后来，有一个师兄跟他说："你在明天打扫之前先用力摇树，把落叶统统摇下来，后天就可以不用扫落叶了。"

慧能觉得这是个好办法，于是隔天他起了个大早，使劲地猛摇树干，这样他就可以把今天跟明天的落叶一次扫干净了，一整天慧能都非常开心。

第二天，慧能到院子一看，他不禁傻眼了，院子里如往日一样是落叶满地。

师父走了过来，对慧能说："傻孩子，无论你今天怎么用功，明天的落叶还是会飘下来。"

慧能终于明白：凡事不能心浮气躁，唯有脚踏实地才能把事情做好，这才是正确的人生态度。

可见，无论办什么事都不可能毫不费力地成功，急于求成，只能是害了自己，唯有脚踏实地才能做好事情。

一个年轻人在逛集市的时候，看见一位老人摆了一个捞鱼的摊子，他向有意者提供渔网，捞起来的鱼归捞鱼人所有。这个年轻人一时童心大发，蹲下去捞起鱼来。他一连捞破了三张网，一条小鱼也未捞到。见老人眯着眼看自己，心中似乎在暗自窃笑，他便不耐烦地说："老人家，你这网做得太薄了，几乎一碰到水就破了，那些鱼又怎么捞得起来呢？"老人回答说："年轻人，看你也是念过书的人，怎么也不懂呢？当你心生贪念想捞起你认为最美的鱼时，你打量过你手中所握的渔网是否真有那能耐吗？追求不是件坏事，但要懂得了解你自己呀！"

"可是我还是觉得你的网太薄，根本捞不起鱼。"

"年轻人，你还不懂得捞鱼的哲学吧！这和众人所追求的事业、爱情、金钱都是一样的。当你沉迷于眼前目标之际，衡量过自己的实力吗？"

是的，追求超出自己实力的目标，将自己定位过高，这是很多人的通病。再看看那些在各个领域的成功者，很难发现他们会给自己制订不切实际的目标。他们在行动之前，总会对自己的实力做一番细心衡量，觉得有把握后，才会脚踏实地、一步一个脚印地去实现自己的目标。因为他们懂得：唯有脚踏实地，才是走向成功的最佳捷径。

人 生 智 慧

◇脚踏实地，是走向成功的最佳捷径。

◇懂得生活，就会知道生活的艰辛，不是有了梦想就可以成功，只有付出行动，脚踏实地，才能实现自己人生的目标。

◇生活也好，人生也罢，从来就没有轻轻松松的事，只有付出汗水才能真正体会到成功的喜悦。

锲而不舍，有毅力才能突破困境

【聊天实录】

我：庄老先生，您对自我突破有何高见？

庄子：我曾说过：帝道运而无所积，故天下归。

我：您这句话该怎样理解呢？

庄子：这句话的意思就是：帝王统驭的规律也没有停顿的，所以天下百姓归顺。

我：您的意思说您认为帝王之所以能统治天下是因为有不间断统驭的规律，因此要想达到自己的目的，必须不断努力。

庄子：是的，锲而不舍，有毅力才能突破困境。

【解读】 ❧ **锲而不舍创造奇迹** ❧

如果他走在街上，没有任何人会对注意他，因为他长得太平常了，可他那粗糙的像锉刀般的双手，却创造出一件件举世无双的微型乐器。

1990 年初，在北京举办的"中国首届工艺美术作品及名艺人佳品展"上，一把完全依照意大利古典制琴大师斯特拉里瓦里名琴样式，以 225∶1 的比例制作的长仅 3.9 厘米的微型小提琴，打破了 1988 年版的《吉尼斯世界之最大全》的 7.62 厘米的纪录。评委会的专家们，连连称赞：国宝！国宝！

其实，黄先生的最新纪录是 1.98 厘米，尽管 1990 年版的《吉尼斯世界之最大全》将这项纪录推进到 2.38 厘米，但它与我们的这位微琴制作师还相差 0.4 厘米。这件以 800∶1 的比例精心制作的微型高级嵌线小提琴完全仿真，用色木做侧板、背板、琴头，用松木做面板，用乌木做指板，面板薄不足 20 丝。琴身斑纹清晰，玲珑剔透,用只有火柴棒四分之一粗细的琴弓,可以在那四根琴弦上拉出标准音阶,悦耳而动听。

这位才34岁的剧场经理,为了他的艺术世界,走过了一段漫长的道路。他出身贫寒,爹妈并没有给他先天的艺术细胞。还在念小学时,一次他琴兴大发,竟将家中一把好端端的竹椅锯掉,用铁皮代替蛇皮,制成了一把土二胡,说来也奇,竟然也能吱吱哑哑地拉出九腔十调来。中学毕业后,他有幸进入江苏省歌舞团,当了两年小提琴手。在此期间,他得以熟悉中西乐器的构造、性能,为他日后的微琴制作打下了扎实的基础。

其实,他真正下"海",是1974年的事。那年有一位蓝眼睛高鼻子的法国人带来了他的乐器,在上海博物馆举办展览。黄先生从这个展览受到了启示,他没有条件制作那些真家伙,但他决心将微缩技术引入这个艺术领域。从此,他的陋室里多了一张狭长的工作台,台上放着自制的车床、钻床、台钳以及锯子、刀斧、砂皮、锉刀、胶水、油漆。别人享受青春旋律的欢乐,而他像一个苦行僧,熬过一个个黎明……正像他自己所叙述的那样:"爱好是一种自找苦吃。我从小喜欢摆弄中西乐器,双手弄得像锉刀那样粗糙,长年累月,不知划破多少次,疼痛几多回,但若遇苦却步,则就一事无成;只有奋不顾身,知难而上,才能有所作为。"

这位锲而不舍、毅力超人的年轻人,就是这样从苦海中闯过来了,如今他的那双锉刀般的双手,奇迹般地制作出二百多把按百分之一比例缩制的中西微型乐器,其中民族乐器50多种,西洋乐器20多种,它们有二胡、月琴、三弦、扬琴、古琴、古筝、琵琶、阮、筑、瑟、箜篌,蒙古的马头琴、新疆的冬不拉、西藏的艾捷克,西洋乐器的小提琴、中提琴、大提琴、竖琴、钢琴等等,犹如一座灿烂的乐器大观园。他的作品参加了"中国首届民间工艺作品及名艺人佳器展"、"苏州艺术节"、"南通国际艺术节"、"新加坡中国周"等中外展览。上海交响乐团东渡扶桑时,黄先生制作的一套微型西洋乐器被选中,作为礼品,馈赠日本友人,引起轰动。

七跌八起,意思是说:一个人无论遇到多少次的挫折,必须不屈不挠,勇敢地站起来。人生是漫长的，社会是辽阔的，因此，难免遭遇挫折，难免陷于悲观。七跌八起这句成语，含意至深。然而，如果认为跌倒了 7 次，第 8 次能够站起来就可以，未免是太愚蠢了。跌过一次而毫无领悟，那么跌倒 7 次亦是如此。人之可贵，在于跌倒一次就能有所领悟。与其忧虑失败，毋宁恐惧自己不够认真。倘若有认真的态度，即使失败了也必然有所领悟即使跌倒了，也不要白白地爬起来，为人必须养成这种态度，黄先生的事迹就生动地体现了这种精神。

❧ 有毅力就能造就辉煌 ❧

毅力是一种心理状态，所以毅力是可以使其发展的，成功缺少不了毅力，所以毅力在成功的道路上很重要。意志力坚强的人懂得培养自己的恒心和毅力，并将它变成一种习惯，无论遭受多少挫折，仍坚持朝成功的顶端迈进，直至抵达为止。

我们应该相信，世界上没有什么事是做不了的，没有什么困难是不能克服的，持之以恒地坚持自己的目标，就能战胜困难，使自己的人生向前迈一大步，若被困难吓倒了，退缩了，将终生一无所成。

一个人在挖井，但他的运气似乎不怎么好，一个上午过去了，地上已经有五个深坑了，遗憾的是，水并没有出来。他最后放弃了挖井，并对邻居抱怨说："今天真倒霉，似乎地下的水也跟我过不去。"

邻居听了他的话，拿起了铁锹去了他挖的井边，挨个看了看，找个地下已经潮湿的坑挖了下去，只几锹，就有水上来了，邻居对他说："半途而废就等于做无用功，你先前的努力可都白费了。"

一个当年到西部去淘金的人，花了好几年的时间在一块地上挖掘，他相信那里有黄金。

一天又一天，不断地挥动锄头，每天辛苦地工作，最后，失望的病毒侵袭他，于是他以极度无奈和绝望姿势把锄头往地上一摔，收拾好自己的装备，然后离开了那个地方。

几年以后，锄头生锈了，把柄也腐烂了，但在距这两件东西六尺的地方，人们竟发现了一个大金矿。

这两个故事告诉我们同一个道理：无论做任何事，锲而不舍起着决定性作用的。许多人常常没有毅力，做事爱半途而废，其实，只要再多花一点力再坚持一点点时间，那些已经花下大功夫争取的东西就会得到。英国诗人威廉古柏曾说："即使是黑暗的星子，能挨到天明，也会重见曙光。"

诺贝尔努力寻找硝化甘油爆炸的引爆物，经历了许多失败，以至于他的父亲和哥哥嘲笑他固执。但他不急躁，不灰心，耐心地分析失败的原因，经过锲而不舍的反复实验和细致分析，诺贝尔终于发现了用少量的一般火药导致硝化甘油爆炸的方法，由此他第一次获得了瑞典专利权。一年秋天，他开始用雷酸汞引爆剂，失败了几百次。成功的那一天，"轰"的一声巨响，诺贝尔的实验室被送上天，他自己也被炸得鲜血淋淋。以鲜血为代价，诺贝尔获得了成功，由此，他发明了雷管。

更可怕的事情发生在斯德哥尔摩里的诺贝尔住宅附近的实验室，硝化甘油爆炸事故使从事实验的 5 个人死于非命，诺贝尔当时不在实验室，得以幸免于难。这次事故使他极为悲痛，对他的毅力和理智都是一次严峻考验。许多人开始对他的研究进行了责难，连亲人也劝他放弃这危险的实验，但诺贝尔绝不愿半途而废，他决心完成对硝化甘油在爆破工程上实际应用的研究，使炸药能更好地为人类造福。在他不懈努力下，硝化甘油终于可以用于实际了。

世界上没有什么事是办不了的，没有什么困难是不能克服的。诺贝尔历经千难万险仍坚持研究，终成一代科学伟人。试想诺贝尔若在困难面前退缩了，也不会研制出对人类生活产生巨大影响的安全炸药。可见，若战胜了困难，就会使自己的人生向前迈进一大步。若被困难吓倒了，退缩了，将终生一事无成。

要摆脱半途而废的做事禁忌，既要克服畏难思想，树立无坚不摧的信念，又要讲究方法，选定一个目标，锲而不舍。

"锲而不舍，金石可镂；锲而舍之，朽木不折。"这句名言告诉我们做人的关键在于要有毅力，目标专一、持之以恒。所以说，要理解半途而废的做事禁忌，既要克服畏难思想，树立无坚不摧的信念，又要讲究方法，选定一个目标，锲而不舍。

是的，要想办成一件事情，切忌半途而废，否则，就永远成不了大事。办事最忌半途而废，半途而废的人永远也不会成功，唯有具有坚强毅力的人才能走向成功。

人 生 智 慧

◇锲而不舍，有毅力才能突破困境。

◇锲而不舍，金石可镂；锲而舍之，朽木不折。

◇即使是黑暗的星子，能挨到天明，也会重见曙光。

成功需要坚持不懈地努力

【聊天实录】

我：庄老先生，您对自我突破有何高见？

庄子：我曾说过：上下见厌而强见也。

我：您这句话该怎样理解呢？

庄子：这句话的意思就是：不管上上下下的人怎么厌烦，但仍然要顽强地进行广泛的宣传。

我：您的意思是您认为坚持自己所做的必须要有韧劲，不厌其烦，才可能成功。事情总会有一个圆满的结果，但需要你在前行的道路上不断努力，你我都没有权利嘲笑那些不断前进的人，因为只有不懈地前行，不轻易放弃你的终点，终点才会向你自动打开。

庄子：是的，成功需要坚持不懈的努力。

【解读】 ～⌒ **坚持不懈的克尔** ⌒～

克尔曾经是一家报社的职员,他刚到报社当广告业务员时,对自己充满了信心,他甚至向经理提出不要薪水,只按广告费抽取佣金,经理答应了他的请求。

开始工作后,他列出一份名单,准备去拜访一些特别而重要的客户,公司其他业务员都认为想要争取这些客户简直是天方夜谭。在拜访这些客户前,克尔把自己关在屋里,站在镜子前,把名单上的客户念了 10 遍,然后对自己说:"在本月之前,你们将向我购买广告版面。"

之后,他怀着坚定的信心去拜访客户。第一天,他以自己的努力和智慧与 20 个"不可能的"客户中的 3 个谈成了交易;在第一个月的其余几天,他又成交了两笔交易;到第一个月的月底,20 个客户只有一个还不买他的广告版面。

尽管取得了令人意想不到的成绩,但克尔依然锲而不舍,坚持要把最后一个客户也争取过来。第二个月,克尔没有去发掘新客户,每天早晨,那个拒绝买他广告的客户的商店一开门,他就进去劝说这个商人做广告。而每天早晨,这位商人都回答说:"不!"每一次克尔都假装没听到,然后继续前去拜访。到那个月的最后一天,对克尔已经连着说了数天"不"的商人口气缓和了些:"你已经浪费了一个月的时间来请求我买你的广告了,我现在想知道的是,你为何要坚持这样做。"

克尔说:"我并没浪费时间,我在上学,而你就是我的老师,我一直在训练自己在逆境中的坚持精神。"那位商人点点头,接着克尔的话说:"我也要向你承认,我也等于在上学,而你就是我的老师。你已经教会了我坚持到底这一课,对我来说,这比金钱更有价值。为了向你表示我的感激,我要买你的一个广告版面,当作我付给你的学费。"

克尔完全凭着自己在挫折中的坚持精神达到了目标。在生活和事业中,我们往往因为缺少这种精神而和成功失之交臂。

就比如,我们在半梦半醒之间,常常隐约觉得自己被压迫得快要喘不过气来了。

你没办法翻身，也动弹不得，但在你的潜意识中，必须控制自己的肌肉筋骨才能摆脱困境。借助意志力的不懈努力，终于可以挪动一个手指了。之后，如果继续挪动你的手腕，就可以控制整个手臂肌肉并把手抬起来了。然后你用同样的方法控制了另一只手臂，另一条腿的肌肉，逐渐延展到全身。于是，意志力重新让你回到了对肌肉系统的控制，使你从梦中迅速恢复过来。

我们很容易从梦境中挣扎出来，但却无法一下子从人生的困境中解脱出来。实际上，让自己从软弱无力的精神状态中慢慢起步，渐渐加速，直到完全控制自己的意志，与梦醒的过程极其相似。

坚持不懈，铸就成功

在困境中坚持不懈是逆商（指在逆境中成长能力的商数，用来测量每个人面对逆境时的应变和适应能力的大小，简称 AQ）的精华所在。

这种坚持的力量是一种即使面临失败、挫折仍然继续努力的能力。我们常常能够观察到，正确对待逆境的销售人员、军人、学生和运动员能从失败中恢复并继续坚持前进，而当遇到逆境时不能正确对待的人（低 AQ 者）则常常会轻易放弃。

而经得起考验的高 AQ 者常常以其恒心耐力获酬甚丰，作为吃苦耐劳坚韧不拔的补偿，不论他们所追求的是什么目的，都能如愿以偿。他们还将得到比物质报酬更重要的经验："每一次失败都伴随着一颗同等利益的成功种子。"

当我们对众多成功人士进行考察时，发现那些大公司经理、政府高级官员以及每一行业的知名人士大都来自清贫的家庭、破碎的家庭、偏僻的乡村甚至贫民窟。他们之所以能成为社会知名人士和领导人物，是与他们经历过艰难困苦，具有很强的挫折承受能力分不开的。

将成功者和失败者进行比较，他们的年龄、能力、社会背景、国籍等种种方面都很可能相同，但有一个例外，那就是对遭遇挫折的反应不同。低逆商者跌倒时，往往无法爬起来，他们甚至会跪在地上，以免再次遭受打击；而高逆商者的反应则完全不同，他们被打倒时，会立即反弹起来，并充分吸取失败的经验，继续往前冲刺。低逆商者的忧虑及失败感使他们精神难以集中，绝望的心情也可能会使他们放弃及逃避奋斗，不能在奋斗中体验满足，所以缺乏克服困难的持久力。高 AQ 者却能从挑战中获得满足感，所以更能自发持久地面对困难。

一天，在一棵古老的橄榄树下，乌龟听见一只长得很漂亮的雄鸽子说，狮王28 世要举行婚礼，邀请所有的动物都去参加庆典。既然狮王 28 世邀请所有的动物都去参加庆典，那我是动物，我也应该去！乌龟心里想。

于是它上路了，在路上它碰见了蜘蛛、蜗牛、壁虎，还有一大群乌鸦。它们先是发愣，然后规劝并嘲笑说："乌龟呀乌龟，不是我们说你，这么一个非常简单的道理你都不懂，婚礼马上就要举行，可你爬得这么慢，你能赶上吗？别说婚宴早结束，洞房也已闹完，等你赶到，恐怕生下的小孩也已经长大成人可以举行婚礼了。"但乌龟执意前行。

许多年后，乌龟终于爬到了狮王洞口，只见洞口到处张灯结彩，各类动物几乎都聚集其中。这时快活的小金丝猴告诉它说："今天，我们在这里庆祝狮王 29 世的婚礼。"

如果乌龟听了别人的规劝后放弃前行的念头，又怎能赶上 29 世的婚礼呢？

1912 年，日本选手金栗志藏在斯德哥尔摩奥运会的马拉松赛跑中，由于体力不支，中途昏倒，放弃比赛。1966 年，76 岁高龄的金栗志藏到瑞典旧地重游，他从当时退出比赛的地点，稳步向终点斯德哥尔摩奥林匹克运动场走去，终于完成了当年的未尽之功，至此，他的马拉松成绩为 54 年 8 个月 6 天 8 小时 32 分 20 秒。

面对向他表示祝贺的瑞典记者，金栗志藏意味深长地说："尽管我比对手落后了半个多世纪，但我最后还是抵达了终点。"

这种意志让人深受感动，或许现在你所欠缺的也是这份精神，只要你坚持不断前行，终点的门最终会为你敞开。

最伟大的发明家托马斯·爱迪生，对于人生中的挫折抱着罕见的不放弃精神，

使他创造了非凡的成就。在电灯发明的过程中，其他人因为失败而感到心灰意冷时，他却将每一次失败都视为又一个不可行方法的减少，而确信自己向成功又迈进一步。

生命里程中永远存在着的障碍，不会因为你的忽视而消失。当你因为某件事而受到挫折时，不妨想想爱迪生在给整个世界带来光明前，那八千次的失败。爱迪生的坚韧不拔在于他知道有价值的事物是不会轻易取得的，如果真的那么简单，那么人人皆可做到。正是因为他能坚持到一般人认为早该放弃的时候，才会发明出许多当时的科学家想都不敢想的东西。

在成功过程中坚持不懈非常重要，面对挫折时，要告诉自己：坚持，再来一次，因为这一次失败已经过去，下一次才是成功的开始。人生的过程都是一样的，跌倒了，爬起来，只是成功者跌倒的次数比爬起来的次数要少一次，平庸者跌倒的次数比爬起来的次数多了一次而已。最后一次爬起来的人称之为成功者，最后一次爬不起来或者不愿爬起来，丧失坚持不懈的人，就叫失败者。

缺乏恒心是大多数人最后失败的根源，一切领域中的重大成就无不与坚韧的品质有关。成功更多依赖的是一个人在逆境中的恒心与忍耐力，而不是天赋与才华。布尔沃说："恒心与忍耐力是征服者的灵魂，它是人类反抗命运、个人反抗世界、灵魂反抗物质的最有力支持。"

所以说，成功需要坚持不懈的努力。

人 生 智 慧

◇成功需要坚持不懈的努力。

◇在成功过程中坚持不懈非常重要，面对挫折时，要告诉自己：坚持，再来一次，因为这一次失败已经过去，下一次才是成功的开始。

◇恒心与忍耐力是征服者的灵魂，它是人类反抗命运、个人反抗世界、灵魂反抗物质的最有力支持。

志当存高远，厚积才能薄发

【聊天实录】

我：庄老先生，您对自我突破有何高见？

庄子：我曾讲过这样一个故事：任公子为大钩巨缁，五十犗以为饵，蹲于会稽，投竿东海，旦旦而钓，期年不得鱼。已而大鱼食之，牵巨钩锠没而下，骛扬而奋鬐。白波若山，海水震荡，声侔鬼神。惮赫千里。任公子得若鱼，离而腊之，自制河以东，苍梧已北，莫不厌若鱼者。

我：您这个故事该怎么解释？

庄子：这个故事的意思就是：任国公子做了个大鱼钩系上粗大的黑绳，用五十头牛牲做钓饵，蹲在会稽山上，把钓竿投向东海，每天都这样钓鱼，整整一年一条鱼也没有钓到。不久大鱼食吞鱼饵，牵着巨大的钓钩，急速沉没海底，又迅急扬起脊背腾身而起，掀起如山的白浪，海水剧烈震荡，吼声犹如鬼神，震惊千里之外。任公子钓得这样一条大鱼，将它剖开制成鱼干，从浙江以东，到苍梧以北，没有谁不饱饱地吃上这条鱼的。

我：您的意思是说那些手拿小竿细绳，直奔小河、沟渠，钓到一条鲇鱼或鲫鱼就开心的人，怎么可能钓到大鱼呢？目光短浅的人难以和志向高远的人相比，浅陋无知的人也不能和经世之才相提并论，因为二者的差别实在太大了。任公子大气、洒脱，毫不在意别人的言论，专心致志于钓竿，耐心等待，所以钓到了大鱼。您用这个寓言告诫人们，一个人要成就一番大的事业，必须有宏大的抱负、广阔的视野。只有那些立志高远、奋斗不息的人，才能跑到最后，笑到终点。

庄子：是的，志当存高远，厚积才能薄发。

志存高远的朱元璋

朱元璋

朱元璋在建立明朝的过程中，就是通过步步为营的策略，最后终于使自己顺利地登上皇帝的宝座。

朱元璋自幼家境贫寒，少时穷苦，曾入皇觉寺当和尚。25岁时参加郭子兴领导的红巾军反抗蒙元暴政，郭死后统率郭部，任小明王韩林儿的左副元帅。接着以战功连续升迁，龙凤七年(1361年)受封吴国公，十年自称吴王。元至正二十八年(1368年)，在基本平定各路势力之后，于南京称帝，国号大明，年号洪武，全国基本统一。

朱元璋成为小明王韩林儿的左副元帅后，由于他率领的军队纪律严明，对老百姓秋毫无犯，因此所到之处，都深得百姓爱戴。

元至正十六年（1356年），朱元璋攻克集庆路（今江苏省南京市），改称为应天府。然而，此时的朱元璋虽然取得一系列胜利，但是各地势力仍然风起云涌。面对各方起义首领自立为王的局面和元军的压力，朱元璋不禁为自己的前途生出些许迷茫。

就在这时，朱元璋的手下有一个叫邓愈的人，查访到徽州儒士朱升，深知此人很有学问，便快马传书向朱元璋报告。朱元璋早已听说朱升的大名，于是便决定仿效当年刘备亲顾茅庐请出诸葛亮出山的办法，亲自登门拜访朱升。而朱升也早知朱元璋礼贤下士，知人善任，因此，两人见面后，便谈得十分投机，于是朱升便当场为朱元璋献上夺取天下的九字箴言："高筑墙，广积粮，缓称王。"

所谓"高筑墙"，就是修建好南京周边的防御工事，增强军事实力。同时，让朱元璋大力网罗人才，尊师重教，废除苛政，减免刑罚，轻徭薄赋，让百姓各安其生，以巩固根据地。

所谓"广积粮"，就是改变初期军粮依靠强征的野蛮方式，把土地分给农民，兴修水利，疏通水渠，让农民耕田种地，鼓励农民开垦荒山，同时采取军队屯田的措施，广储食粮，与民同乐。

所谓"缓称王"，就是让朱元璋继续臣服小明王，不要另树旗号，以免树大招风，这样，可以减轻各方的敌视，并潜心发展自己的力量。

听完朱升的分析之后，朱元璋不禁眼前一亮，茅塞顿开。因为朱升的这个九字箴言，言简意赅地指明自己下一步的行动方略，这正是他连日来苦苦思虑却无法理清思路的大计。

就这样，朱元璋谨遵朱升的九字箴言，在暗地里不断地发展、壮大自己，最后在各路起义军和元军的力量逐渐消耗殆尽时，朱元璋又采取各个击破的办法，扫平各路势力，一统天下，建立大明王朝。

朱元璋生于乱世，以一介平民，于群雄间角逐数十年，最终推翻元朝，建立大明王朝，成为中国历史上一位比较杰出的皇帝，主要源于他能够网罗到很多像朱升那样的天下名士，并恪守朱升提出的那"九字箴言"，这正暗合了庄子"举世而雀之而不加劝，举世而非之而不加沮"的思想和智慧。

急功近利是现代人的一种通病，目光短浅，胸无大志，为了眼前的一点区区小利而红了眼。看到别人的成就自己就不平衡起来，就抱怨起来。说到他人的长处，就开始诋毁他人，好高骛远，不切实际，不踏踏实实地着手干自己的工作，而是光想干大事，幻想一夜之间就成为百万富翁，却没有任何行动。这种人可以说整天的心情都是无法平静下来的，像狗熊掰玉米一样，掰一个丢一个，而最终结果仍是一无所获，可见，这种浮躁病是害人不浅的。要想事业成功，必须首先立志高远，然后静下心来去钻研那些可以成就事业的技能，只有这样，才有机会获得成功。

志存高远，厚积薄发

在庄子的笔下，任公子钓鱼是相当让人心潮激荡的。首先，任公子这个人与众不同、胸怀大志。他钓鱼也和别人不一样，他做了一个硕大无比的鱼钩，用很粗很结实的黑绳子把鱼钩系牢，用五十头牛做鱼饵。光看鱼饵就知道这绝对是大制作、大手笔，因为寻常人的鱼饵只是些小蚯蚓、小虫子罢了。任公子蹲在会稽山上，投竿于东海，天天守钓，别人都嘲笑他头脑发晕，异想天开。一天过去了，一个月过去了，一年过去了，没有一条鱼上钩，他依然从容自若，不为别人的闲言闲语所动。终于有一天，大鱼上钩了！大鱼一咬饵，动静就非同小可，它摇头摆尾地挣扎，翻滚腾跃，搅得海水动荡，白浪如山，那巨大的声响吓坏了方圆千里的人们。经过激烈的较量，任公子终于钓上了这条大鱼。他将这条大鱼剖开晾成鱼干，分给大家吃，从浙江以东到苍梧以北的人都饱餐了这种鱼肉。

庄子借助这则小寓言故事告诫后人，一个人要想成就一番大的事业，必须有宏大的抱负、广阔的视野，只有那些立志高远、奋斗不息的人，才能跑到最后，笑到终点。

"夫志当存高远"，一个人伟大或渺小，往往都决定于这个人的志向和胸襟。李煜降宋以后，太祖赵匡胤赐宴群臣。席间问李煜，最得意的诗是哪首，李煜想了想，傻乎乎地背诵自己《咏扇》诗中的一联："揖让月在手，动摇风满怀。"赵匡胤当下冷笑，"风满怀是多大的风？"看一下赵匡胤本人的诗就知道他为何冷笑了：他的《后山诗话》里载有两句："未离海底千山黑，才到天中万国明。"这二者的胸襟气度相差何其大也，也就无怪乎一个是亡国之君一个是开国太祖了。

要想成大事除了要志存高远，有大的胸襟和抱负，还要耐得住寂寞，让自己的生命在沉潜中为日后的厚积薄发积蓄力量，不贪图一时一事上的小利和小成功。兴安岭的松树百年成材，所以缜密；新疆的葡萄因为日照时间长，才最甘甜。做大事要有大气魄、大气量，一切从容安排、用心对待，就像锻炼真金，急就的人得不到有分量的成果。

正所谓"十年磨一剑"，成功者必须要具备良好的心态，不急功近利。

一位农夫在地里种下两粒种子，很快它们就长成了同样大小的树苗。第一棵树决心长成一棵参天大树，所以它拼命地从地下吸收养料，储备起来，滋润每一枝树干，盘算着怎样向上生长，如何完善自身。由于这个原因，在最初几年里，它并没有结出果实，农夫对它有些失望。相反另一棵树，也一样拼命地从地下吸取养料，打算早点开花结果，而且它做到了这一点，这使农夫很欣赏它，经常浇灌它。

但是随着时光的飞转，几年后那棵久不开花的大树由于身强体壮，养分充足，终于结出了又大又甜的果实。而那棵过早开花结果的树，却由于还未成熟时，便承担起了开花结果的任务，所以结出的果实苦涩难吃，也因此而累弯了腰，渐渐地枯萎下去。农夫诧异地叹了口气，终于用斧头将它砍倒，当柴烧了。

急于求成的结果只会导致过早的失败，所以我们要甘于寂寞，注意自身能力的积累，厚积而薄发，一旦时机来临自然会水到渠成，所以说，只有善于"蓄势"，才会有"势"可发。要知道，任何成功者，都是付出了常人无法想象的艰辛，才实现了自己的人生和社会价值的。很多人在做事情时，之所以经常功败垂成，往往是过于急躁所致，因此庄子告诫人们，不管做什么事，只有立志高远，不急不躁，遵循自己的原则，才能确保成功。

人生智慧

◇志当存高远，厚积才能薄发。

◇要想成大事除了要志存高远，有大的胸襟和抱负，还要耐得住寂寞，让自己的生命在沉潜中为日后的厚积薄发积蓄力量，不贪图一时一事上的小利和小成功。

◇只有善于"蓄势"，才会有"势"可发。

专心致志，人生才能有所突破

我：庄老先生，您对自我突破有何高见？

庄子：我曾讲过这样一个故事：仲尼适楚，出于林中，见佝偻者承蜩，犹掇之也。仲尼曰："子巧乎！有道邪？"曰："我有道也。五六月累丸二而不坠，则失者锱铢：累三而不坠，则失者十一；累五而不坠，犹掇之也。吾处身也，若厥株拘：吾执臂也，若槁木之枝；虽天地之大，万物之多，而唯蜩翼之知。吾不反不侧。不以万物易蜩之翼，何为而不得！"
孔子顾谓弟子曰："用志不分，乃凝于神，其佝偻丈人之谓乎！"

我：您这个故事该怎样理解呢？

庄子：这个故事的意思就是：孔子前往楚国，行走在一座树林中，看见一个驼背人在捕蝉，就像拾取蝉一样。孔子问道："您真灵巧啊！有什么诀窍吗？"驼背人答道："我有诀窍啊。经过五六个月的练习，在竿头上叠放两个泥丸而不掉落，然后再去粘蝉，那么失手的概率就很小了。后来在竿头上叠放三个泥丸而不掉落，然后再去粘蝉，失手的机会只有十分之一，再后来在竿头上叠放五个泥丸而不掉落，这五个泥丸仍不掉下来，然后再去粘蝉，就好像在地上拾取一样容易了。粘蝉时我的身子站定在那里，就像没有知觉的断木桩子；我举着的手臂，就像枯树枝；虽然天地很大，容有万物，而我此时就只知道有蝉翼。我不回头不侧身，不因万物而改变对蝉翼的注意，这样还有什么做不到的呢？"
孔子回头对弟子们说："运用心志不分散，就是高度凝聚精神，恐怕说的就是这位驼背的老人吧！"

我：您的意思是说您认为不管任何一件事情，只要我们心无旁鹜地认真去做，把别的诱惑、爱好暂时收敛和压抑一下，养成不被外界打扰的习惯，直至达到忘我的境界，那肯定是可以取得很好的成绩的。佝偻老人的体质没有办法和一般人相比，但是他在捕蝉这件事情上却远远超过了一般人的水平，主要原因就是专一刻苦和忘我。

庄子：是的，专心致志，人生才能有所突破。

【解读】 　　　能写出绝妙"一"字的店小二

明朝万历年间，中国北方的女真侵犯边关，成为一患。皇帝为了要抗御强敌，决心整修万里长城。当时号称天下第一关的山海关，却早已年久失修，其中"天下第一关"的题字中的"一"字，已经脱落多时。万历皇帝募集各地书法名家，希望回复山海关的本来面貌。各地名士闻讯，纷纷前来挥毫，但是依旧没有一人的字能够表达天下第一关的原味。皇帝于是再下诏告，只要能够雀屏中选的，就能够获得最重的赏赐。经过严格的筛选，最后中选的，竟是山海关旁一家客栈的店小二，真是跌破大家的眼镜。

在题字当天，会场被挤得水泄不通，官家也早就备妥了笔墨纸砚，等候店小二前来挥毫。只见主角抬头看着山海关的牌楼，舍弃了狼豪大笔不用，拿起一块抹布往砚台里一蘸，大喝一声"一"，十分干净利落，立刻出现绝妙的"一"字，旁观者莫不给予惊叹的掌声。有人好奇地问他能够如此成功的秘诀，他却久久无法回答，后来勉强答道：其实，我想不出有什么秘诀，我只是在这里当了三十多年的店小二，每当我在擦桌子时，就望着牌楼上的"一"字，一挥一擦就这样而已。

原来这位店小二，他的工作地点正好面对山海关的城门，每当他弯下腰，拿起抹布清理桌上的油污之际，刚好看到"天下第一关"的"一"字。因此，他不由自主地天天看、天天擦，数十年如一日，久而久之，就熟能生巧、巧而精通了，这就是他能够把这个"一"字临摹得炉火纯青、惟妙惟肖的原因。

实际上，这个有趣的故事，正是反映了一个颠扑不破的道理：练习造就完美，熟练才能精通。在各行各业出类拔萃的顶尖人士往往都有一个共通也是最基本的特点：热忱、专注与精通。因为热忱，所以能够投入强大的动力与能量；因为专注，才能心无旁骛勇往直前；也更因为热忱与专注，才能达到专业与精通的境界。

专注，才能有所成就

什么是专注？所谓专注，就是专心致志，全神贯注，对既定的方向和目标不离不弃，执着一，不分散精力，不心猿意马，不见异思迁，不盲目追随世俗潮流，不在乎他人审视的眼光和无聊的评头论足。

庄子在《人间世》里面说过这么一句话，"夫道不欲杂，杂则多，多则扰，扰则忧，忧而不救"，也就是是说要达到道的境界，一定不能贪杂贪多，因为一个人的时间和精力是有限的，专注于一件事才能够熟练，从而取得最大化的效果。否则就只能像鼫鼠一样"五能不能成一技"，"五能者，能飞不能上屋，能缘不能穷木，能泅不能渡渎，能走不能绝人，能藏不能覆身是也"。也就是说，能飞却飞不过屋顶，能攀却攀不上树梢，能游却游不过小水沟，能跑却赶不上人走，能藏却不能覆身。这是为什么呢？主要是因为它不能专注做一件事情。

对于成功来说，朝秦暮楚是一个最大的敌人，它肯定会使你徒劳无功。这就意味着，你必须全心全意地投入到你所选择的事业之中去。你一旦决定从事某项事业，就必须对你选择的事业有足够的信心，然后，全身心地投入进去，不能三心二意，不能朝秦暮楚。否则，这种心态会影响你干事业的激情、接受挑战的勇气和斗志，将你的锐气一点一点磨蚀。

是的，要想做好一件事除了要专一和勤学苦练之外，心态也非常重要。只有像故事里的驼背老人一样达到了"吾处身也，若厥株拘；吾执臂也，若槁木之枝；虽天地之大，万物之多，而唯蜩翼之知"的忘我境界，才能游刃有余，无往而不胜。

曾有人问拿破仑打胜仗的秘诀是什么，他说："就是在某一点上集中最大优势兵力，也可以说是集中兵力，各个击破。"这句精辟的话道出了集中精力对于成功的重要性。

的确，要想真正成功，就必须集中精力，专心致志。要想提高办事效率，就必须减少干扰。如果你在一个小时内集中精力去办事，这比花两个小时而被打断10 分钟或 15 分钟的效率还要高。当受到干扰之后，你还得花时间重新启动自己的思维机器，尤其当你受到几个小时或几天的干扰之后，就更需要较长的时间来加热思维机器，这无疑对效率是有极大损害的。这也就是为什么有的人整天很忙，却总觉得自己的时间不够用。

对于很多人来说，集中精力、专心致志比较难，因为他们容易受到干扰。一切都可能成为干扰：一项体育活动、热点问题、某些生活情形、与同伴的争执甚至天气，等等，不一而足。比如有的人在雨天不能有效工作，是因为"阴雨天影响情绪"。如果你将自己的时间主要花在应付干扰和琐碎的事务上，就永远无法真正驾驭自己的生活。

面对同样的机遇，不同的人有不同的结果。中国古代有一个故事，说有三个财主在一起散步，忽然其中一人首先发现前方地上躺着一枚闪闪发光的金币，眼神顿时凝固了！几乎同时，其中一人大叫起来"金币"。话音未落，第三个人已经俯身把金币捡到自己的手里。这个故事说明：眼快嘴快都不如手快。也就是说，一旦看准了机遇，就要立即行动，专注于行动，这样才能成功。

为此，事业因专注而成功，生命因专注而绚丽，也就是说，专心致志，人生才能有所突破。

人 生 智 慧

◇专心致志，人生才能有所突破。

◇一旦看准了机遇，就要立即行动，专注于行动，这样才能成功。

◇事业因专注而成功，生命因专注而绚丽。

学会取舍，成大事者不拘小节

我：庄老先生，您对自我突破有何高见？

庄子：我曾讲过这样一个故事：蛇谓风曰："子动吾脊胁而行，则有似也。今子蓬蓬然起于北海，蓬蓬然入于南海，而似无有，何也？"风曰："然，予蓬然起于北海而入于南海也，然而指我则胜我，鳍我亦胜我。虽然，夫折大木、蜚大屋者，唯我能也，故以众小不胜为大胜也。为大胜者，唯圣人能之。"

我：您这个故事该怎样理解？

庄子：这句话的意思就是：蛇对风说："我启动我的脊柱和腰胁行而走，还是像有足而行的样子。如今你呼呼地从北海掀起，又呼呼地驾临南海，却没有留下有足而行的形迹，这是为什么呢？"风说："是的，我呼呼地从北海来到南海，可是人们用手来阻挡我而我并不能吹断手指，人们用腿来踢踏我而我也不能吹断腿脚。即使这样，折断大树、掀翻高大的房屋，却又只有我能够做到，而这就是细小的方面不求胜利而求获得大的胜利。获取大的胜利，只有圣人才能做到。"

我：您的意思是说风不是没有力量，而是不计较小处琐碎处的得失，而是集中宝贵的力量放在更重要的事情上。其实做人也是这样，只有"舍"才能"得"，只有扔掉了满手的芝麻才能抱回你的大西瓜。

庄子：是的，善于取舍，成大事者不拘小节。

【解读】 　　　　李渊"善于取舍"

616年，李渊被诏封为太原留守，北边的突厥用数万兵马多次冲击太原城池。李渊遣部将王康达率千余人出战，几乎全军覆灭，后来巧使疑兵之计，才勉强吓跑了突厥兵。出乎意料的是在突厥的支持和庇护下，郭子和等纷纷起兵闹事，李渊防不胜防，随时都有被隋炀帝借口失职而杀头的危险。

许多人认为李渊当时是内外交困，必然会奋起反击，与突厥决一死战。不料李渊竟派遣谋士刘文静为特使，向突厥屈节称臣，并愿把金银珠宝统统送给始毕可汗！

李渊为什么这么做呢？原来李渊根据天下大势，已决定起兵反隋。要起兵成大气候，太原虽是一个军事重镇，但不是理想的发家基地，必须西入关中，方能号令天下。而要西入关中，太原又是李渊万万不可丢失的根据地，那么，用什么办法才能保住太原，顺利西进呢？

当时李渊手下兵将不过三四万人马，即使全部屯驻太原，也要一边应付突厥的随时出没，同时又要追剿有突厥撑腰的四周盗寇，这已是捉襟见肘，而现在要进伐关中，显然不能留下重兵把守。唯一的办法是采取"和亲"政策，让突厥"坐受宝货"，因此李渊不惜俯首称臣。

李渊的舍小我成就大我的计划获得了很好的效果，始毕可汗果然与李渊修好。

而且，由于李渊甘于让步，还得到了突厥的不少资助。始毕可汗一路上送给李渊不少马匹及士兵，李渊又乘机购来许多马匹，这不仅为李渊拥有一支战斗力极强的骑兵奠定了基础，而且因为汉人素惧突厥兵英勇善战，李渊军中有突厥骑兵，自然凭空增加了声势。

李渊的这种舍小我成就大我的做法虽然从名誉和物质方面处于暂时的不利，但在当时的情况下，不失为一种明智的选择，它使弱小的李家军既平安地保住后方根据地，又顺利地打进了关中。

是的，成功有的时候需要的是结果，而不是过程。这就犹如人跳高跳远，退几步助跑一段才能跳得又高又远。成功者不会在意小得小失，他们追求的往往是最后的结果，只有成功才是他们最终的真实目标。

❧ 成大事者不拘小节 ❧

从表面上看，风似乎是柔弱的。当风刮过来，你用手去阻挡它的时候，它柔弱地从你的指缝间滑过，似乎是完全没有力气的，更不要说刮断手指了，你用脚朝着它踢过去，它从你的脚边溜过去了，而你的脚上什么感觉都没有，完全不像是踢到一堵墙或者一棵树时那样疼。但你能说风不如一堵墙或者一棵树有力量吗？君不见，一场台风刮过，成片的房屋倾倒，无数的大树折断，一场肆虐的狂风会让每个人胆战心惊。

拿破仑军队大举进攻俄国，法国人从莫斯科撤走后，战乱后的大街上遗留了很多东西，一位农夫和一位商人到街上寻找财物。他们发现了一大堆未被烧焦的羊毛，两个人就各分了一半背在了自己的背上。归途中，他们又发现了一些布匹，农夫便将身上沉重的羊毛扔掉，选些自己扛得动的较好的布匹；贪婪的商人将农夫所丢下的羊毛和剩余的布匹统统捡起来，重负让他气喘吁吁、行动缓慢。走了不远，他们又发现了一些银质的餐具，农夫将布匹扔掉，捡了些较好的银器背上，商人却因沉重的羊毛和布匹压得他无法弯腰而作罢。这时，突降大雨，饥寒交迫的商人身上的羊毛和布匹被雨水淋湿了，他踉跄着摔倒在泥泞当中，而农夫却一身轻松地回家了，他变卖了银餐具，生活富足起来。

大千世界，万种诱惑，什么都想要，终会为其所累，该放就放，才会轻松快乐一生。

其实，生活也是这样的道理，生命太短促了，哪容得我们再把时间精力耗费在一些小事上。真正能成大事者，会懂得取舍，不会在细节问题上耗费太多的精力。

太过纠缠于细节，往往会耽误对重大事情的解决。面对着纷繁复杂的问题，我们应该学会进行分类整理，然后按照轻重缓急的顺序一件一件地去处理。而一些处在领导岗位的人则应该学会抓大放小，集中精力解决大的问题，具体的工作则可以安排别人去做。

同样，能成大事者也不会在小事上争一时之意气，而是以自己的大智大勇忍别人所不能忍，最终成就别人所不能成就的事业，韩信甘受"胯下之辱"的故事就是很好的例证。

韩信是秦末汉初淮阴人，出身贫贱，从小就失去了双亲。建立军功之前的韩信，既不会经商，又不愿种地，家里也没有什么财产，过着穷困而备受歧视的生活。在家乡，有些年轻人看不起韩信，经常欺负他。有一天，一个少年看到韩信身材高大却常佩带宝剑，以为他是胆小，便在闹市里拦住韩信，说："你要是有胆量，就拔剑刺我；如果是懦夫，就从我的裤裆下钻过去。"围观的人都知道这是故意找碴儿羞辱韩信，不知道韩信会怎么办。只见韩信想了好一会儿，一言不发，就从那人的裤裆下钻过去了。当时在场的人都哄然大笑，认为韩信是胆小怕死、没有勇气的人。

这正是后来流传下来的"胯下之辱"的故事。韩信忍得了一时之辱，专心研究兵法，练习武艺，后来终于在萧何的举荐下成了刘邦的起义军里的一位将军。在后来帮助刘邦打天下的过程中，他每战必胜，立下了赫赫战功，成为汉朝最重要的开国功臣之一。对于"胯下之辱"，韩信后来说，我当时并不是怕他，而是没有道理杀他，如果杀了他，也就不会有我的今天了。

是的，人的精力是有限的，在有限的时间内，要想有所作为，必须学会舍弃。要有所为，有所不为，不赢小处赢大处，所谓"成大事者不拘小节"是也。所以，理智地放弃小我，学会取舍，往往会给你带来意想不到的大我的成功。

人生智慧

◇学会取舍，成大事者不拘小节。

◇能成大事者也不会在小事上争一时之意气，而是以自己的大智大勇忍别人所不能忍，最终成就别人所不能成就的事业。

◇人的精力是有限的，在有限的时间内，要想有所作为，必须学会舍弃。

要学会摆脱思维定势的束缚

【聊天实录】

我：庄老先生，您对自我突破有何高见？

庄子：我曾说过：宋人资章甫而适诸越。越人断发文身，无所用之。

我：您这句话该怎样解释呢？

庄子：这句话的意思就是：北方的宋国有人贩卖帽子到南方的越国，越国人不蓄头发满身刺着花纹，没什么地方用得着帽子。

我：您的意思是说越国正是现在的江苏、浙江、福建等地，在当时是野蛮未开发之地。在古代，文化比较发达的地区是要留长发戴帽子的，但由于越国是野蛮之地，所以这里的人不蓄头发并且赤身裸体，满身刺着花纹，跟宋国的风俗完全不一样，是不需要帽子的。宋人把礼帽礼服带到没有文化的地方去卖，结果都卖不出去，就相当于把高度文明的东西，带到最原始的地方，结果就吃大亏了。那么这宋国的帽子是果真没法在越国卖吗？恐怕未必，关键还是要看卖东西的人是否能够转变思维，开发出当地人对帽子的需求，打破思维定势的束缚，就一定会收到理想的效果。

庄子：是的，要学会摆脱思维定势的束缚。

【解读】　　　　◆✐　善于摆脱思维定势的吉米　✐◆

我们现在用的圆珠笔在当初被发明时，发明者用了一根很长的管子来装油，但他发现管子里的油还没有完，笔头就先坏了。他做了很多次的实验，不是换笔头的材料就是换笔头的珠子，结果还是会出现笔头已经坏了油还剩下很多的情况。这个"瓶颈"他一直没有突破，一天朋友去找他，他把问题告诉了朋友。朋友一语道破天机，"既然你没办法解决笔头的问题，不妨试试把笔管剪短一点，这样问题就解决了。"他高兴地说："我为什么一直都没想到呢？"是啊，你固执地认为只有一个方向可以走通，一直坚持下去，结果只会让自己徒劳。突破心理的瓶颈，视野才会开阔。

朋友们都认为，吉米总是缺乏自己做老板的勇气。对他而言，公司自工作更安全，更可以为他的妻子和家庭提供必要的保障。但是后来，经济萧条了，他的工作确实不像原来那样是个永恒的港湾，他不由得警醒了。

一时间，一种无休止的恐惧闯进他的生活。如果公司开始裁员怎么办？如果他苦心经营了多年的地区市场萎缩了怎么办？随着萧条的加剧，恐惧不断地膨胀着。无数个夜晚，他无法入睡，彻夜担忧家庭的财政前景。终于，这种坐以待毙的恐惧膨胀得令他再也无法忍受。

其实出路只有一条：采取行动，慢慢建立起自己的企业，下班之后他开始经营二手医疗设备。应该说，作为一名国际知名医疗设备制造公司的推销员，他所接受过的培训足以使他很快发展起来。

由于不像大贸易公司那样要支出很多管理费用，吉米从一开始就组织了一个有赢利能力的小机构。六个月之内，他创建了区域性公司，辞掉了自己原有的工作。

他终于成为自己的财务大臣了。

现在，吉米再也不会有那种依赖每月拿到工资的感觉，再也不用为他的工作担心，因为他再也没工作了，他现在有自己的公司了！

吉米成功地拥有了自己想要的东西，再也不用去担心工作的危机给自己造成的心理负担，这是他挣脱"思维定势"争得的成果。现在，许多失业者都无法挣脱这个枷锁，而许多面临失业的人更是在想方设法地保全自己的工作。他们固执地认为，这份工作可以给他们带来安全感，于是死死地抓在手里唯恐丢了就再也找不回来了。他们宁可在一棵树上吊死，也不愿另求他路，这是人性的悲哀。

思维定势虽然是一种无形的东西，但它足以将人的"思维"捆绑起来。要想让自己变得灵活起来，首先就是要挣脱思维定势的枷锁，因为思路决定着出路。

摆脱思维定势，一切皆有可能

做事，很重要的一条是要灵活应变，而不要受惯性思维的束缚，特别是遭遇失败的时候，不妨换个方向，换种思路，灵活应变，唯有跳出传统思维的束缚，才能独辟蹊径，以变应变。只有这样，才能最终成为一个办好人生大事的高手。

北极圈内的爱斯基摩人常年生活在一片冰雪世界中，甚至连他们住的房屋都是将冰块切割成砖来建造的。美国旅行家沃特森目睹了爱斯基摩人的生活后，却冒出一个惊人的想法：把冰箱卖到这里！听到这个消息，许多人都笑了，笑他痴心妄想，白日做梦。

当冰箱运到北极爱斯基摩人的居住地时，沃特森向爱斯基摩人演示冰箱的作用：把自己带去的啤酒和矿泉水，以及爱斯基摩人刚刚捕获的猎物，一起放入了冰箱，他将冰箱的温度档调到了4℃。第二天，当爱斯基摩人打开冰箱时，发现那些东西并没有结冰。

爱斯基摩人第一次发现了冰箱在这里的用途。

原来，由于长年的天寒地冻，爱斯基摩人储存食物的方法很简单。他们不分场所，往往把食物一丢，自然会冻起来，不必担心食物会变坏。但再次食用的时候就有些费事了，为了化开那些冻硬的食物，他们常常点燃动物的皮毛或者脂肪，在屋外架起大锅，烧一锅开水来解冻。这样费时费力，很多时候爱斯基摩人都不愿意花费这么大的精力来解决看似简单的问题。有时候赶上大风的天气，在外面根本立不起灶台来。

有了冰箱，所有的问题都迎刃而解了。冰箱不仅可以用来冷藏食物，而且也可以防止食物冰冻起来，它省了做饭前繁杂的解冻程序，爱斯基摩人着实体验到了冰箱带来的好处。

有些事情，看起来是那么的不可思议，但只要你转变思维、打破思维定势的束缚，就一定会收到理想的效果。定势，是指我们在从事某种活动前的心理准备对后面所从事的活动的影响。我们在一定的环境中工作和生活，久而久之就会形成一种固定的思维模式，使我们习惯于从固定的角度来观察、思考事物，以固定的方式来接受事物。所谓思维定式，就是按照积累的思维活动、经验教训和已有的思维规律，在反复使用中形成的比较稳定的、定型化了的思维路线、方式、程序、模式。定势思维有时会妨碍问题的解决，如果我们想问题的时候总是按照之前的经验或既定的方式去思考，缺乏变通，不能从另一个角度重新审视，太重视经验和习惯，就会像没有把帽子卖出去的宋人一样，缺乏新的问题解决思路。

是的，由于受以往思维定势的影响，我们在做事的时候不容易灵活，因为我们的思想已经定势了。其实，没有人可以将我们捆绑起来，只是我们自己给自己戴上了枷锁，所以，我们必须试着挣脱这个枷锁，放开思维，灵活应变。

毫无疑问，人生是我们最重要的，也是最难办的大事。办成这件大事，当然缺不了经验。因为经验是一个人宝贵的财富之一，可以使人们存处理类似的事情时，缩短时间。但同时，经验也会促成思维定势的形成，为个人套上一条无形的枷锁，在办事时很容易被它套牢，因此必须挣脱这个枷锁。

据说，长久关在笼子里的鸟，如果把它从笼子里放出来，这只鸟也不会飞了。

不仅是鸟，许多人都是这样，当一种东西进入他的思维中时，如果不想要却拿不掉，人们便接受了，不再去努力驱赶那些外界事物的影响。可见，那些束缚人的东西足以毁灭一些人自然的天性，使人成为另一种意义上的奴隶。

世界是经常变化的，人也不能固守着自己的思维而不力求突破自我。有优势的人常常以为倚仗自己的优势就可以无往不利，他忽略了当外面的世界变化时，优势也不会永远保持下去，不挣脱思维定势的枷锁，优势也会变成劣势。

为此，我们要努力挣脱定势思维的束缚，敢于想象，敢于尝试，只有这样，人生才会有所突破。

人生智慧

◇要学会摆脱思维定势的束缚。

◇有些事情，看起来是那么的不可思议，但只要你转变思维、打破思维定势的束缚，就一定会收到理想的效果。

◇世界是经常变化的，人也不能固守着自己的思维而不力求突破自我。

迂回策略，反而更易达到目的

【聊天实录】

我：庄老先生，您对自我突破有何高见？

庄子：我曾讲过这样一个故事：王乃牵而上殿，宰人上食，王三环之。庄子曰："大王安坐定气，剑事已毕奏矣。"于是文王不出宫三月，剑士皆服毙自处也。

我：您这个故事该如何解释呢？

庄子：这个故事的意思就是：赵文王于是牵着庄子来到殿上，厨师献上食物，赵王绕着座席惭愧地绕了三圈。庄子说："大王安坐下来定定心气，有关剑术之事我已启奏完毕。"于是赵文王三月不出官门，剑士们都在自己的住处自刎而死。

我：您的意思是说当初赵文王本来整天与剑士为伍不理朝政，后来经过庄子的游说放弃玩剑，庄子是通过迂回策略来说服赵文王的。您的主要意思是，正面难以取得突破的困难，就要用迂回曲折、曲线救国的方法，迂回难以奏效就正面进攻：总之，只要找到正确的方法，一切难题都会迎刃而解。

庄子：是的，迂回策略，反而更易达到目的。

【解读】 ⤜ **晏婴说齐景公** ⤛

战国时，齐景公的一匹心爱的马突然死去，齐景公非常伤心，一定要杀掉马夫以解心头之恨。众位大臣一起劝阻齐景公不可为一匹马而滥动刑罚，而齐景公却已铁定了心，众人的劝告一概充耳不闻。

这时，相国晏婴走了出来，众臣都以为晏婴也有劝诫齐景公的意思，谁也没有料到，晏婴却明确地表态说："这个可恶的马夫，该杀！"

齐景公

齐景公十分高兴，就把那个心含冤屈的马夫喊来，听晏婴历数他的罪过。

晏婴历数马夫的三大罪状："你不认真饲马，让马突然死去，这是第一条死罪；你让马突然死去，却又惹恼君主使君主不得不处死你，这是第二条死罪。"

听晏婴痛说马夫的前两条死罪，齐景公心中真是乐滋滋的。可晏婴话锋一转，说出了马夫的第三条罪状："你触怒国君因一匹马杀死你，使天下人知道我们的

国君爱马胜于爱人，因此天下人都会看不起我们的国家，这更是死罪中的死罪，罪不可赦！"

听晏婴诉说马夫的第三条罪状，齐景公开始还连连点头微笑。当晏婴说到"使天下人知道我们国君爱马胜过爱人"时，他张开的嘴却定在那里，脸上的表情也一阵红一阵白。晏婴又吆喝一声："来人，按大王的意思还不推出去斩了！"这时齐景公如梦初醒，赶紧对晏婴说道："相国息怒，寡人知错了。"

晏婴没有正面批评齐景公，却达到了劝谏救人的目的，可见，迂回策略通常能取得很好的效果。在这样的场合中，一方面，该说的话不能不说，根本利益不能牺牲，原则不可放弃；但另一方面，关系又不可弄僵，彼此的面子与和气不能伤害。所以，这就需要首先承认对方的实力、地位、权威，甚至他的道理，然后突然转到正题，话虽好听，但实际上却是对对手彻底的否定，达到了自己的目的。

迂回策略，同样达到目的

办事的时候，有人往往会依据经验确定办事的方法和原则，然而这并非总能奏效。善于办事的人遇到难事的时候，会以创新的眼光看待问题，换个角度，绕个方向取得办事的成功。

下文中的老人看起来虽不是那么友善、甚至还透着一点点坏，但同样采用了迂回的方式，达到了目的。

一个刚退休的老人回到老家，在一座小城买了套房子住了下来，想在那儿安静地打发自己的晚年，写写回忆录。

刚开始的几个星期，一切都很好，安静的环境对老人的精神和写作很有益。但有一天，三个半大不小的男孩儿放学后开始来老人家的房子后面玩，他们把几只易拉罐踢来踢去，演练着各种过人和射门的技术，玩得不亦乐乎。

老人曾经出去制止过几次，但他们根本不把这个老头子放在眼里。

于是老人想了一个办法，有一天他出去跟他们谈判。"你们玩得真开心，"老人说，"我很喜欢看你们踢桶玩，如果你们每天都来玩，我给你们三个人每天1块钱。"三个男孩儿很高兴，"玩可以赚到这么多钱，真是太好了。"于是在老人面前更加起劲地表演起他们的脚下功夫来。

过了三天，老人忧愁地说："通货膨胀使我的收入减少了一半，从明天起，我每天只能给你们5毛钱。"孩子们很不开心，但还是答应了这个条件。每天下午放学后，继续进行"表演"。但踢桶的声音明显比以前小了许多，他们的欢声笑语也没有了。

一个星期后，老人忧愁地对他们说："最近金融危机影响到了我的收入，对不起，每天只能给2毛了。"2毛钱？"一个男孩脸色发青，"我们才不会为了区区2毛钱浪费宝贵的时间为你表演呢，不干了。"他们抓起书包，扬长而去，从此再也不来这儿玩了。

从此以后，老人又过上了安静的日子。

可见，世界是经常变化的，人也不能固守着自己的思维而不求突破，在必要时我们要善于改变，而不能一味地用直接的方法办事。改变做事的规则，绕路攻关，其实也是办事的一种切实可行的方法。做事一定要讲究方法和策略，当我们做的事情正面临难以取得突破时，不妨学一下庄子，来一个迂回曲折，曲线救国，反而更易达到目的！

人生智慧

◇迂回策略，反而更易达到目的。

◇办事的时候，有人往往会依据经验确定办事的方法和原则，然而这并非总能奏效。

◇世界是经常变化的，人也不能固守着自己的思维而不求突破，在必要时我们要善于改变，而不能一味地用直接的方法办事。

心有多大，舞台就有多大

我：庄老先生，您对自我突破有何高见？

庄子：我曾讲过这样一个故事：穷发之北，有冥海者，天池也。有鱼焉，其广数千里，未有知其修者，其名为鲲。有鸟焉，其名为鹏，背若泰山，翼若垂天之云，抟扶摇羊角而上者九万里，绝云气，负青天，然后图南，且适南冥也。斥鴳（yàn）笑之曰：'彼且奚适也？我腾跃而上，不过数仞而下，翱翔蓬蒿之间，此亦飞之至也，而彼且奚适也？'"此小大之辩也。

我：您这个故事该怎样解释呢？

庄子：这个故事的意思就是：在那草木不生的北方荒原之地，有一个很深的大海，那是天然形成的。那里有一种鱼，它的身宽有好几千里，没有人能够知道它有多长，它的名字叫作鲲，有一种鸟，它的名字叫鹏，它的脊背像泰山，展开双翅就像天边的云。鹏鸟奋起而飞，翅膀拍击急速旋转向上的气流直冲九万里高空，穿过云气，背负青天，这才向南飞去，打算飞到南方的大海。斥鴳讥笑它说：'它打算飞到哪儿去？我奋力跳起来往上飞，不过几丈高就落了下来，盘旋于蓬蒿丛中，这也算是飞翔的极限了，而它打算飞到什么地方去呢？'"这就是小与大的区别了。

我：您的意思是说大鹏与鴳鸟正代表生活中两种截然不同的人，一种人像大鹏一样拥有极高的境界，他的人生目标绝不会停留在眼前；而另一种人就像鴳鸟那样，鼠目寸光，他的人生成就也就仅限于在草丛中跳跃了。大鹏与鴳鸟的故事可以给我们以足够的启示，你能走多远，你的人生能取得什么样的成就，关键就在于你的人生境界，心界决定你的视界。

庄子：是的，心有多大，舞台就有多大。

【解读】　老鼠改变了李斯的人生观和世界观

李斯

秦朝的丞相李斯，辅佐秦始皇统一并管理中国，立下汗马功劳，可少有人知，李斯年轻时只是一名小小的粮仓管理员，他的立志发奋，竟然是从一次"上厕所"开始的。

那时，李斯26岁，是楚国上蔡郡府里一个看守粮仓的小文书。他的工作是负责仓内存粮进出的登记，将一笔笔斗进升出的粮食进出情况认真记录清楚。

日子就这么一天天过着，直到有一天，李斯到粮仓外的一个厕所解手，这样一个极其平常的小事竟改变了李斯的人生态度。

李斯走进厕所，惊动了厕内的一群老鼠。这群在厕所内安身的老鼠，个个瘦小枯干探头缩爪，且毛色灰暗，身上又脏又臭，让人恶心至极。

李斯看着这些老鼠，忽然想起了自己管理的粮仓中的老鼠，那些家伙一个个吃得脑满肠肥，皮毛油亮，整日在粮仓中逍遥自在。与眼前厕所中这些老鼠相比，真是天壤之别啊！人生如鼠，不在"仓"就在"厕"，位置不同，命运也就不同。自己在上蔡城里这个小小的仓库中做了8年小文书，从未出去看过外面的世界，不就如同这些厕所中的小老鼠一样吗？整日在这里挣扎，却全然不知有"粮仓"这样的天堂。

李斯决定换一种活法，第二天他就离开了这个小城，去投奔一代儒学大师荀况，开始了寻找"粮仓"之路。20多年后，他把家安在了秦都咸阳的丞相府中。

可见，一个人追求的目标越高，他自身的潜能就发挥得越充分，他的才能就发展得越快。人之伟大或渺小都决定于志向和理想，伟大的毅力只为伟大的目标而产生。理想如果是笃诚而又持之以恒的话，必将极大地激发蕴藏在你体内的巨大潜能，这将使你冲破一切困难和险阻，达到成功的目标。

❧ 一个人的境界很重要 ❧

庄子在《逍遥游》中对境界的大小做了这样一段论述："小知不及大知，小年不及大年。奚以知其然也？朝菌不知晦朔，蟪蛄不知春秋，此小年也。楚之南有冥灵者，以五百岁为春，五百岁为秋；上古有大椿者，以八千岁为春，八千岁为秋。而彭祖乃今以久特闻，众人匹之，不亦悲乎！"

这就是境界大小的差别，境界小者绝对不能体会到境界大者的生命境界。一个人若不能提升自己的人生境界，就只能满足于在泥地上匍匐，终生碌碌无为。

汽车大王福特从小就在头脑中构想能够在路上行走的机器，用来代替牲口和人力，而全家人都要他在农场做帮手，但福特坚信自己可以成为一名机械师。于是他用一年的时间完成别人要三年才能完成的机械师培训，随后他花两年多的时间研究蒸汽机，试图实现他的梦想，但没有成功。随后他又投入到汽油机的研究上来，梦想着制造一部汽车。他的创意被发明家爱迪生所赏识，于是邀请他到底特律公司担任工程师。经过十年努力，他成功地制造出第一部汽车引擎。福特的成功，完全归功于他的大心界、大境界，以及人生的正确定位和不懈努力。

迈克尔在从商以前，曾是一家酒店的服务生，替客人搬行李、擦车。有一天，一辆豪华的劳斯莱斯轿车停在酒店门口，车主吩咐道："把车洗洗。"迈克尔那时刚刚中学毕业，从未见过这么漂亮的车子，不免有几分惊喜。他边洗边欣赏这辆车，擦完后，忍不住拉开车门，想上去享受一番，这时，正巧领班走了出来。"你在干什么？"领班训斥道，"你不知道自己的身份和地位吗？你这种人一辈子也不配坐劳斯莱斯！"受辱的迈克尔从此发誓："我不但要坐上劳斯莱斯，还要拥有自己的劳斯莱斯！"这成了他人生的奋斗目标。许多年以后，当他事业有成时，果然买了一部劳斯莱斯轿车。如果迈克尔也像领班一样认定自己的命运，那么，也许今天他还在替人擦车、搬行李，顶多做一个领班。

可见，境界对一个人是何等重要啊！

是的，很多人面对当前的境况，总是不敢有所突破，即使有一天，到了一个更为广阔的空间，已变得狭小的心反倒无所适从了。

实际上，心就是一个人理想的翅膀，心有多大，舞台就有多大。如果不能打碎心中的四壁，即使给你一片大海，你也找不到自由的感觉。只有实现心灵的突破，人生才能自由地遨游在广阔的世界。

是的，心界的宽广度决定了一个人视界的宽广度。因此，一个人的心界决定了一个人的视界。没有生活目标和远大志向的人，只会变得慵懒，只会听天由命，永远不会有所突破，永远不会把握成功的契机，永远不会有所创造和发明，所以，要永远记着：心有多大，舞台就有多大。

人生智慧

◇心有多大，舞台就有多大。

◇心界的宽广度决定了一个人视界的宽广度。

◇没有生活目标和远大志向的人，只会变得慵懒，只会听天由命，永远不会有所突破，永远不会把握成功的契机，永远不会有所创造和发明。

第六章

庄子与我聊自我快乐

　　人生的前方是什么？是一片更为辽阔的天空！生活本身并不允许每个人身上背负太多负荷与让人不快乐的东西，所以，人的一生中，如果把那些伤心事、烦恼事、无聊事都牢记心中，那么你就永远不可能快乐起来。但如果能够乐观积极地面对生活、懂得知足常乐、打开心灵的枷锁、珍惜自己所拥有的……相信你会感到自己永远都是那么幸福与快乐！

摒弃悲观，乐观成就美好的人生

【聊天实录】

我：庄老先生，您对自我快乐有何高见？

庄子：我曾说过：外化而内不化。

我：您这句话该如何解释呢？

庄子：这句话的意思就是：外表适应环境变化，但内心却保持本真的自我。

我：您的意思是说您认为只有本质保持不变，才能够以不变应万变。只要保持一种乐观的态度，无论遇到什么事，都可以拥有快乐。

庄子：是的，摒弃悲观，乐观成就美好的人生。

【解读】 学会笑对一切苦难与不幸

她原本有一个幸福美满的家庭：丈夫温柔体贴，儿子聪明可爱。可在儿子10岁那年，一场疾病夺去了他尚未成年的生命。中年丧子的打击使她悲痛欲绝，她整日以泪洗面，对于丈夫和亲朋好友的劝导，她也置之不顾。最后，她还决定放弃工作，离开家乡，把自己藏在眼泪和悲愤之中。

就在她整理儿子的遗物时，突然看到儿子以前的日记本，泪眼蒙眬中，她打开来一篇篇地往下看，一直看到儿子生前写的最后一篇日记，上面有这样一段话："我永远也不会忘记妈妈教我的那些真理：不论活在哪里，不论我们分离得有多么远，你都要微笑，要像一个男子汉一样承受所发生的一切！"

她把那篇日记看了一遍又一遍，觉得儿子就在她的身边，正在对她说："你为什么不照你教给我的办法去做呢？撑下去，无论发生什么事情，把你个人的悲伤藏在微笑底下，继续过下去！"

于是，她开始振作起来，回到正常的生活轨迹，并开始友善地对待身边的每一人，久违的笑容也再次回到她的脸上……

三年后，她和丈夫又生了一个儿子，看着丈夫幸福的表情，看着儿子可爱的笑脸，她觉得自己的人生又重新翻开了崭新的一页。

是的，人生不如意者十之八九，人只有具备了笑对一切的豁达心态，才不会被挫折和不幸打倒，不会陷入痛苦的深渊里不可自拔，也才能最终奏响"生命进行曲"的最强音，让成功的路在脚下无限延伸……

要始终有着乐观的心态

日日是好日，即是：春有百花秋有月，夏有凉风冬有雪。若无闲事挂心头，便是人间好时节。

自然界有无数美景，如果能抛开诸多杂事用心去欣赏，去感受，那么就能获得一份美好的心情。对于那些杞人忧天的人来讲，整日惶惶不安，无心去生活，那么每一天都是世界末日。正所谓：乐观的人眼里，选择看到希望之所在；悲观的人心中，看到的只是绝望。

一切事物都是按照因果规律发展的，只要我们顺随因果规律办事，那么我们做事就能顺利，就会事半功倍。不要去刻意攀缘，不要强求，不要去执着，这些只会增加我们的负担。

或许，一念之间，人生就大相径庭。

"用笑脸来迎接悲惨的命运，用百倍的勇气来应付自己的不幸。"这是鲁迅先生的谆谆教诲。人的一生跌宕起伏，不可避免会遇到一些挫折与不幸，例如，考试落榜、爱情失意、事业受挫、病魔侵袭、亲人远离……面对这些挫折与不幸，许多人反应过度，很长时间缓不过劲儿来。而有的人却能很快度过，重返正常的

生活轨道，究其原因，主要在于后者比前者多了一份豁达的心态。

其实，乐观就像心灵的一片沃土，为人类所有的美德提供丰富的养分，使它们健康地成长。它使你的心灵更加纯净，意志更加坚强。它，就像最好的朋友一样陪伴着你的仁慈，像尽职尽责的护士一样呵护着你的耐心，像母亲一样哺育着你的睿智，它是道德和精神最好的滋补剂。马歇尔·霍尔医生曾对自己的病人说过："乐观的态度，是你最好的药。"所罗门也曾说："乐观的心态，就是最强劲的兴奋剂。"

保持乐观的态度并不是件容易的事情，有人曾把它比喻成"心灵的晴天"，正如我们所知道的，晴天并不是每天都可以出现。乐观使人心态平和，它像一曲永恒的音乐，让我们重获力量和希望，而接连不断的折磨和苦难却使人烦躁、焦虑，一点一点地磨灭你乐观的心情。

从众多的传记中，我们可以了解到，古往今来，那些天赋禀异的伟人们，大多都具有乐观的生活态度——他们不为名利、金钱或权势所动，在平静中享受着生活的乐趣，迸发自己的激情，例如荷马、贺拉斯、维吉尔、蒙田、莎士比亚以及塞万提斯等，他们的作品都很好地反映出这一点。在他们经久不衰的著作中，充分表现出那种对平静和乐观的追求。

乐观向上的人物，举不胜举，我们在这里要提到的还有路德、莫尔、培根、达·芬奇、拉菲尔，以及麦克尔·安吉洛等。他们之所以快乐，是因为把毕生的精力都投入到为之奋斗的事业中，享受着工作的乐趣——用他们的博学不断地创造美好的生活。

但在生活中，并不是所有的人都会有乐观的生活态度，有的人对生活就很悲观，这是与乐观截然相反的生活态度，不同的生活态度也就决定了他们不同的人生结果。乐观之人对生活充满希望，在希望的引领下，他会积极进取，直到获得成功；悲观之人则对生活充满失望，在失望的打击下，他会怨天尤人，找不到人生目标，浑浑噩噩，直至终老，一事无成。

或许有人说，有些事就是不会让人有好心情，让你乐观不起来。其实，任何事情都不是绝对的，都是相互联系的，在特定的条件下可以相互转化。有时我们只要稍微调整一下心情，换一个视角看问题，就可以变"悲观"为"乐观"，关键看你是不是有乐观的心态。

歌德说："人之所以幸福，是因为他的心灵感到幸福。"乐观的人终将成就乐观的人生，悲观的人只能躲在岁月的角落里偷偷地哭泣。面对人生，我们所能选择的就只有乐观，乐观能使人战胜挫折，给人以希望，赋予人们力量，它使人笑对人生，使事业成功，家庭幸福。乐观是幸福的种子，是快乐的源头，是生活的开心果。乐观的滋味是甘甜和醇香，是清新和清凉，乐观使我们心潮澎湃，心想事成，心心相印，心花怒放，乐观的感觉真的很好。

悲观能使人精神萎靡，眼界狭窄，没有自信，悲观失望。悲观是浇灭理想之火的水，是事业成功的绊脚石，是家庭幸福的拦路虎。悲观是失望的兄弟，是失败的根源，是苦恼的要素，是烦恼的土壤。悲观之树只能开出苦涩的花，结出烦人的果。悲观使人心烦意乱，心存疑虑，心急火燎，心急如焚，悲观的滋味很不好受。

因此，我们所追求的，应该是那种既不失去自我，又能适应社会规则的生活状态，这实际上也就是庄子所说的"外化而内不化"的境界。

不过，值得注意的是，真正的乐观，不是盲目的乐观，不是对未来不切实际的狂想，同样也不是面对困难毫无畏惧和不假思索的前进。真正的乐观态度，是知道人生会遇到困难和挫折，也相信人生的道路不会一帆风顺，肯定有艰难险阻，但是，他始终相信经过自己的努力会获得成功，对生活和生命抱着积极的、乐观的看法。他们面对困难和挫折，是积极的面对，他们不断学习，积极寻找解决的方法，直至成功，这样，人生会变得更加完美。

所以，不管做什么事，永远都不要去听信那些习惯于消极悲观看问题的人，因为他们只会粉碎你内心最美好的梦想与希望，而是应该记住那些充满力量的话语，因为这些充满力量的话语会影响你的行为，让你总是保持积极乐观的心态！

是的，人生的美丽在于人性的美丽，人性的美丽在于令人愉快的个性。要将他人吸引到自己身边，首先要拥有一颗积极、乐观的心。永远记住：只要人始终都能以豁达乐观的心态笑对人生，那么，就能让痛苦与烦恼远离自己，就能将一切挫折和坎坷锤炼成通向平安和幸福的阶梯。

人生智慧

◇摒弃悲观，乐观成就美好的人生。

◇人之所以幸福，是因为他的心灵感到幸福。

◇人生的美丽在于人性的美丽，人性的美丽在于令人愉快的个性。

活在当下，学会享受此刻的快乐

【聊天实录】

我：庄老先生，您对自我快乐有何高见？

庄子：我曾说过：夫适人之适而不自适其适，虽盗跖与伯夷，是同为淫僻也。

我：您这句话该如何解释呢？

庄子：这句话的意思就是：贪图达到别人所达到而不安于自己所应达到的境界，无论盗跖和伯夷，都同样是偏僻的行径。

我：您的意思是说您认为形体劳累而不休息就会疲乏不堪，精力使用过度而不停歇就会充气劳损，精力枯竭。无论高贵低贱，人都应认清自己，不要崇尚自己达不到的境界，徒增烦恼，而应该在现实中学会享受真实的自己。

庄子：是的，活在当下，学会享受此刻的快乐。

【解读】 ❧ **把握现在，活在当下** ❧

西汉时期，汉宣帝刚一继位，便颁布了一道诏令，要把祭祀汉武帝的"庙乐"进行升格。但是，诏令刚一颁布，汉宣帝就接到了光禄大夫夏侯胜的反对意见，一时间之间，满朝哗然，夏侯胜只是一介臣子，竟然敢于反对皇上的诏书，这还了得？于是，群臣马上联名给汉宣帝上了一道奏章，说夏侯胜这是"大逆不道"。同时，这些大臣还把不肯在奏章上签名的黄霸也一

汉宣帝

块给弹劾了，其罪名就是"不举劾"。很快，夏侯胜和黄霸便一块被抓起来了，而且都被定了死罪，就等待秋后问斩了。

夏侯胜是当时一位著名的学者，尤其精通儒家经典，在性情上，他向来刚正不阿，既不阿谀逢迎，更不会向邪恶势力低头。这次他只是觉得皇上的做法有些过分，便提出自己的意见，没想到却遭此大辱。想想皇上对自己如此薄情，不禁悲从心起，又想到人生是如此的无常，更是觉得心灰意冷。

再说那个黄霸，自己本来好好的，平时也不招惹谁，这一次却仅仅因为自己不愿意与那些人同流合污，结果落得这样的下场，可以说他比夏侯胜还冤。但是，黄霸却是一个十分乐观、豁达的人，更是一位喜欢学习的人。在这之前，他一直很仰慕夏侯胜这位大儒，而且早就产生了结交之意，只是平时由于公务繁忙，无缘亲近，没想到这一次自己竟然和夏侯胜被关在同一间牢房里。黄霸心想："自己原来每天忙于工作，没有时间向这位大儒请教，现在终于有时间了，而且良师就近在眼前，为什么不赶紧向他求教呢？"于是，黄霸便诚恳地向夏侯胜求教。夏侯胜先苦笑，然后叹着气说："唉！咱们现在已经是快死的人了，还要那么多学问有什么用呢？"但黄霸并没有放弃，他微笑着说："孔子曾经说过：'朝闻道，夕死可矣。'所以，我们应该活在当下，把握现在，只要能够学有所得，心有所悟。今天的我们就是快乐的，何必要去管那虚无缥缈的明天呢？"夏侯胜一听，觉得

很有道理，于是大受鼓舞，当即便答应了黄霸的请求。从此，夏侯胜和黄霸便每天在牢房中席地而坐，一起钻研学问。夏侯胜悉心地讲授，黄霸更是尽心地听讲，学得津津有味，每次研读到精妙处，两人甚至还拊掌而笑，弄得那些狱吏也觉得莫名其妙，因为他们实在搞不懂，两个即将被处死的人，怎么还会如此快乐呢？

没过多久，秋天就到了，这时，有人便提醒汉宣帝该杀夏侯胜和黄霸了。宣帝于是派人到狱中去看看这两个人到底在干什么，是否已经悔改了。其实，宣帝心中很明白，夏侯胜和黄霸罪不至死，自己也不想真的杀掉他们，但自己又不好意思直接说，所以想给自己找一个台阶下。但没想到的是，派去调查的人回来后，还是跟宣帝讲了实话，说夏侯胜和黄霸每天以读书为乐，面无忧色。汉宣帝一听，心中十分不满，但转念一想，觉得这两个人确实是难得的贤才，更不忍心将他们杀掉，所以便将此案一直拖着。

而夏侯胜和黄霸虽然身在监牢之中，但决意活在当下的他们早已心无阻碍。可以说，已经没有什么东西能够束缚住他们的心灵了。因为每天都过得很开心，所以牢狱生活对于他们来说，非但不是煎熬，反倒使他们觉得很充实；由于把所有的时间和精力都花在研究学问上，精益求精，所以他们的思想更是有了很大的长进。

不久之后，汉宣帝开始大赦天下，夏侯胜和黄霸终于出狱了。但他们出狱后，并没有像其他囚犯那样被驱逐回老家，而是被皇帝直接召见，并任命夏侯胜为谏大夫，继续留在皇帝身边，而黄霸则被派到扬州去做地方长官。

由于夏侯胜为人正直，而且学识渊博，所以皇帝又派他去给太子当老师。后来，夏侯胜以九十岁的高龄逝世时，太子为了感谢师恩，还专门为他穿了五天素服，天下的读书人更是引以为荣。而黄霸被派到扬州当地方长官之后，更是以务实的工作态度，为当地百姓做了很多好事，政绩卓著，名扬天下，很快就被皇帝召回来做宰相。

由此可见，牢狱之灾是夏侯胜和黄霸命运的转折点，他们从过去风光无限的士大夫，一下子就沦落为阶下囚，而且还是死囚犯。这样的转折，不管对谁来说，都太大了，太让人难以接受了。但是，这个转折对于他们来说，又何尝不是新的起点呢？我们可以想象一下，当琅琅的读书声，从那黑暗而恐怖的监牢中传出来时，那是多么的令人震撼呀！更为重要的是，从他们时时发出来的欢笑声中，足以证明他们已经懂得人生的意义就是把握现在，活在当下。

学会享受当下的快乐

在繁忙的生活中，我们应该学会享受，而最好的享受就是享受我们正在做的而不是即将做的事情，就如梭罗所说的"享受当下"。

那么，什么才是享受当下呢？

佛家说："见了便做，做了便放下，了了有何不了。"这样的一种心态，虽然在表面上看来好像很消极，但实际上却包含着一种大智慧，因为它让你明白，只要活在当下，把握现在，便活出了未来。

其实，活在当下的真正含义来自禅。

有人问一个禅师："什么是活在当下？"

禅师回答："吃饭就是吃饭，睡觉就是睡觉，这就叫活在当下。"

是的，最重要的事情就是现在你做的事情，最重要的人就是现在和你一起做事情的人，最重要的时间就是现在。

佛家常劝世人要"活在当下"，所谓"当下"就是指你现在正在做的事、待的地方、周围的人。"活在当下"就是要你把关注的焦点集中在这些人、事、物上面，全心全意认真去接纳、品尝、投入和体验这一切。

活在当下是一种全身心地投入人生的生活方式。当你活在当下，而没有过去拖在你后面，也没有未来拉着你往前时，你全部的能量都会集中在这一时刻，生命因此具有一种强烈的张力。

人们之所以总是会有这样或那样的麻烦，是因为人们总是生活在过去或者未来当中，而往往被我们所忽视或者不予理会的则往往是我们生活的"当下"。一个真正懂得活在当下的人，能在快乐来临的时候就享受快乐，痛苦来临的时候就迎着痛苦，既不回避，也不逃离，以坦然的态度来面对人生。

活在当下就要安于当前的现状，要相信每一时刻发生在你身上的事情都是正常的，并把事情往好的方面去看。如果一味抱怨现状不好，不能活在当下，就会失去当下。

是的，人活在当下，应该放下过去的烦恼，舍弃未来的忧思，顺其自然。应把全部的精力用来承担眼前的这一刻，倘若不能珍惜今天，也就无法向往明天。只有像庄子这种跳出现实缠缚的智者，才能真正享受当下的美妙啊！人生在世，对于茫茫宇宙来说，终究不过如白驹过隙，所以我们唯有认真地活在当下，才是积极而真实的人生态度。

人生智慧

◇活在当下，学会享受此刻的快乐。

◇一个真正懂得活在当下的人，能在快乐来临的时候就享受快乐，痛苦来临的时候就迎着痛苦，既不回避，也不逃离，以坦然的态度来面对人生。

◇人活在当下，应该放下过去的烦恼，舍弃未来的忧思，顺其自然。

莫要贪恋物欲，知足才能常乐

【聊天实录】

我：庄老先生，您对自我快乐有何高见？

庄子：我曾说过：鹪鹩巢于深林，不过一枝；偃鼠饮河，不过满腹。

　　我：您这句话该如何解释呢？

　　庄子：这句话的意思就是：一只鹪鹩在广袤的森林中筑巢，所占用的不过是一棵树枝；鼹鼠到一条大河边饮水，不管多么能喝，也不过是喝满肚子。

　　我：您的意思是说物质世界是无穷的，而人所能真正享有的却十分有限，哪怕用尽了心力去拼命地占有，最后能握在手里的也终究有限。人出生的时候双手紧握，仿佛跟世界宣告我要拥有一切，可人死的时候却是双手撒开，一丝一毫都带不走。

　　庄子：是的，莫要贪恋物欲，知足才能常乐。

【解读】　　快乐的真谛——知足

　　从前，有个非常有钱却很吝啬的贵族，他最高兴的事情就是发财，但是如果让他为别人花一个小钱，他都会非常不高兴，大家全都管他叫吝啬鬼。而这个吝啬鬼最发愁的是明天赚不到大钱，最担忧的是子孙将来守不住他的财产，这些忧愁常常搅得他吃不香睡不着。

　　一天，都城来了一个修道的圣人，很快百姓就传开了：说这个圣人可以满足任何人的任何愿望。贵族一听，高兴坏了，心说一生中的最大愿望就要实现了。他立即来到圣人住的庙里，把自己的愿望告诉圣人。圣人说："你的愿望一定能够实现，不过有一个条件。"贵族吓了一大跳，怀疑圣人是想叫他施舍财物，可他又想，自己的最大愿望就要实现了！管他提什么要求呢！一咬牙说出了平生从来没说过的话："什么条件？圣人啊，请说吧，我一定会照办的。"

　　圣人说："你家旁边住着一户人家，家中只有母女俩，明天你给她们送一点粮食去。"贵族心想，这比起他要实现的最大愿望，简直算不上什么，于是，高高兴兴地答应了。

他拿着一小袋粮食来到那户人家里的时候，那母女俩正快快乐乐地忙着干活。他对母女俩说："请收下这点儿粮食吧，这样你们就有吃的了。"那母亲说："谢谢你，今天我们有粮食吃，我们不要，你拿回去吧！"贵族说："过了今天，还有明天，你们留着明天吃吧！"那母亲却坦然地说："明天的事我们不担心，我们从不为明天的事情发愁，天无绝人之路，老天爷不会让我们饿死的！"说完又埋头干活去了。

听了这话，贵族先是惊愕，接着似乎恍然觉悟。他感到无地自容，赶快离开穷人家，来到圣人那里，非常恭谨地行了个礼，说："圣人啊，我感谢您满足了我的最大愿望，是您给了我幸福的钥匙，说真的，不知足的人在这个世界上是永远不会找到幸福的。"

是的，知足者常乐，不知足者常忧。他要是不知足，就永远不可能获得幸福；他要是知足，幸福就会不请自到。

贵族一直在找幸福，他以为快乐的钥匙在圣人手中，没想到这把钥匙竟然在穷邻居那里，他从穷邻居的言谈中悟到了快乐的真谛——知足才能常乐。

❧ 知足才能常乐 ❧

物质的东西、口腹之欲这些身外之物只是全我身心的养料，生不带来死不带去，但却有太多的人背负着不断追求物欲的包袱，去追逐那些身外的利益。

对金钱物质和权力的贪婪常常会使人失去自我，失去人性，失去原则，失去理智，失去亲情、感情、人情，甚至会干出利令智昏的蠢事。

《列子·说符》中有这样一个故事：从前齐国有个想得到金子的人。一天清早，他穿好衣服，戴好帽子，来到集市上，走到卖金子的地方，抓了金子就走。巡官抓住了他，问他："人们都在场，你怎么敢抢人家的金子呢？"那人回答说："我抓金子的时候，根本没看到人，眼里只有金子。"

这就是一个被物欲蒙住了双眼的蠢人，退一步说，即便得到了金子，也未必就真的幸福快乐了。

老街上有一家铁匠铺，铺里住着一位老铁匠。你无论什么时候从这儿经过，都会看到他在竹椅上躺着，身旁是一把紫砂壶。他的生意没有好坏之分，每天的收入正够他喝茶和吃饭。他老了，已不再需要多余的东西，因此他非常满足。

一天，一个文物商人从老街上经过，偶然看到老铁匠身旁的那把紫砂壶，因为那把壶古朴雅致，紫黑如墨，有清代制壶名家戴振公的风格。他走过去，顺手端起那把壶，他看到壶嘴内有一记印章，果然是戴振公的。商人惊喜不已，端着那把壶，想以10万元的价格买下它。当他说出这个数字时，老铁匠先是一惊，后又拒绝了。壶虽没卖，但商人走后，老铁匠有生以来第一次失眠了。这把壶他用了近60年，并且一直以为是把普普通通的壶，现在竟有人要以10万元的价钱买下它，他转不过神来。过去他躺在椅子上喝水，都是闭着眼睛把壶放在小桌上，现在他总要坐起来再看一眼，这让他非常不舒服。特别让他不能容忍的是，当人们知道他有一把价值连城的茶壶后都怀着各种各样的目的蜂拥而至，他的生活被彻底打乱了，他突然明白了该怎样处置这把壶。

当那位商人带着20万元现金第二次登门的时候，老铁匠再也坐不住了，他招来左右店铺的人和前后邻居，拿起一把斧头，当众把那把紫砂壶砸了个粉碎，从此，他的生活又恢复了平静与快乐，据说他今年已经102岁了。

这位老铁匠就是一位超脱了物欲束缚的高人，所以他最终成为一个幸福的人，得以优游卒岁，乐享天年。其实，人生的乐趣并非来自物欲，而是来自用单纯、坦然的心来看待世界、看待人生的热忱。只有那些不将眼睛盯在物质上，不把心浸泡在物欲里的人，才能集中精力追求心灵和精神上可贵的东西。

有一种人，眉眼之间洋溢着和平的神气，动不动笑容满面，说起话来风趣横生，不忧不怨的人，是属于知足常乐的一型。

自满与知足从字面上看来，仿佛都是对自身情况感到满意的反应，实际上两者的内心的出发点和由外的表现给人的感受，却是大不相同的，其间境界的高低更是差之千里。而从根本上说，知足也罢，自满也罢，与外在客观条件并不一定有相互的关联，一个人自觉得生活到这个程度，于愿已足，并不代表他的生活真的一定就无懈可击，样样可打满分，主要是他能衡量自身的能力，正视客观的条件，不妄想不贪求，也不去与他人比高下，能够以宽容坦荡的心去对待生活，使自己的人生不受外界的影响和干扰，随缘地和平度过。

知足常乐也许有人认为不符合社会发展潮流。譬如，今天的社会无处无时不在竞争，名、利、权，永嫌不足，争得到的趾高气扬、争不到或争得不够的怨懑颓丧，你却不争、不怨，亦不说酸溜溜的话去损别人，仍然乐呵呵地过日子，说不定有的人就会认为你是胸无大志，没出息或没能力，很可能由此就看轻了你。

知足的人本身就不在乎这些外在的评语，因为他活着是为了自己快乐。知足并不代表不进取、不进步或拒绝竞争，而仅仅是表明了一个人对本身的存在，和对这个与他人共处的社会的态度，可以说是洞察人间百态、看透世事无常后的一种大彻大悟的坦荡胸怀。

所以说，懂得知足的人才能常乐，不用每天面对纷纷攘攘的世界不知所措，不用处心积虑地去对付别人，每天活在自己快乐的世界，这样的快乐才能长久。

人 生 智 慧

◇莫要贪恋物欲，知足才能常乐。

◇知足者常乐，不知足者常忧。

◇人生的乐趣并非来自物欲，而是来自用单纯、坦然的心来看待世界、看待人生的热忱。

打开心灵的枷锁，找回自己的快乐

【聊天实录】

我：庄老先生，您对自我快乐有何高见？

庄子：我曾说过：近死之心，莫使复阳也。

我：您这句话该如何解释呢？

庄子：这句话的意思就是：他们心灵闭塞好像被绳索缚住，这说明他们衰老颓败，没法使他们恢复生气。

我：您的意思是您极力推崇逍遥之道，做人的心境要开阔自由，无拘无束。生活中大道理容易明白，事情做不好常有，而人善于给自己做一个心灵的笼子，却出不来。只有抛开一切俗务、杂念，但自己的心灵游于八极之外，挣脱心灵的樊篱，不为俗物所累，自由自在。

庄子：是的，打开心灵的枷锁，找回自己的快乐。

【解读】 〜〜 **被铁链禁锢的大象** 〜〜

一个小孩看完了精彩的马戏团表演后，跟在父亲身后去喂养表演完的动物，小孩看见一头大象，不解地问："爸爸，大象有那么大的力气，而它的脚上只系着一条铁链，难道它无法挣开那一条铁链逃走吗？"

父亲微笑着耐心地说道："是的，大象挣不开那条细细的铁链，因为在大象还小的时候，驯兽师就用那条细细的铁链系住了大象，那时候大象也想挣脱这条小小的铁链，可是挣扎了几次都没能挣脱，于是，它就放弃了这个念头，觉得自己根本无法逃脱，也就不再挣扎了。因此，它长大以后，尽管已经有了足够的力

气挣脱铁链，但是它的心灵已经被禁锢，不愿意再尝试了，那条铁链不只拴住了它的腿，更拴住了它的心灵。"

实际上，在现实生活中，很多人感觉生活难、生活累，感到无奈与迷惘，都只是因为被自己营造的心灵监狱所监禁，这时的人们就像习惯了被拴着的马戏团里的大象一样。我们人类呢？其实，每个人都会被一条看不见的铁链束缚着，并把它当作理所当然的。很多人只是惊羡别人所取得的巨大成就，当有人提议"其实你也可以通过努力获取这样的成功"时，自己却极力地否定："怎么可能，我怎么能够和人家比，我不行的。"结果他只能是一个默默无闻的人。

正是因为这种心灵的束缚，我们独特的创意被自己抹杀，认为自己无法成功致富；以为自己难以成为配偶心目中理想的另一半，觉得自己不是父母心目中有出息的孩子……心灵的枷锁阻碍了我们前进的道路，使我们向环境低头，甚至于开始认命服输、一蹶不振或者怨天尤人、自怨自艾。

而这一切的一切，都只不过是我们心中那条束缚自我的铁链在作祟罢了。所以，努力改变我们的心态吧，让自己变得坚强一点，变得勇敢一点，只要你轻轻用力，就可以挣脱束缚，为什么不试一下呢？不要太多地在乎别人的看法，不要被一些陈规旧俗牵绊，走自己的路，让别人说去吧。挣开消极习惯的束缚，发挥自我的内在潜力，你将有能力改变自己所处的环境。没有尝试的勇气，就不会有涅槃新生后的喜悦。只要你用力冲过去，就会突破樊篱，重获自由的快乐。

打开心灵的枷锁，就能重获自由

庄子是倡导自由思想的自由主义者。

自由的外在表现好像非常重要，在没有自由的国家尤其如此。但是，如果我们深入地探索自由的意义——内在的、完全的、全体的自由，并因此表现在外在的社会和种种关系之上，那么我们不禁要问，人的心既然受到这样重重的制约，还能自由吗？

人的心是否只能在它所受的种种制约之内存在、运作，因此绝不可能自由。其实我们已经看到，人的心说起来是认为这个人不论内在或外在都无自由可言，所以已经开始发明另一个世界的自由，发明未来的解脱、天堂等等。

诚然，我们的心是受制约的，这是明显的事实，我们的心总是受某文化或社会的制约，受各种感受、种种关系的紧张与压力，经济、气候、教育等因素，宗教的强制性等影响。

相对于我们普通人来说，自由最大的敌人是贫穷。今天，我们失去了自由，主要是因为头脑被金钱打扰得太多。

虽然没有钱必定是输家，但有钱，也并不一定是赢家。金钱能给我们带来许多东西，如满足生活的需要，可以花钱治病，可以让我们过得好一点，还可以满足心理的平衡，等等，它的确能帮我们解决许多问题。但是，它却不能解决最后一个问题，即心灵自由的需要。也就是说，钱相对于有灵性的人来说，它是低层次的，它只是为了满足人的某些需要，不可能解决人的自由问题。对于一个平庸的人来说，有钱的确已经足够了，但对于自由生活者，对于一个想真正得到心灵愉悦的人来说，那是远远不够的。

庄子渴望自由，愿意快乐潇洒地活着，哪怕只是穷快乐、穷潇洒。

庄子并不是一名迂腐的文士，贫穷并不可怕，不自由才可怕。正是在贫穷的生涯中，庄子的自由思想才得以前进，并越走越远。

在《庄子》中记载了这样一则故事：

庄子身穿打了补丁的粗布衣服，并用麻丝工整地系好鞋子走过魏王身边，魏王见了说："先生为什么如此潦倒呢？"

庄子说："是贫穷，不是潦倒。士人身怀道德而不能够推行，这是潦倒；衣服坏了鞋子破了，这是贫穷，而不是潦倒，这种情况就是所谓的生不逢时。大王没有看见过那跳跃的猿猴吗？它们生活在楠、梓、豫、樟等高大乔木的树林里，抓住藤蔓似的小树枝自由自在地跳跃而称王称霸，即使是神箭后羿和逢蒙也不敢小看它们。等到生活在柘、棘、枳、枸等刺蓬灌木丛中，它们便小心翼翼地行走而且不时地左顾右盼，内心震颤，恐惧发抖，这并不是筋骨紧缩有了变化而不再灵活，而是所处的生活环境很不方便，不能充分施展才能。如今处于昏君乱臣的时代，要想不潦倒，怎么可能呢？对于这种情况，比干遭剖心刑戮就是最好的证明啊！"

庄子一辈子都是在清贫中度过的，魏王看见他时也穿得十分破烂，但庄子却可以理直气壮、中气十足地说"是贫穷，而不是潦倒"。这则故事衬托出庄子内在的清高，彰显了庄子为了追求思想自由而忍受贫穷的理论。他在清贫中过着一种恬淡寡欲的生活，却创造出了一个奇异瑰丽的自由思想世界，给后人奠定了"不自由，毋宁死"的民主思想基础。

徐复观先生在他的《中国人性论史》一书中，这样描述庄子的思想形成过程："形成庄子思想的人生和社会背景，乃是在畏惧、压迫的束缚中想求得精神上的自由解放。庄子认为在战国时代的人生，受各种束缚压迫的情形，有如用绳子吊起来，或用枷锁锁起来一样。"

正是因为这样的"不自由"现实，庄子才要教众人走一条通向自由的道路。庄子已经走出了一条这样的路，但后来者却无法跟踪庄子的脚步亦步亦趋，还需要走出一条属于自己的自由之路。

其实，我们的心灵是一只自由的小鸟，可以飞得很高很远，但在现实中，这只"小鸟"却被戴上了沉重的枷锁，失去了飞翔的自由。然而，给心灵戴上枷锁的不是别人，正是我们自己，怯懦、固执和贪婪消磨了我们的信心和勇气。

心灵是自己做主的地方，但是人们却也很容易被种种烦恼和欲望所捆绑，给心灵戴上枷锁，把自己束缚起来。在现实生活中，我们总是被一些东西制约着，如害怕挫折和失败，不想被别人嘲笑和看不起等，结果却束缚了自己的手脚，使自己裹足不前。

在今天的社会中，一个人心灵上总有各种各样的重重叠叠的枷锁，如何使自己在这个社会中摆脱各种各样的枷锁，如何能够获得自由，庄子在为我们指出一条天马行空独往独来的道路。人的天性就是不喜欢束缚，是崇尚自由的，如果没有自由，一个人的生命很快就会萎缩，甚至走向死亡，"野马与尘埃相吹"是庄子的潇洒精神。

雨果曾说："世界上最宽阔的东西是海洋，比海洋更宽阔的是天空，比天空更宽阔的是人的心灵。"然而人们却让自己的心灵变得越来越狭窄，越来越闭塞，渐渐地，心灵就套上了笼子。事实上，心灵的笼子是自己套上去的，而一旦走不出那种所谓的虚荣浮华，你就会活得很累。抛开那些过多的物欲让自己活得自由一些吧！有自由才有快乐，打开心灵的枷锁，找回原本属于自己的快乐！因为快乐才是你来人世的根本目的。

人 生 智 慧

◇打开心灵的枷锁，找回自己的快乐。

◇在现实生活中，很多人感觉生活难、生活累，感到无奈与迷惘，都只是因为被自己营造的心灵监狱所监禁。

◇世界上最宽阔的东西是海洋，比海洋更宽阔的是天空，比天空更宽阔的是人的心灵。

珍惜自己所拥有的，自然开心快乐

【聊天实录】

我：庄老先生，您对自我快乐有何高见？

庄子：我曾说过：不利货财，不近贵富；不乐寿，不哀夭；不荣通，不丑穷。

我：您这句话该如何解释呢？

　　庄子：这句话的意思就是：不贪图财物，也不追求富贵；不把长寿看作快乐，不把夭折看作悲哀；不把通达看作荣耀，不把穷困看作羞耻。

　　我：您的意思是说您认为财物和富贵都是身外之物，长寿和夭折也是自然的法则，通达和穷困更是相辅相成，所以没有必要为这些而忽视了自己所拥有的东西。事实上，一个人如果不懂得珍惜自己的拥有，就不可能懂得真正的快乐。

【解读】　　　　幸福与快乐就在身边

　　有一位年轻人，从小就立下远大的志向，长大后一定要出人头地，成为一个最富有的人。

　　然而，年轻人渐渐长大后，残酷地现实却把他小时候的梦想一个个地击碎了，在经过了一系列的打击和挫折之后，年轻人开始把自己内心的苦闷转变成了愤恨，他开始恨自己周围的人，恨那些富有的人，甚至恨这个世界，因为他实在弄不明白，为什么自己付出了那么多，到头来却还是一无所有。

　　有一天，年轻人遇见了一位老者，那位老者从年轻人的眼神中，读出了他的忧郁与愤恨。

　　于是，老者便问他："年轻人，你现在拥有如此丰厚的财富，为什么还不快乐，反倒如此忧郁呢？"

　　年轻人一听，以为老者是在挖苦自己，便没好气地回击："丰厚的财富？它在哪里呢？是你要给我吗？"

　　老者微微一笑，说："是呀！你有一双很明亮的眼睛。只要你愿意把你的那双眼睛给我，我就可以把你想得到的财富都给你。"

　　"不行，我不能失去眼睛的，你给多大的财富我都不能换！"青年人回答。

"那好，既然你不愿意把眼睛给我，那就把你的双脚给我吧，我可以送给你一座金山！"

"那也不行，我不能失去双脚的！"年轻人仍然坚定地回答。

"好，那么，把你的双手给我吧，我会送给你一套豪华的别墅作为补偿！"

"不要再说了，我身上的这些东西都是不能失去的，所以不管你拿什么财富来跟我交换，我都不会同意的！"年轻人有些恼火地回答。

"对呀，年轻人，既然有一双眼睛，你就可以不断地开拓自己的眼界；既然有一双脚，你就可以经常跋山涉水，去体验大自然之美；既然有一双手，你就可以不断地探索未来……现在，你自己看到了吧，在你身上拥有着多么丰厚的财富啊！你怎么会不快乐呢？"

听完老者的话，年轻人顿时恍然大悟，向老者深深地鞠了一躬，然后满怀高兴地走了！

是的，当我们年轻时，不知道什么是幸福，什么是生活，总以为幸福在别处，别人才是自己的归宿，总盼望着别处不同的生活，总以为那未知的生活一定是好的，所以不停地追寻，直到有一天猛然发现幸福原来就在这里，就在此时。享受自身的吃、喝、拉、睡，享受各种甜、酸、苦、辣，才是生命的真谛。

❧ 珍惜自己所拥有的 ❧

曾经有一个不会游泳的人不小心掉到水里了，经过一番垂死的挣扎后，他终于被救上岸来，苏醒过来后，他说出的第一句话竟然是："能够呼吸到空气，是一件多么幸福的事呀！"

后来，这位被救上来的落水者成为一名哲学家，而且活了一百多岁。临终前，他一直微笑着重复那句话："呼吸是一件幸福的事。"换句话说，就是活着是一件幸福的事。

是的，空气、阳光、雨露，我们每个人都拥有，而且是免费拥有，可是又有多少人真正意识到它们的存在呢？直到失去了它们，我们才突然发现，我们不能没有它们。

正是由于我们习惯了忽视自己所拥有的东西，导致缺乏珍视之心，所以使我们感觉不到幸福，使我们认为人生越来越没有意义。而我们之所以觉得幸福离自己是那样的遥远，并不是因为幸福不存在，而是我们把幸福给踢走了。正如一位哲学家曾说过的那样："幸福就像是被孩子追逐的足球一样，当你追上它时，却又把它踢得更远。"仔细想想，对待幸福，我们是否就是那个把足球追上之后，又把它得更远的孩子呢？

佛语说："相由心生，境由心造，一沙一世界，一花一天堂。"的确，真正的幸福，其实就在我们每个人的心里，就在生活的每个细节当中。只要我们认真地生活，就会发现幸福无处不在，快乐无处不在。

实际上，不管我们认为自己是多么伟大，或者是多么不幸，在浩瀚的宇宙中，或许连一粒尘埃都算不上。退一万步来说，只要站在人类几千年历史的高度上进行审视，那么，所有的辉煌，还不都是过眼云烟吗？而那些所谓的不幸，不也是那样的微不足道吗？如此，我们还有什么理由不好好珍惜自己呢？

一位哲人曾说过：我为了寻求幸福，走遍了整个大地，我夜以继日、不知疲倦地寻找幸福。有一次，当我已完全丧失了找到它的希望时，我内心的一个声音对我说，这种幸福就在你自身。我听从了这个声音，于是找到真正的、始终不渝的幸福。只有把所有的都看成是幸福和善的，才是真正的幸福和善，因此，只能期望得到符合于共同幸福的东西。谁为了这个目的努力——谁就将为自己赢得幸福。据佛教教义，如果人们除了自己的灵魂之外，不把任何东西看作自己的东西的话，他们就是幸福的了。

我们都在寻找幸福的使者，她在哪儿？她就在我们身上。

我们在追求着幸福，幸福也时刻伴随着我们。只不过很多时候，我们身处幸福的山中，在远近高低的不同角度看到的总是别人的幸福风景，往往没有悉心感受自己所拥有的幸福天地。如果人生是一次长途旅行，那么，只顾盲目地寻找终点在何处，将要失去多少沿途的风景？其实，幸福是一种象征，是一种自我感觉，关键是如何把握这种象征和感觉，这就需要我们有自己的幸福参照标准。

也请记住下列信息：

如果今天早上你起床时身体健康，没有疾病，那么你比其他几百万人更幸运，他们甚至看不到下周的太阳了；

如果你从未尝试过战争的危险、牢狱的孤独、酷刑的折磨和饥饿的滋味，那么你的处境比其他 5 亿人更好；

如果你能随便进出教堂或寺庙而没有任何被恐吓、暴行和杀害的危险，那么你比其他 30 亿人更有运气；

如果你的冰箱里有食物，身上有衣可穿，有房可住及有床可睡，那么你比世上 75% 的人更富有；

如果你在银行里有存款，钱包里有票子，盒子有零钱，那么你属于世上 8% 的幸运之人；

如果你父母双全，没有离异，且同时满足上面的这些条件，那么你的确是那种很稀有的地球之人。

其实幸福与快乐是一种自我感觉，跟别人、跟一切物质条件都没有必然的联系，但人们往往喜欢梦幻中的虚设，不停追寻着某种不实在，而忽略了周围的一切，因此，这些人常常觉得不如意，时常生气；其实最真的生活、最大的幸福，常常就在我们身边，而大多数人都不自知。所以说，幸福不在别处，幸福就在你身边，在日复一日的单调劳作中，在一日三餐的清茶淡饭中。你若渴了，水就是幸福；你若累了，床便是幸福。珍惜你所拥有的一切吧！简简单单的生活就是你最大的幸福与快乐。

人生智慧

◇珍惜自己所拥有的，自然开心快乐。

◇只要我们认真地生活，就会发现幸福无处不在，快乐无处不在。

◇幸福是一种象征，是一种自我感觉，关键是如何把握这种象征和感觉，这就需要我们有自己的幸福参照标准。

别跟自己过不去，要懂得如何让自己快乐

【聊天实录】

我：庄老先生，您对自我快乐有何高见？

庄子：我曾说过：故天下皆知求其所不知，而莫知求其所已知者。

我：您这句话该如何解释呢？

庄子：这句话的意思就是：所以天下的人都只知道舍内求外，即只知追求分外的客观的知识，而不知探索分内的无为恬淡、清虚合道之道理。

我：您的意思是说您认为天下的人只知道一味地追求外在的东西，而忘记了要保留内在的本身的恬淡，所以做人不能只重外，不重内。

庄子：是的，别跟自己过不去，要懂得如何让自己快乐。

【解读】 ～ **领悟快乐之道的摩尔** ～

二战期间，罗勃·摩尔在一艘美国潜艇上担任瞭望员。一天清晨，随着潜艇在印度洋水下潜行的他通过潜望镜，看到一支由一艘驱逐舰、一艘运油船和一艘

水雷船组成的日本舰队正向自己逼近。潜艇对准走在最后的日本水雷船准备发起攻击，水雷船却已掉过头来，朝潜艇直冲过来。原来空中的一架日机，测到了潜艇的位置，并通知了水雷船，潜艇只好紧急下潜，以便躲开水雷船的炸弹。

三分钟后，六颗深水炸弹几乎同时在潜艇四周炸开，潜艇被逼到水下八十三米深处。摩尔知道，只要有一颗炸弹在潜艇五米范围内爆炸，就会把潜艇炸出个大洞来。

潜艇以不变应万变，关掉了所有的电力和动力系统，全体官兵静静地躺在床铺上。当时，摩尔害怕极了，连呼吸都觉得困难。他不断地问自己，难道这就是我的死期？尽管潜艇里的冷气和电扇都关掉了，温度高达36℃以上，摩尔仍然冷汗涔涔，披上大衣牙齿照样碰得格格响。

日军水雷船连续轰炸了十五个小时，摩尔却觉得比十五万年还漫长。寂静中，过去生活中无论是不幸运的倒霉事，还是荒谬的烦恼都在眼前重现：摩尔加入海军前是一家税务局的小职员，那时，他总为工作又累又乏味而烦恼，抱怨报酬太少，升迁无指望，烦恼买不起房子、新车和高档服装；晚上下班回家，因一些琐事与妻子争吵。这些烦恼事，过去对摩尔来说似乎都是天大的事，而今置身这坟墓般的潜艇中，面临着死亡的威胁，摩尔深深感受到，当初的一切烦恼显得那么的荒谬。

他对自己发誓：只要能活着看到日月星辰，从此再不烦恼。

日舰扔完所有炸弹终于开走了，摩尔和他的潜艇重新浮上水面。战后，摩尔回国重新参加工作，从此，他更加热爱生命，懂得如何去幸福地生活。他说："在那可怕的十五个小时内，我深深体验到对于生命来说，世界上任何烦恼和忧愁都是那么的微不足道。"

是的，人有时会在危难的时刻想起生活的种种，就会豁然开朗，寻求另外一种生活。有许多人要出名，等到出名之后，却又怪人人注意；女人要男人来爱，等到追求者众多时，又怪没有自己的时间，我们常常处于极端矛盾之中而不自知。

其实，生活是属于自己的，外界只能是干扰，不可能决定你的生活方式，不要处处和自己过不去，打不开心灵的结，那样你会生活在劳累之中。

懂得珍惜生命的人，也懂得如何让自己快乐，自己跟自己过不去，没有人能帮得到你，要想过得好，不如就地逍遥，让自己快乐生活。

活出属于自己的快乐

太多的人悲叹生命的有限和生活的艰辛，却只有极少数人能在有限的生命中活出自己的快乐。一个人快乐与否，主要取决于什么呢？主要取决于一种心态，特别是如何善待自己的一种心态。

生活中苦恼总是有的，有时人生的苦恼，不在于自己获得多少，拥有多少，而是因为自己想得到更多。人有时想得到的太多，而自己的能力却很难达到，所以我们便感到失望与不满，然后，我们就自己折磨自己，说自己"太笨"、"不争气"，等等，就这样经常自己和自己过不去，与自己较劲。

实际上，静下心来仔细想想，生活中的许多事情，并不是你的能力不强，恰恰是因为你的愿望不切实际。我们要相信自己的天赋具有做种种事情的才能，当然相信自己的能力并不是强求自己去做一些能力做不到的事情。事实上，世间任何事情都有一个限度，超过了这个限度，好多事情都可能是极其荒谬的。我们应时常肯定自己，尽力发展我们能够发展的东西，剩下的，就安心交给老天。只要尽心尽力，只要积极地朝着更高的目标迈进，我们的心中就会保存一份悠然自得。从而，也不会再跟自己过不去，责备、怨恨自己了，因为我们尽力了。即便在生命结束的时候，我们也能问心无愧地说："我已经尽了最大的努力。"那么，你真正的此生无憾了。

为此，凡事别跟自己过不去，要知道，每个人都有或这或那的缺陷，世界上没有完美的人。这样想来，不是为自己开脱，而是使心灵不会被挤压得支离破碎，永远保持对生活的美好认识和执着追求。

别跟自己过不去，是一种精神的解脱，它会促使我们从容走自己选择的路，做自己喜欢的事。

真的，假如我们不痛快，要学会原谅自己，这样心里就会少一点阴影。这既是对自己的爱护，又是对生命的珍惜。

有人问古希腊大学问家安提司泰尼："你从哲学中获得了什么呢？"他回答说："同自己谈话的能力。"

同自己谈话，就是发现自己，发现另一个更加真实的自己。

法国大文豪雨果曾经说过："人生是由一连串无聊的符号组成。"的确，我们生活中的大多数时光都在很普通的日子里度过，有时，看似很正常的生活，感受上却似走进生活的误区，有点儿浑噩，有点儿疲惫，有点儿茫然，有点儿怨恨，有点儿期盼，有点儿幻想，总之，就是被一些莫名其妙的情绪、感受占据了内心的思想、生活而懒得去理清。

于是，我们总是在冥冥之中希望有一个天底下最了解自己的人，能够在大千世界中坐下来静静倾听自己心灵的诉说，能够在熙来攘往的人群中为我们开辟一方心灵的净土。可芸芸众生，"万般心事付瑶琴，弦断有谁听？"

其实，我们自己，不就是自己最好的知音吗？世界上还有谁，能比自己更了解自己的呢？还有谁能比自己更能替自己保守秘密的呢？朋友，当你烦躁、无聊的时候，不妨和自己对对话，让心灵退入自己的灵魂中，使自己与自己亲密接触，静下心来聆听来自心灵的声音，问问自己：我为何烦恼？为何不快？满意这样的生活吗？我的待人处世错在哪里？我是不是还要追求工作上的成就？我要的是自己现在这个样子吗？生命如果这样走完，我会不会有遗憾？我让生活压垮或埋没了没有？人生至此，自己得到了什么、失去了什么，还想追求什么？

这样，在自己的天地里，你可以慢慢修复自己受伤的尊严，可以毫无顾忌地"得意"，可以一丝不挂地剖析自己，你还可以说服自己、感动自己、征服自己。有位作家说的一段话很有道理："自己把自己说服，是一种理智的胜利；自己被自己感动了，是一种心灵的升华；自己把自己征服了，是一种人生的成熟。"把自己说服了、感动了、征服了，人生还有什么样的挫折、痛苦、不幸不能被我们征服呢？

在生活中，看得开，想得透，做不到，常是我们的通病。我们容易将别人的事看得如水中倒影般明澈，而一旦涉及到自己，就会有"老眼昏花"一日认不清自己，看不清方向，所以说，千万别跟自己过不去，要懂得如何让自己快乐。

人生智慧

◇别跟自己过不去，要懂得如何让自己快乐。

◇别跟自己过不去，是一种精神的解脱，它会促使我们从容走自己选择的路，做自己喜欢的事。

◇自己把自己说服，是一种理智的胜利；自己被自己感动了，是一种心灵的升华；自己把自己征服了，是一种人生的成熟。

换个角度思考，你的人生就会豁然开朗

【聊天实录】

我：庄老先生，您对自我快乐有何高见？

庄子：我曾讲过这样一个故事：庄子与惠子游于濠梁之上。庄子曰："儵鱼出游从容，是鱼之乐也。"惠子曰："子非鱼，安知鱼之乐？"庄子曰："子非我，安知我不知鱼之乐？"惠子曰："我非子，固不知子矣；子固非鱼也，子之不知鱼之乐，全矣。"庄子曰："请循其本。子曰'汝安知鱼乐'云者，既已知吾知之而问我，我知之濠上也。"

我：您这个故事该如何解释呢？

庄子：这句话的意思就是：庄子和惠子一道在濠水的桥上游玩。庄子说："白儵鱼游得多么悠闲自在，这就是鱼儿的快乐。"惠子说："你不是鱼，怎么知道鱼的快乐？"庄子说："你不是我，怎么知道我不知道鱼儿的快乐？"惠子说："我不是你，固然不知道你；你也不是鱼，你不知道鱼的快乐，也是完全可以肯定的。"庄子说："还是让我们顺着先前的话来说，你刚才所说的'你怎么知道鱼的快乐'的话，就是已经知道了我知道鱼儿的快乐而问我，而我则是在濠水的桥上知道鱼儿快乐的。"

我：您的意思是说您认为快乐与不快乐，只是心境的差别。只要你去翻转那面镜子，换个角度看问题，就会使你心情豁然开朗。

庄子：是的，换个角度思考，你的人生就会豁然开朗。

【解读】 ～ **一切都是最好的安排** ～

从前，有一个国王，他最喜欢的事情就是打猎，他的宰相最喜欢说的话就是"一切都是最好的安排"。

有一天，国王兴高采烈地到大草原打猎。在追逐一只花豹时，不小心被花豹咬断了手指。回宫以后，国王越想越不痛快，就找来宰相饮酒解愁。宰相知道了这事后，一边举酒敬国王，一边微笑说："大王啊！少了一小块肉总比少了一条命来得好吧！想开一点，一切都是最好的安排！"国王一听，闷了半天的不快终于找到宣泄的机会，他凝视宰相说："嘿！你真是大胆！你真的认为一切都是最好的安排吗？"

宰相发觉国王十分愤怒，却也毫不在意："大王，真的，如果我们能够超越自我一时的得失成败，确确实实，一切都是最好的安排。"

国王说："如果我把你关进监狱，这也是最好的安排？"

宰相微笑说："如果是这样，我也深信这是最好的安排。"

国王说："如果我吩咐侍卫把你拖出去砍了，这也是最好的安排？"

宰相依然微笑，仿佛国王在说一件与他毫不相干的事，"如果是这样，我也深信这是最好的安排。"

国王勃然大怒，大手用力一拍，两名侍卫立刻近前，国王说："你们马上把宰相抓出去斩了！"侍卫愣住，一时不知如何反应。国王说："还不快点，等什么？"侍卫如梦初醒，上前架起宰相，就往门外走。国王忽然有点后悔，他大喊一声说："慢着，先抓去关起来！"宰相回头对他一笑，说："这也是最好的安排！"

国王大手一挥，两名侍卫就架着宰相走出去了。

过了一个月，国王养好伤，打算像以前一样找宰相一块儿微服私巡，可是想到是自己下令把他关入监狱里，一时也放不下架子释放宰相，叹了口气，就自己独自出游了。

走着走着，来到一处偏远的山林，忽然从山上冲下一队脸上涂着红黄油彩的蛮人，三两下就把他五花大绑，带回高山上。国王这时才想到今天正是满月，这一带有一支原始部落，每逢月圆之日就会下山寻找祭祀满月女神的牺牲品，他哀叹一声，这下子真的是没救了。其实心里却很想跟蛮人说："我乃这里的国王，放了我，我就赏赐你们金山银海！"可是，他的嘴巴被破布塞住，连话都说不出来。

当他看见自己被带到一口比人还高的大锅炉旁，柴火正熊熊燃烧，更是脸色惨白。大祭司现身，当众脱光国王的衣服，露出他细皮嫩肉的龙体，大祭司啧啧称奇，想不到现在还能找到这么完美无瑕的祭品！

原来，今天要祭祀的满月女神，正是"完美"的象征，所以，祭祀的牺牲品丑一点、黑一点、矮一点都没有关系，就是不能残缺。就在这时，大祭司突然发现国王的左手小指头少了小半截，他忍不住咬牙切齿咒骂了半天，忍痛下令说："把这个废物赶走，另外再找一个！"脱困的国王大喜若狂，飞奔回宫，立刻叫人释放宰相，在御花园设宴，为自己保住一命，也为宰相重获自由而庆祝。

国王一边向宰相敬酒说："宰相，你说的真是一点也不错，果然，一切都是最好的安排！如果不是被花豹咬一口，今天连命都没了。"宰相回敬国王，微笑说："贺喜大王对人生的体验又更上一层楼了。"过了一会儿，国王忽然问宰相说："我侥幸逃回一命，固然是'一切都是最好的安排'，可是你无缘无故在监狱里蹲了一个月，这又怎么说呢？"

宰相慢条斯理喝下一口酒，才说："大王！您将我关在监狱里，确实也是最好的安排啊！您想想看，如果我不是在监狱里，那么陪伴您微服私巡的人，不是我还会有谁呢？等到蛮人发现国王不适合拿来祭祀满月女神时，谁会被丢进大锅炉中烹煮呢？不是我还有谁呢？所以，我要为大王将我关进监狱而向您敬酒，您也救了我一命啊！"

"一切都是最好的安排"，表明了宰相一种人生态度，面对任何际遇的时候，总能够换个角度思考，做到心胸豁达，超然脱俗。

是的，人生有高潮，也有低谷；人生有悲欢离合，也有阴晴圆缺。面对生活，凡是总能够换个角度思考，这样就能够保持一种超凡脱俗的生活态度，也就少了许多的烦恼，那么，你的生活就会变得越来越轻松快乐。

换个角度，豁然开朗

根据"濠梁之辩"，从表面上来看，庄子和惠子的这个辩论，类似唯心主义和唯物主义、形而上和形而下、科学思维和诗意生命的辩论。"白鱼在水中，从容地游来游去，这是鱼的快乐啊。"这是白鱼以其生命姿态显示它的快乐。庄子以一种简单而单纯的"移情作用"，就把握住鱼的快乐，是充满诗意的；而惠子则从逻辑判断出发，是典型的科学思维，这两种思维是有很多不同的。

假设是一个学气象物理的人看天，首先想到的是云分为几层，今天会不会下雨，是晴天还是阴天。因为根据课本上对于晴天的定义，有若干层以上的云彩就是阴天了，然后做统计数据，判断会不会下雨，这是学理科的，重逻辑推理；而一个学古典文学的人看天，首先会感慨一番："天何言哉！"然后看星星，想到人的眼睛或者心灵，看月亮想到嫦娥姑娘在里面是否和我一样的寂寞，看到天要下雨，就想唱《冬季到台北来看雨》……庄子就好像是后者，而惠施就好像是前者。

同样看到一棵百年老树，庄子会感慨一番宇宙人生的大道理，比如说，还是没用的好，如果这棵树长得好看，可以观赏，结的果子又好吃，还能存活那么长时间吗？而惠施看到同样一棵树，首先想到的可能是，这树能盖什么样的房子，能做几块棺材板，等等。所以，惠施永远无法理解庄子，偏偏又喜欢问庄子，喜欢与其辩论，庄子只好讲故事、讲寓言了。

这里的庄子是一种形象思维和诗意化的思维，西方哲学家海德格尔曾说过一句话："人，应当诗意地栖居在大地上。"诗意的生活是一种很多人羡慕的境界，但是很多时候我们的心情会受到外界诸多事物的影响，现实生活中我们常常被烦恼纠缠得无所适从、精疲力竭。人的情绪有时是很脆弱的，活在这个世界上，整日要面对无数的人与繁多的事，就不可能没有烦恼，只是看我们怎么对待了。比如，早上下了一场大雪，你可以说一下雪就特别不方便，人走路打滑，车子特别难开，雪化时又会只留下一片黑色的脏水。但是，曾经有一个小女孩以她稚嫩的声音震撼了很多成年人，她在作文里写道"雪化了是春天"。小女孩的话不就是如同我们成人换个角度思考吗？因为境由心生，其实春天就在每个人的心底。

所以说，正所谓"朗月清风不用一钱买"，在有着各种压力的现代生活中，我们可以通过营造心境，实现一种思想、文化和精神的自我拯救，从而开垦出芳菲满地的精神桃花源来。真正的营造心境，实现诗意的人生不见得要像陶渊明一样隐居山林、躬耕南山，也不见得要像梭罗那样独居在瓦尔登湖畔，在纷繁的现世世俗生活中，你只要换个角度去体味头上朗月，窗外清风，就最终会收获一个美妙的诗意人生。

为此，换个角度思考，你的人生就会豁然开朗。

人生智慧

◇换个角度思考，你的人生就会豁然开朗。

◇人，应当诗意地栖居在大地上。

◇在有着各种压力的现代生活中，我们可以通过营造心境，实现一种思想、文化和精神的自我拯救，从而开垦出芳菲满地的精神桃花源来。

精神富足，才是永恒的富足与快乐

【聊天实录】

我：庄老先生，您对自我快乐有何高见？

庄子：我曾说过：夫富者，苦身疾作，多积财而不得尽用，其为形也亦外矣。夫贵者，夜以继日，思虑善否，其为形也亦疏矣。人之生也，与忧俱生，寿者惛惛，久忧不死，何苦也！其为形也亦远矣。

我：您这句话该如何解释呢？

庄子：这句话的意思就是：富有的人，劳累身形勤勉操作，积攒了许许多多财富却不能全部享用，那样对待身体也就太不看重了。高贵的人，夜以继日地思索权位和厚禄保全与否，那样对待身体也就太忽略了。人们生活于世间，忧愁也就跟着一道产生，长寿的人整日里糊糊涂涂，长久地处于忧患之中而不死去，多么痛苦啊！那样对待身体也就太疏远了。

我：您的意思是说您认为外在的富裕可能随时更动，只有内在的富有才是恒久不变的财富。

庄子：是的，精神富足，才是永恒的富足与快乐。

精神贫穷的曹商

在宋国，有一个叫曹商的人，有一次他很荣幸地为宋王出使秦国。那个时候秦国是西部最强大的国家，他走的时候，宋国只给他配备了几乘车马。曹商到了秦国，不辱使命，特别得到秦王的欢心，回来的时候，秦王浩浩荡荡送了他上百乘的车马。

曹商回国以后，趾高气扬地对庄子说："我这样一个人啊，要让我住在陋巷的破房子里，窘困地每天织草鞋度日，人也饿得面黄肌瘦的样子，要我这样生活，我估计我没有那能力。我的能力是什么呢？见到大国强国的国君，讨得他的欢心，换来百乘车马这样的财富，这是我的长处啊！"

他夸耀完以后，庄子是什么态度呢？他淡淡地对曹商说："我听说这个秦王有病，遍求天下名医给他治病。能够治好他的脓疮的人，就可以赏他一乘车马；能为他舔痔疮的，就可以赏他五乘车马。给他治的病越卑下，得到的车马就越多。曹商啊，你去秦国给秦王治痔疮了吧，要不然你怎么能带回这么多车马啊？"

庄子的话，可谓极尽辛辣讽刺之能事，同时也说明，他不愿做匹被人驯服的槽马、家马、军马，当然更不愿做匹被人使唤、被人骑的马。

读庄子的书，痛苦的人没痛苦了。虽然，连庄子说自己的书都是一些"谬悠之说，荒唐之言，无端崖之辞"，但是，透过字里行间，我们还是能够感受到隐藏在文字樊篱之内庄子的那颗热切的心。有人说，庄子的眼睛很冷，看穿了这个人世间，其实，庄子正是通过那颗外冷内热的心，为那些生活在这个世间的人找一条更好的、能够获得更多幸福的路来。

独来独往，穷困潦倒，也不愿依附帝王，依附权势，这就是庄子的风格。真正的高士，不怕生活上的贫困，怕的是精神上的潦倒。而庄子最瞧不起的就是那种被欲望牵锁，精神空虚，不得自由却又自鸣得意的可怜虫。

所谓"天下熙熙，皆为利来；天下攘攘，皆为利往"。古往今来，被"利"字和那些外在的财富困住思想和灵魂的人，又何止千百万？但从这则故事中，我们可以看出"利"字根本就困不住庄子的心，更看到了庄子在贫困中那份执着的坚守。因为在庄子看来，真正的仁人志士，从来就不怕生活上的贫困与潦倒，只怕精神上的颓废与空虚。而庄子之所以在数千年之后，依然活在我们的心中，就是因为他的精神一直在背后永远地支撑着我们，默默地温暖着我们有着苍凉的生命。

❧ 要保持精神上的富足与快乐 ❧

通常情况下，人们都认为富、贵、长寿才是人生幸福所要追求的东西，但庄子在这里表达了完全相反的观点，说这些反而是阻碍人们幸福的罪魁祸首，那么事实是怎么样的呢？

有一个农夫，日出而作，日落而息，辛勤耕作于田间，日子过得虽说不上富裕，倒也和美、快乐。

一天晚上，农夫做了个梦，梦见自己得到了 18 个金罗汉。说来也巧，第二天，农夫在田野里竟然真的挖到了一个价值连城的金罗汉，他的家人和亲友都为此感到高兴不已，可农夫却闷闷不乐，整天心事重重。别人问他："你已经成了百万富翁，还有什么不满意的呢？"农夫回答说："我在想，另外 17 个罗汉到哪儿去了。

得到了一个金罗汉，却失去了生活的快乐，看来，有时真正的快乐是和金钱无关的。一个全身只有 10 块钱的人，买瓶可乐就可以高兴得手舞足蹈；而一个拥有上千万资产的人，却会因整天担心孩子遭人绑架或者自己遭人暗算而忧愁得睡不好觉。没钱时拼命地挣钱，挣到了钱，又担心被小偷惦记，担心孩子被绑架，幸福感反而远了，不快乐了。

从某种程度上说，你挣钱越多，烦恼越多。正如荷兰的一个谚语所说的："钱可以买到房子，但买不到家庭；钱可以买到钟表，但买不到时间；钱可以买到床，但买不到睡眠；钱可以买到书，但买不到知识；钱可以买到医疗服务，但买不到健康；钱可以买到地位，但买不到尊重；钱可以买到性，但买不到爱。"

这还不是最糟的，在现代越来越大的社会和心理压力下，有很多现代人的真实生活听起来就像最黑色的讽刺寓言。

因为物质上的富足并不能解决人类的精神危机，这一点已经为现实所证明。物质再丰富，精神上疯狂了、变态了，也不会幸福，反而更迷茫了。当人心变坏了，眼里只有金钱和地位时，人活得其实很恐惧，很可怜。

看了上面的例子，我们可能会认同庄子所说的富、贵不见得能幸福，反而可能会让幸福离我们更远的观点了。但你可能又会问了，那么长寿该会让我们幸福的吧？让我们看看庄子是怎么说的。

他说："人之生也，与忧俱生，寿者惽惽，久忧不死，何苦也！"也就是忧愁伴随着人的出生而产生，长寿的人也不过是多承受些痛苦罢了，又哪里跟幸福有什么关系。的确，在庄子看来人只要活着就有忧愁，每个人的生命之河都是充满着苦难的，所以河越长苦难也就越长。有这么一个故事说有一个流浪者对于自己的命运实在不堪忍受，便来到一座神庙，请求神允许他和别人交换命运。神说："如果你能找到一个对自己命运完全满意的人，你就和他交换吧。"按照神的指示，流浪者出发去寻找了。他遍访城市和乡村，竟然找不到一个对自己命运完全满意的人，凡他遇到的人，只要一说起命运，就个个摇头叹息，口出怨言。

甚至那些王公贵族，达官富豪，名流权威，也对自己的命运并不满意。事实上，世人所见的确只是别人命运之河的表面景色，底下许多阴暗曲折唯有他们自己知道。这也就无怪乎庄子认为长寿也不见得一定能带来幸福了，有的时候"多寿多辱"的俗语可能更接近事实吧。

所以，既然幸福不存在于富贵长寿中，那么幸福是什么，它在哪里呢？幸福并不需要你刻意地去追寻，你只要一直往前走，它自然就会跟在你的身后。顺其自然，保持精神上的充盈和富足，幸福自然就会来找你，用心体会，没有必要满世界去找，幸福时刻都在你的身边。

所以说，精神富足，才是永恒的富足与快乐。

人生智慧

◇精神富足，才是永恒的富足与快乐。

◇钱可以买到房子，但买不到家庭；钱可以买到钟表，但买不到时间；钱可以买到床，但买不到睡眠；钱可以买到书，但买不到知识；钱可以买到医疗服务，但买不到健康；钱可以买到地位，但买不到尊重；钱可以买到性，但买不到爱。

◇保持精神上的充盈和富足，幸福自然就会来找你，用心体会，没有必要满世界去找，幸福时刻都在你的身边。

第七章

庄子与我聊自我节制

　　一个人的一生，精力是有限的，要想让自己的人生活得洒脱、有意义，就要学会自我节制。因为，生活中的诱惑太多了，金钱、美色、物欲等等，都在引诱着你。面对如此物欲横流的社会，如果不懂得自我节制的话，不但自己得不到想要的东西，还有可能赔上自己的健康，甚至搭上性命也未可知。所以，人生的真谛应该是自由而洒脱的，应该是有节制的，应该是有张有弛的……

做自己内心的王，控制自己的情绪

【聊天实录】

我：庄老先生，您对自我节制有何高见？

庄子：我曾讲过这样一个故事，其中有一句话是这么说的：壶子曰："乡吾示之以未始出吾宗。吾与之虚而委蛇，不知其谁何，因以为波流，故逃也。"

我：您这个故事该如何解释呢？

庄子：这个故事的意思就是：壶子说："刚才我显示给他看的是完全不离本源的状态。我以空虚之心随顺他，使他不知我究竟是谁，一下以为我顺风而倒，一下以为我随波逐流，所以立刻逃走了。"

我：您的意思是说您只要在吉凶祸福的命运之外，把握自己的修养机会与觉悟能力，只要体认"完全不离本源的状态"，从整体来看待自己的遭遇，化解得失利害之心，那么一切都不足以决定我的情绪。只要我们能主宰自己，做自己内心的王，别人看到的一切表象都是虚设的，关键是要看我们内心对情绪与命运的把握。命运永远只掌握在我们自己的手中，能决定我们情绪的也只能是我们自己。

庄子：是的，做自己内心的王，控制自己的情绪。

【解读】　　　　齐桓公见鬼

有一次齐桓公到郊外打猎，突然看见了一个穿着紫色衣服戴着红色帽子的鬼，回到宫中后，桓公因为受了惊吓，病倒了，一连好几天都没出门，说是鬼的阴气伤害了他。后来桓公问齐国贤士皇子告敖："世间到底有没有鬼呢？"皇子告敖说："鬼倒是有的，比如有履鬼，鬃鬼，雷霆鬼，洪阳鬼，委蛇鬼。"桓公问："你说的那委蛇鬼是什么样子？"皇子告敖说："委蛇鬼穿着紫色衣服，戴着红色帽子，谁要是见到了它，谁就能当霸主。"桓公听罢张口大笑说："我正是见的这种东西呀！"说完便穿好衣服坐了起来，还没有到天黑，他的病就不知道跑到哪里去了。

桓公还是这个桓公，同样是见了鬼，只是因为对鬼有了不同的认识和感受，他的精神面貌和身体状况却是截然不同的两个样子。与皇子告敖见面前，他受了惊吓，之所以受了惊吓，是因为他的头脑中保存有一种传统的观念，认为见鬼是一种不祥的征兆，是自己阳气不足的结果，是受到了阴气的冲撞，是会不久于人世的，这种心理状态把他打倒了，使他浑身瘫软，

齐桓公

精神松垮，成了病人。与皇子告敖一席谈，他受到了鼓舞，振奋了起来。之所以振奋了起来，是因为观念发生了根本变化，不但不以见鬼为不祥，而且以见鬼为幸事，以为从此可以成就霸业。由此可见，皇子告敖说桓公的病不是鬼害的，而是他自己害的，这个话很有道理。

可见，庄子在《达生》里面讲的"桓公见鬼"的故事正是说明了：人们应该积极地面对生活，命运永远只掌握在我们自己手中，能决定我们情绪的也只能是我们自己。庄子很重视人的心性修养，认为人的精神面貌和心理状况往往会决定一个人的心境。同样的人、同样的事，处在不同的认识和境界之中，会有不同的精神面貌和生理反应。所以说，人的心理状况与人的身体、人的寿命有极其密切的关系，进行心性方面的修养极为重要。

要学会控制自己的情绪

在纷纷扰扰的人世间，我们在与人相处时，不可能事事都一帆风顺，也不可能要每个人都对我们笑脸相迎。有时候，我们也会引起他人的误解，甚至嘲笑或

轻蔑。这时，如果我们不能善于控制自己的情绪，就会造成人际关系的不和谐，甚至影响到自己的工作与生活。所以，当我们遇到意外的不顺时，就要学会控制好自己的情绪。

情绪时时刻刻都伴随着我们，我们虽然无法做到心如止水，没有丝毫情绪的波澜，但却应学会理性地控制自己的情绪，要时常在心里提醒自己"这些小事还烦不到我，我没必要为这些事而生气"，提醒自己不要被琐事所烦、避免去想不如意的小事，控制好自己的情绪。

一个人要想做自己真正的主人，就要懂得克制自己，就要懂得"三思而后行"，避免自己在情绪的牵引下盲目地采取错误的行动。懂得克制自己的人是理性的人，这样的人冷静从容，有十足的信心控制局势，能够不急躁，有次序地前进，而且有始有终。也只有控制住了自己情绪的人，才会打败残酷阴暗的现实，最终赢得光明的未来。

是的，情绪是属于你自己的。它往往只从维护情感主体的自尊和利益出发，不对事物做复杂、深远和智谋的考虑，这样的结果，常使自己处于很不利的位置上或为他人所利用。本来，情感离智谋就已很远了，情绪更是情感的最表面部分、最浮躁部分，以情绪做事，焉有理智的？不理智，能够胜算吗？看来是不可能的。但是我们在工作、学习、待人接物中，却常常依从情绪的摆布，头脑一发热（情绪上来了），什么蠢事都愿意做，什么蠢事都做得出来。比如，因一句无甚利害关系的口角，我们便可能与人打斗，甚至拼命（诗人莱蒙托夫、诗人普希金与人决斗死亡，便是此类情绪所为）。又如，我们因别人给我们的一点假仁假义而心肠顿软，大犯根本性的错误（西楚霸王项羽在鸿门宴上耳软、心软，以致放走死敌刘邦，最终痛失天下，便是这种情绪所为）。还可以举出很多因情绪的浮躁、简单、不理智等而犯的过错，大则失国失天下，小则误人误己误事，事后冷静下来，自己也会感到其实可以不必那样。这都是因为情绪的躁动和亢奋，蒙蔽了人的心智。

所以，当你情绪不佳时，不妨立即在脸上堆满笑容，这是改变情绪最快的方法。我们脸上总共有 80 多条肌肉，如果这些肌肉习惯了呈现出沮丧、胆怯、冷漠、失望和无奈的表情，那么它们便会不时地以这些负面的牵动方式控制我们的情绪。如果你真希望改变自己的一生，你不妨每天 5 次，每次一分钟地面对镜子摆出你的大笑脸。千万别小看这个看起来有点傻的动作，只要你够勤快，它便能使你的神经系统搭上线，进而形成一条神经渠道，促使你养成快乐的习惯。

实际上，调整控制情绪并没有你想象的那么难，只要掌握一些正确的方法，就可以很好地驾驭自己。在众多调整情绪的方法中，你可以先学一下"情绪转移法"，即暂时避开不良刺激，把注意力、精力和兴趣投入到另一项活动中去，以减轻不良情绪对自己的冲击，也可以学着去转移自己的情绪。

其实，可以转移情绪的方法有很多，根据自己的兴趣爱好以及外界事物对你的吸引力来做选择，如各种文体活动、与亲朋好友倾谈、阅读研究、琴棋书画等。总之将情绪转移到这些事情上来，尽量避免不良情绪的强烈撞击，减少心理创伤，也有利于自身的健康发展。情绪的转移，关键是要主动及时，不要让自己在消极情绪中沉溺太久，立刻行动起来，就会发现你完全可以做自己情绪的主人。

所以说，能够决定我们的喜怒哀乐的只能是我们自己，一个人情绪好的时候，看天都是蓝的，情绪不好的时候，看湖水都想发怒。情绪也好，心情也好，都是靠自己调节的。人的一生快乐也是过，忧愁也是过，为什么不自己快乐也给周围人带来快乐呢？为此，一个人如果能够克制自己，能够把握自己的情绪，他的努力便永远指向成功的方向，不管成功的路多么崎岖漫长，他总能看到成功的方向。记住：做自己内心的王，控制自己的情绪。

人生智慧

◇做自己内心的王，控制自己的情绪。

◇人们应该积极地面对生活，命运永远只掌握在我们自己手中，能决定我们情绪的也只能是我们自己。

◇一个人如果能够克制自己，能够把握自己的情绪，他的努力便永远指向成功的方向，不管成功的路多么崎岖漫长，他总能看到成功的方向。

凡事量力而行，切不可逞强

【聊天实录】

我：庄老先生，您对自我节制有何高见？

庄子：我曾说过：知其不可得也而强之，又一惑也，故莫若释之而不推。

我：您这句话该如何解释呢？

庄子：这句话的意思就是：明知道达不到还要勉强去做，这又是一大迷惑呀，所以还不如弃置一旁不予推究。

我：您的意思是说您认为明知不可为而为之，只能是徒劳，还不如将其放置一旁不予理会。人的能力是有限的，无论你的智商有多高，力气有多大，都有达不到的境地，所以做事要量力而行，不可强求。

庄子：是的，凡事量力而行，切不可逞强。

【解读】　　想征服整个天下的海格利斯

在古希腊的神话中，曾经有这样一个故事：

从前，有一位力大无比的英雄，他的名字叫海格利斯，他有一个很远大的目标，那就是要凭借自己的力量去征服整个天下！

有一天，海格利斯外出游玩，当他行走在一条比较狭窄的山路上时，发现路边有一个口袋。虽然那个口袋很小，但海格利斯还是觉得有点碍事，于是就用脚去把它踢开。海格利斯以为，就凭自己这一脚，肯定一下子就把那个口袋给踢到山底下去，谁知那个口袋不但没有被他踢到山下去，反而变得更大了，于是他又踢了一脚，这一次他用的力气比上一次还要大，结果那个口袋胀得更大。这一下，终于把海格利斯给激怒了，他干脆操起一根大棍子，使劲地砸向那个像着了魔一样的口袋。然而，他砸得越起劲，那个口袋就胀得越大，而那条原来就狭窄的山路，也很快就被这个口袋给堵住了。

就在海格利斯被那个口袋折磨得气喘吁吁，又无可奈何之时，从山里走出来一位老人，微笑着对他说："我的朋友，请你快别动它了，别把它当回事，走你自己的路吧！"海格利斯本来就心有不甘，突然听到有人来劝自己，所以不但没有去理会，反而更加起劲地砸。老人见状，便问道："朋友，你知道它是什么呢？"海格利斯头也不回地答道："它不就是一个破口袋吗？我就不信我砸不过它。"老人说："是的，它是一个口袋，却不是一个普通的口袋，而是一个仇恨袋，只要你不去理它，也不惹它，它便不会长大，如果你老记着它，老去踢打它，那它就会无休止地膨胀，最后把你的路都给挡住了！"

听了老人的这番话，海格利斯一下子就惊呆了，他的目标本来是要征服整个天下的，但现在自己却连一个口袋也征服不了。想到这里，他顿时像泄了气的皮球一样，垂头丧气地跌坐在路边。

读完这个小故事，让我们不由得又想起了一位哲人曾说过这样一句话："英雄一心想征服天下，而圣人则只想征服自己。"的确，圣人之所以比英雄更高明，那是因为他没有跟自己过不去，凡事都量力而行，所以他的精神便得到了解脱，从容地去走自己所选择的路，去做自己喜欢做的事。

量力而行，莫要太逞强

每个人都赤裸裸地诞生，最后又孑然而去，但在这个过程中，却不知有多少人，由于抵制不住诱惑，不断地跟自己过不去。又不知有多少人为此把健康、幸福和快乐给赔进去了，甚至连生命也搭进去了，直到生命的最后一刻，才恍然明白，自己的一生中，烦恼从来就没有断过。而那些烦恼之所以从来就没有离开过自己，并不是因为自己收获的太少，而是因为自己想要的太多。

青年教师孙迪，被分到县某中学工作。县教育局向该校抽人，对全县的中学实地考察，并写出调查报告。因孙迪还没有安排授课，就抽了他一个。起初，孙迪感觉为难，心想自己不仅对本县中学教育情况不熟悉，就是对教育工作本身，自己刚刚走出师专门，又能知道多少呢？本不想参加，无奈校长已经开口，实在不好拒绝，只好勉强服从。

一个半月过去了，别人都按分工交了调查报告，而他由于不谙世故，又缺乏经验，对自己分工调查的三个中学连情况都没摸准，更不用说分析了。县教育局局长很恼火，责备校长，怎么推荐这么一个人。校长呢，冲着孙迪不三不四地说了一通，年轻的孙迪面子上受不了，又是气又是羞愧，一下子病倒了，在床上躺了两个星期，上班了还觉得抬不起头来。

孙迪由于当初不好意思拒绝，最终面子难保，身心都受到了伤害，这对他是个值得吸取的教训。他这是何苦呢？如果感觉力不从心，不如不做，还是应该量力而行。

我们小的时候，或许大人们都曾经这样问过我们："你长大后最希望做什么呢？"而我们的回答也可谓是五花八门，但也不外乎是想当教师、科学家、企业家、警察、长官、飞行员等等。转眼间，二十多年过去了，当年的孩子，如今也已经是二三十岁的人了。但是，再仔细想想，当时我们在大人面前说出的那些愿望，又有几个是真的实现了呢？其实，当年的那些愿望，有的刚说出来没过多长时间就被我们抛到脑后去了，有的由于客观的原因而破灭了，有的由于我们又有了更好的愿望而被放弃了……那些愿望我们之所以无法实现，究其原因是因为它离我们太遥远了，于是这些愿望最终也只能是愿望，而梦想也仅仅只是梦想。

或许有人又会问，那是不是因为愿望无法实现，理想无法达到，我们就要放弃梦想了呢？当然不是这样，因为梦想是我们人生路上的灯塔，是无论什么时候也不能放弃的。关键的问题是，有了理想之后，我们该如何去实现呢？尤其是当这个理想太大，离我们又太遥远时，我们又该如何向这个理想一步步地靠近呢？如果你也像故事中的海格利斯那样，一心只想征服天下，却不懂得量力而行，那么你的理想就无法实现，甚至会被理想逼得无路可走。

实际上，很多人的愿望最后之所以无法实现，除了他们把自己的目标定得太高、太过于功利，大多数都是因为没有为自己的目标制订出切实可行的计划。所以，与其每天盯着那些虚无缥缈的目标不放，不如让自己脚踏实地去做好眼前的事情。比如，如果你的理想是考上一所名牌大学，那么你就必须努力学习，并且认真对待每一次考试；如果你的理想是当一名作家，那么你就必须不断地丰富自己知识量，并且认真地写好每一篇文章；如果你想成为一位政治家，那么你就必须时刻关注民情、国情，并且不断地提高自己的道德修养……

当然，并不是所有的目标都可以实现，但正所谓"条条大道通罗马"、"三百六十行，行行出状元"，只要你愿意努力，愿意付出，那么就会发现，人生的路真的是越走越宽，同时你还会获得很多意外的惊喜！

为此，当我们做事时，若遇到我们实在不可能完成的事，一定要懂得凡事适可而止，量力而行，否则等待你的只能是失败。"没有做不到的，只有想不到的"，确实是最好的励志妙语，我们在做事时抱着这个态度也没什么错，但切记不要钻牛角尖，要记住这句话的前提是：你有可能是做这种事的人，而一旦发觉自己实在做不了，或者不想做的话，我们千万不能硬撑，否则，很难获得成功，说不定还弄巧成拙，最后得不偿失。

人 生 智 慧

◇凡事量力而行，切不可逞强。

◇人的能力是有限的，无论你的智商有多高，力气有多大，都有达不到的境地，所以做事要量力而行，不可强求。

◇很多人的愿望最后之所以无法实现，除了他们把自己的目标定得太高、太过于功利，大多数都是因为没有为自己的目标制订出切实可行的计划。

在是非面前，沉默是金

【聊天实录】

我：庄老先生，您对自我节制有何高见？

庄子：我曾说过：圣人不由，而照之于天，亦因是也。

我：您这句话该如何解释呢？

庄子：这句话的意思就是：圣人不走划分是非这条道路，而是观察比照事物的本然，也就是顺着事物自身的道理。

我：您的意思是说您认为圣人不重视是是非非，只注重事物的本然，找寻其实质。社会上的是非很多，说是非的人也大有人在，何必在乎他人的言论，做好自己最重要。我们只能替自己成长，却不能替他人成长；我们只能管好自己的嘴巴，却不能管其他人的嘴巴。所以面对谗言，要保持清醒的头脑，不要受其影响，打乱自己原有的生活。

庄子：是的，在是非面前，沉默是金。

【解读】 ～ 气急败坏的乌龟 ～

　　有一只乌龟，住在小小的池塘里，有一天一群雁子排列成行地从长空飞逝而过。乌龟看到雁子翱翔于天际，心中羡慕极了，心想：如果有朝一日自己也能像雁子一样飞翔于天空，那该多好啊！

　　冬去春来，冬逝春至，乌龟在池子之中，年年延颈翘望雁子乘着春风，飞向温暖的南方。岁月年复一年地飘逝，乌龟心中那股逍遥游的欲念愈来愈强烈，有一年，机会终于来了。有一对情深的双飞雁，正飞过池子的上空，乌龟伸长脖子，着急地大声嚷叫：

　　"雁大哥！请留步。雁大哥！我有个心愿，恳求两位无论如何要成就我。我希望能够和两位一样，也能在空中飞翔，享受那翱游翰宇的快乐！"

　　雁子听了乌龟几近荒谬的请求，连忙摇头道：

　　"万万使不得！你没有翅膀怎么飞得起来呢？纵然飞起来了，万一摔了下去，是会粉身碎骨的，请你快快打消这个不理智的念头吧！"

　　"纵然会因此丧失生命，我也要飞行一次，求求你们成全我吧！"乌龟苦苦地哀求。

　　雁子拗不过乌龟的哀求，只好无奈地答应道："好吧！我们答应你。但是你的身体如此重，我们一个用嘴巴叼住你的嘴巴，另外一个则咬住你的尾巴，才好撑起你的身体。为了安全起见，飞行期间，无论发生什么状况，你都不能把嘴巴张开，否则从高空中摔下来，必然会丧命的。"乌龟满口答应。

　　雁子果然合力载运着乌龟，飞行于空中。乌龟多年来的梦想终于成真，兴奋地俯视着脚下的山河天地，山丘、村落、森林、河川……迅速地向后逝去，原来展翅高飞的情境是如此的美妙呀！乌龟正沉醉在风驰电掣的快感之中，忽然听到下面传来一阵阵喧哗声，原来是一群在河床边玩沙的孩童，讥嘲侮蔑的字语声声传入乌龟的耳朵："哈哈！哈哈！大家快来看哟！一只笨乌龟被两只雁子抓走了，大家看它那笨头笨脑的样子，真是可笑极了！"

气急败坏的乌龟，忘记了雁子的叮咛忠告，破口大骂那些孩童，但是乌龟才一张口，就像断线的风筝，咻的一声，从高高的空中重重地摔了下来，跌得满地的碎片。

大哲学家康德也说："生气是拿别人的错误来惩罚自己。"是的，这句话不就是上面这则故事的最准确的注解吗？在实际的生活中，你也一定遇到过有理说不清的人，不论你怎么跟他解释，他还是听不懂，末了还比你更大声。所谓"止辩莫若无辩"，与其进行无谓的辩解，不如保持沉默，等他说累了，自然就不说了，你也就清静了。

沉默是金

人是一切社会关系的总和，任何一个人都不可能是孤立的，都与这个社会有着千丝万缕的联系，因为人的本性，有人的地方，就有斗争。

所以，面对形形色色的人，和其背后那错综复杂的关系，与其说是与一人斗，不如说是与其背后的关系斗。斗争就需要武器，武器大家都喜欢厉害的，威武的，气派超酷的，就像打架斗殴一样，他拿把刀你就想拿把枪，他拿起枪你就想开个坦克，好大喜强几乎是所有人的嗜好。但是，这都不够境界，真正厉害的人不是言语上的气势，不是武力上的狠毒，而是于无声之处，以沉默杀人的智者。

而愚蠢的人喜欢用嘴斗争，喜欢用自己过高的分贝来证明自己的能力，但是恰恰相反，过高的声音只能证明其内心的软弱，而聪明的人一言不发，却威慑四方。你看，当一个执法者长时间沉默对视犯人时，犯人会把其所有的行为想几遍，想会如何处理他。

古话有云：人言可畏。即是说别人对你个人的说法、议论是十分可怕的，无中生有的议论和谗言，会使你有口难辩，气恼万分。其实，最高明的办法就是坦然处之，默然以对，不将不迎，顺其自然。

在日常生活中，每个人都难免遇到被别人指指点点的各种评论，有的人喜欢你，可能对你美言甜语，有的人也许因为嫉妒你的能力而对你妄加评论。面对这些是是非非评论，你纵有千张嘴万条舌，又怎能敌得过众人"一传十，十传百"的流言蜚语？这时，你唯一能做的就是保持沉默，沉默胜过口若悬河的辩解！沉默，让清者自清，浊者自浊！

的确，世事有时就像一潭被搅浑的水，保持沉默就是等待是非沉淀的过程，否则，你会越搅越浑浊！面对是非纷争，你的言语要么是扬汤止沸，要么是火上浇油，而适当的沉默则会釜底抽薪！沉默是防卫的最好武器，所以，当武则天弥留之际，吩咐后人为她立无字之碑，是非功过，任人凭说！武则天用无字丰碑选择了死后的沉默。然而，这无字的丰碑，这死后的沉默，却让千秋万代更加敬佩她的伟大睿智。

"大音希声，大象无形。"这里所说的"大音"即是"道"，指音乐的本源，是自然界存在的真正的音乐，而"希声"是说最完美的音乐是人们听不到的音乐自身；而所谓"大象"，是指形象本身，也即是"道"，而"大象无形"，就是说最大的形象是人们看不见形迹的"道"。既有大智若愚，便有大愚若智，这便是程度和境界的问题。

在生活中，是非不分到处乱说的人，根本是没有道德和不懂尊重他人的人，他们的好奇心放在说人长短上，说人是非者便是是非之人，对于这种"是非人"，该怎么办呢？

"是非天天有，不听自然无。"一位大智者如是说。

当事情已经黑白不分时，就沉默吧！越讲只会是越描越黑，更增加人家"黑白讲"的佐料而已，已经混浊的水，何必再费力去搅呢？越搅只是越混而已，越是费劲就越是难以澄清。

一位名人曾这样说过："如果证明我是对的，那么人家怎么说我就无关紧要；如果证明我是错的，那么即使花十倍的力气来说我是对的，也没有什么用。"如果你曾注意过别人的批评是多么的随意，你便不会太在意。说过的话，他人早忘了，最在意的只有自己，所以何必强加烦恼在自己身上呢？

因此说，聪明的人、懂得自我节制的人懂得：在是非面前，沉默是金。

人生智慧

◇在是非面前，沉默是金。

◇真正厉害的人不是言语上的气势，不是武力上的狠毒，而是于无声之处，以沉默杀人的智者。

◇沉默，让清者自清，浊者自浊！

敛藏德性，做人切莫太张扬

【聊天实录】

我：庄老先生，您对自我节制有何高见？

庄子：我曾说过：彼正而蒙己德，德则不冒，冒则物必失其性也。

我：您这句话该如何解释呢？

庄子：这句话的意思就是：各人自我端正而敛藏自己的德性，德行也就不会冒犯别人，如果德行冒犯他人，，那么万物就会失去自己的本性。

我：您的意思是说您认为一个人无论德行有多高，功劳有多大，都要学会收敛，不去冒犯他人，这样才能保护好自己，并广结善缘。如果认为自己有了功劳就骄傲自满，恃才傲物，不可一世，就会成为人们攻击的对象，甚至会因此而身败名裂。

庄子：是的，要学会敛藏德性，做人切莫太张扬。

【解读】　　❧ **韩信的英雄末路** ❧

韩信，一个创造了"将百万之兵，战必胜，攻必取"的战争神话的传奇人物。他曾涉西河、虏韩王、擒下悦、下井陉、破赵下齐，与刘邦用十面埋伏的计策逼得项羽自刎乌江，即使用"功高天下，略无出世"来形容他也毫不过分。然而，这样一个为汉朝立下汗马功劳的功臣，最终却未能寿终正寝，那么究竟是什么原因导致了韩信的悲惨结局呢？

韩信

大凡稍微了解一点历史知识的人都知道，韩信一生英雄，但最后却死得很惨，而且是死于妇人之手，实在令人叹息。或许有人会说韩信之所以没有得到善终，是因为他参加了叛乱，但实际上，如果我们细读历史，就会发现，韩信之死与叛乱无关，倒是与他的为人处世有关。

公元前 201 年的时候，有人告韩信谋反，刘邦根本就不相信，但他还是征求将领们的意见，结果那帮文武大臣都说："赶快发兵，把他抓起来活埋算了。"刘邦沉默了一阵，然后问陈平，陈平说："要是发兵打仗的话，韩信不容易对付，得用个计策才行。"结果刘邦用陈平的计策把韩信给抓了。从这里我们可以看到，韩信非常不得人心，文臣武将都不喜欢他。而刘邦对韩信的态度一向有点暧昧，一方面很欣赏他，爱惜他，一方面又担心他起来造反。从刘邦内心来说，他不希望韩信造反，也不愿意杀掉韩信，所以他在询问下属的时候，不见得一定对韩信怎样，只是想看看大家的态度。但是大家不约而同地要求杀掉韩信，由此可见，韩信的人缘是多么糟糕了。

韩信被抓以后，刘邦由于爱惜他的才干，并没有杀他，只是贬了他的爵位，从楚王变成了淮阴侯。按说从死里逃生，韩信应该吸取教训，不要过于张扬，而是要低调一点，谨慎一些，但是，韩信却依然故我，并没有任何的收敛。

　　有一次，刘邦和韩信闲谈，刘邦说："韩信啊，你觉得像我这样的人能够带多少兵呢？"韩信说："皇上最多能带十万人。"刘邦又问："那你能够带多少兵呢？"韩信回答："我嘛，当然是越多越好了。"

　　众所周知，刘邦最忌讳的就是韩信善于打仗，但韩信却说刘邦只能带十万，而他却越多越好。这时的刘邦心里肯定是这样想的：那天下的兵都给你带了，我这个皇帝还怎么当啊？作为一个"戴罪"之身，居然对皇帝说出这么犯忌的话来，可见韩信是多么的骄傲了。

　　还有一次，韩信去看望樊哙。我们都知道，樊哙是鸿门宴的重要人物，也是大汉王朝的将军之一，同时还是刘邦的妹夫，也算是一个显赫的人物。这个时候，樊哙的位置已经在韩信之上了，但他还是毕恭毕敬地接待了韩信，口称臣子，以大王的礼节待之，可以说已经是很给韩信面子了。但韩信居然对樊哙说："想不到我活着竟然要和你这样的人为伍。"这样的态度，就算是脾气再好的人，听了也不会高兴的。

　　后来，韩信被吕后诱杀，这个主意就是丞相萧何提出来的，包括骗韩信到朝廷都是萧何一手操办的。我们都知道，萧何对于韩信是有知遇之恩的，可以说韩信就是萧何一手提拔起来的，但这样一个人也出卖了韩信。可见，韩信在做人方面实在是太失败了。

　　韩信被杀时，刘邦还在外面带兵打仗，并不知情。等刘邦回朝得知这个消息后，既欣喜又惋惜。欣喜的是心头之患终于解除，从此不必担心了；惋惜的是这样一位杰出人才，从此再也不能为自己服务了。

　　而实际上，即使吕后不杀韩信，刘邦也不杀韩信，但以韩信恃才傲物的态度和到处树敌的行为来看，他的结局也好不到哪里去。所以，在为人处世方面，凡是本事越大的人，就应该越低调一些，谨慎一些，因为"太高人逾妒，太洁世同嫌"。只要稍不注意，就会落入他人设下的圈套，成为末路英雄！在历史上，这样的教训实在是太多了，韩信的下场只是最为典型的案例之一罢了。

做人切莫太张扬

在《山木》中，庄子向我们讲述了这样一则故事：

庄子行走于山中，看见一棵大树枝叶十分茂盛，伐木的人停留在树旁却不去动手砍伐。庄子问他们是什么原因，伐木者说："没有什么用处。"庄子说："这棵树就是因为不成材而能够终享天年啊！"庄子走出山来，留宿在朋友家中。朋友高兴，叫童仆杀鹅款待他。童仆问主人："一只能叫，一只不能叫，请问杀哪一只呢？"主人说："杀那只不能叫的。"第二天，弟子问庄子："昨日遇见山中的大树，因为不成材而能终享天年，如今主人的鹅，因为不成材而被杀掉，先生你将怎样看待呢？"

庄子笑道："我将处于成材与不成材之间。处于成材与不成材之间，好像合于大道却并非真正与大道相合，所以这样还不能免于拘束与劳累。假如能顺应自然而自由自在地游乐就不是这样，没有赞誉没有诋毁，时而像龙一样腾飞，时而像蛇一样蛰伏，跟随时间的推移而变化，而不愿偏滞于某一方面；时而进取，时而退缩，一切以顺和作为度量，优游自得地生活在万物的初始状态，役使外物，却不被外物所役使，那么，怎么会受到外物的拘束和劳累呢？这就是神农、黄帝的处世原则。至于说到万物的真情，人类的传习，就不是这样的。有聚合也就有离析，有成功也就有毁败；棱角锐利就会受到挫折，尊显就会受到倾覆，有为就会受到亏损，贤能就会受到谋算，而无能也会受到欺侮，怎么可以一定要偏滞于某一方面呢？可悲啊！弟子们记住了，恐怕还只有归向于自然吧！"

在《人间世》中，庄子一再提醒人不要像"志大才疏"的螳螂一样，自恃本事大，结果遭殃的还是自己。其实，那只螳螂还是有一定的才华的，但是，它太狂妄，太不知道自敛，太喜欢卖弄自己，最终死于非命。

在生活中，因自己的出众外貌、强势背景等而自命不凡的现象也同样普遍地存在于人类的身上。因为自命不凡，这样的人便再也看不起身边的"凡人"，慢慢地，亲人走了，朋友离开了，所有能够帮助他的"凡人"都离他远去了。因为自命不凡，便一定要做出"超凡脱俗"的事情，而这脱俗背后的危险却是自命不凡者无法预料的，直到伤痕累累，才会悔恨不已。

虽然说不凡是一种高雅的境界，但如果总是自命不凡，就是一种孤立自己的愚蠢行为，所以说，一定要学会敛藏德性，做人切莫太张扬。

人 生 智 慧

◇敛藏德性，做人切莫太张扬。

◇在为人处世方面，凡是本事越大的人，就应该越低调一些，谨慎一些。

◇虽然说不凡是一种高雅的境界，但如果总是自命不凡，就是一种孤立自己的愚蠢行为。

学会放弃，活得洒脱而不失法度

【聊天实录】

我：庄老先生，您对自我节制有何高见？

庄子：我曾说过：掊斗折衡，而民不争。

我：您这句话该如何解释呢？

庄子：这句话的意思就是：烧掉符、毁掉印，而百姓就会朴实单纯。

我：您的意思是说只有将外在的制约去除，人们才能恢复到原来的本质。人往往习惯拥有，爱好拥有，觉得拥有是最踏实与安全的。人们不想放弃，觉得放弃就会有损失，迷失自己，其实并不然。放弃，并不意味着消失与失败。像下围棋一样，小的利益虽然放弃，得到的却是更大的利益。

庄子：是的，学会放弃，活得洒脱而不失法度。

【解读】 🌿 **在拥有中学会放弃** 🌿

岛村芳雄出生在日本一个贫困的乡村，年轻时背井离乡到东京谋生，在一家材料店当店员，每月薪金只有 1.8 万日元，还要养活母亲和三个弟妹，因此生活非常拮据。

岛村想自立门户创业，但资金问题一直困扰着他，于是，他选定一家银行作为目标，一次又一次地提出贷款申请，希望人家大发善心。前后经过 3 个月，到了第 69 次时，对方终于被他那百折不挠的精神所感动，答应贷给他 100 万日元，当亲朋好友知道他获得银行贷款时，也纷纷帮忙，这样，岛村又借到了 100 万日元。于是辞去店员的工作，成立丸芳商会，开始了贩卖绳索的业务。为了打开市场，岛村想出了"先予后取"的方法：

首先，他往麻产地冈山以 0.5 日元的价钱大量买进 45 厘米长的麻绳，然后按原价卖给东京一带的纸袋厂。这样做，不但无利，反而损失了若干运费和业务费。生意虽然亏了本，但"岛村的绳索确实便宜"的名声远播，订货单却从各地像雪片一样飞来。

于是，岛村按计划采取积极的行动。他拿进货单据到订货客户处诉苦："到现在为止，我是一毛钱也没赚你的。如果让我继续为你们这么服务的话，我便只有破产一条路可走了。"客户为他的诚实做法深受感动，心甘情愿地把每条麻绳的订货价格提高为 0.55 日元。

然后，他又到冈山找麻绳厂商商量："您卖给我一条绳索 0.5 日元，我是一直照原价卖给别人的，因此才得到现在这么多的订单，如果这种无利而赔本的生意继续做下去的话，我只有关门倒闭了。"

221

冈山的厂商一看他开给客户的收据存根，也都大吃一惊，这样甘愿不赚钱做生意的人，他们生平头一次遇见，于是不假思索，一口答应将单价降到每条 0.45 日元。

这样，一条绳索可赚 0.10 日元，按当时他每天的交货量 1000 万条算，一天的利润就有 100 万日元。

可见，在拥有中学会放弃，有时可以带来更大的收获，所以说不要在关键时刻前怕狼后怕虎，由于舍不得放弃而最终大失败。

❧ 学会放弃，活得洒脱 ❧

在人生的战场，我们也须学会放弃，而倾注自己的时间和精力于主战场上，不必计较次要战场的得失与荣辱，就算"鱼"与"熊掌"同等重要，在必须只取一件时，也必然要放弃一件。

一位大学考试失利的青年，为了进入一流大学，从小就努力用功。可是，一流大学的围墙太高，他连连失败，结果便想吃安眠药自杀。

青年的脑袋瓜里面，因为有不入一流大学宁可死的想法，所以思想便陷入固执之中。考取一流大学是他的人生目标，只能成功，不能失败。总之，他太过执着于要进一流大学的想法，因此在经过几次的挑战失败后，由于自己无法超越这层障壁，只好选择死亡。

《庄子·田子方》中记载了这样一则故事：

列御寇为伯昏无人表演射箭的本领，他拉满弓弦，又放置一杯水在手肘上，发出第一支箭，箭还未至靶标，紧接着又搭上了一支箭，刚射出第二支箭而另一支又搭上了弓弦。在这个时候，列御寇的神情真像是一动也不动的木偶人似的。伯昏无人看后说："这只是有心射箭的射法，还不是无心射箭的射法。我想跟你登上高山，脚踏危石，面对百丈的深渊，那时你还能射箭吗？"

于是伯昏无人便登上高山，脚踏危石，身临百丈深渊，然后再背转身来慢慢往悬崖退步，直到部分脚掌悬空，这才拱手恭请列御寇跟上来射箭。列御寇伏在地上，吓得汗水直流到脚后跟。伯昏无人说："一个修养高尚的'至人'，上能窥测青天，下能潜入黄泉，精神自白奔放达于宇宙八方，神情始终不会改变。如今你胆战心惊有了眼花恐惧的念头，你要射中靶标不就很困难了吗？"

身临悬崖而无所畏惧，甚至心情平静如水，只有全然放下的高人才有此境界。列御寇虽然是一个射箭的高人，但在真正的高人眼里，精神仍很软弱，因为他心里还有执着，对生命的执着，对安全的执着，不能全然放下，既放不下，便谈不上精神的自由了！

不要怕选择错误，因为错误常常是正确的先导，它会教我们逐渐学会放弃。现实中，我们也应学会在拥有时敢于放弃。学会可以为了一棵树而放弃整个森林，这也许便是另一种珍惜。未来是不可知的，而对眼前的这一切，我们还来得及把握，我们还可以在无限中珍惜这些有限的事物！

在我们的生命中难免会长出一些杂草，侵蚀我们美丽丰富的人生花园，搞乱我们幸福家园的田地，我们要学会对这些杂草铲除和放弃。放弃不适合自己的职业，放弃异化扭曲自己的职位，放弃暴露你的弱点缺陷的环境和工作，放弃实权虚名，放弃人事的纷争，放弃变了味的友谊，放弃失败的恋爱，放弃破裂的婚姻，放弃没有意义的交际应酬，放弃坏的情绪，放弃偏见恶习，放弃不必要的忙碌压力……

只有懂得放弃和敢于放弃才有机会，同真正有益于自己的人和事亲近，才会获得自己想要的东西。我们才能在人生的土地上播下良种，致力于有价值的耕种，最终收获丰硕的果实，在人生的花园采摘到美丽的花朵。

汉代司马相如所著《谏猎书》有云："明者远见于未萌而智者避危于未形。"放弃是一种智慧，也是一种理性的抉择。懂得在拥有中放弃，需要你的智慧与勇气，在放弃中丢掉你不值得带的包袱，才可以简洁轻松地上阵，人生的旅途才会更加愉快，事业才会更加辉煌。

人生智慧

◇学会放弃，活得洒脱而不失法度。

◇不要怕选择错误，因为错误常常是正确的先导，它会教我们逐渐学会放弃。

◇只有懂得放弃和敢于放弃才有机会，同真正有益于自己的人和事亲近，才会获得自己想要的东西。

谦虚谨慎，才不会惹祸上身

【聊天实录】

我：庄老先生，您对自我节制有何高见？

庄子：我曾讲过这样一个故事：吴王浮于江，登乎狙之山。众狙见之，恂然弃而走，逃于深蓁。有一狙焉，委蛇攫抓，见巧于王。王射之，敏给搏捷矢。王命相者趋射之，狙执死。王顾谓其友颜不疑曰："之狙也，伐其巧恃其便以敖予，以至此殛也，戒之哉！嗟乎，无以汝色骄人哉！"颜不疑归而师董梧以助其色，去乐辞显，三年而国人称之。

我：您这个故事该如何解释呢？

庄子：这个故事的意思就是：吴王渡过长江，登上猕猴聚居的山岭。猴群看见吴王打猎的队伍，惊惶地四散奔逃，躲进了荆棘丛林的深处。有一个猴子留下了，它从容不迫地腾身而起抓住树枝跳来跳去，在吴王面前显示它的灵巧。吴王用箭射它，它敏捷地接过飞速射来的利箭。吴王下令叫来左右随从打猎的人一起上前射箭，猴子躲避不及抱树而死。吴王回身对他的朋友颜不疑说："这只猴子夸耀它的灵巧，仗恃它的便捷而蔑视于我，以至受到这样的惩罚而死去！要以此为戒啊！唉，不要用傲气对待他人啊！"颜不疑回来后便拜贤士董梧为师用以铲除自己的傲气，弃绝淫乐辞别尊显，三年后全国的人个个称赞他。

我：您的意思是说最灵巧的猴子反而被射死了，是因为它"用傲气对待他人"。您用这个故事教人要学会谦虚谨慎、韬光养晦，有虎藏在袖子里，不要逞能傲物，自取灭亡。

庄子：是的，谦虚谨慎，才不会惹祸上身。

【解读】 ❧ **恃才傲物的祢衡** ❧

祢衡年少才高，目空一切。建安初年，二十出头的祢衡来到许昌。当时许昌是汉王朝的都城，名流云集，司空掾、陈群、司马朗以及荡寇将军赵稚长等人都是当世名士。有人劝祢衡结交陈群、司马朗，祢衡说："我怎能跟杀猪、卖酒的在一起？"也有人劝其参拜荀彧、赵稚长，他回答道："荀某白长一副好相貌，如果吊丧，可借他的面孔用一下；赵某是酒囊饭袋，只好叫他看厨房了。"这位才子唯独与少府孔融、主簿杨修意气相投，他对人说："孔文举是我大儿，杨德祖是我小儿，其余碌碌之辈，不值一提。"由此可见他是何等狂傲。

献帝年间，孔融上书荐举祢衡，大将军曹操有召见之意。祢衡看不起曹操，抱病不往，还口出不逊之言。曹操后来给他封了个击鼓小吏的官，借以羞辱他。一天，曹操大会宾客，命祢衡穿戴鼓吏衣帽当众击鼓为乐，祢衡竟在大庭广众之下脱光衣服，赤身露体，使宾主讨了个没趣。

曹操对祢衡恨之入骨，但又不愿因杀他而坏了自己的名声，便把祢衡送给荆州的刘表。祢衡替刘表掌管文书，颇为卖力，但不久便因倨傲无礼而得罪众人。刘表也聪明，把他打发到江夏太守黄祖那里去。祢衡为黄祖掌书记，起初干得也不错，后来黄祖在战船上设宴，祢衡说话无礼受到黄祖呵斥，祢衡竟顶嘴对骂。

黄祖急性子，盛怒之下把他杀了。

其时，祢衡仅二十六岁。"由来才命两相妨"，祢衡文才颇高，他恃一点文墨才气便轻看天下。殊不知，一介文人，在世上并非有什么不得了，赏则如宝，不赏则如敝屣，不足左右他人也。祢衡似乎不知道这些，他孤身居于权柄高握之虎狼群中，不知自保，反而放浪形骸，无端冲撞权势人物，最后因狂纵而被人杀害。

可见，祢衡的遭遇最能说明不知谦虚谨慎，最终验证了"才"对"命"的负面作用。

锋芒太露遭人忌

《易经》上说："君子藏器于身，待时而动。"可以说聪明也是一种"器"，没有这种"器"是一种遗憾故能成其大，但把这件"器"时时处处地拿出来显摆就是愚蠢了。有此器不患无此时，而如果锋芒太露，那么对于你就只有害处，不会有益处。额上生角，必触伤别人，你自己不把角磨平，别人必将力折你的角，角一旦被折，其伤害更多。所以，有的时候，我们不妨暂时收起锋芒，以一种更谦和也更从容的姿态去面对人生和生活。

庄子在另外一篇中给我们讲过一种叫作"意怠"的鸟，就深谙此理，跟上面的猴子完全不同。

东海里生活着一种鸟，它的名字叫意怠。意怠作为一种鸟啊，飞得很慢，好像不能飞行似的；它们总是要有其他鸟引领而飞，栖息时又都跟别的鸟挤在一起；前进时不敢飞在最前面，后退时不敢落在最后面，吃食时不敢先动嘴，总是吃别的鸟所剩下的，所以它们在鸟群中从不受排斥，人们也终究不会去伤害它，因此它能够免除祸患。庄子在说完这种鸟之后接着发了这样一句感慨："长得很直的树木总是先被砍伐，甘甜的井水总是先遭枯竭。"说的也就是"木秀于林，风必摧之"的意思。

然而，后世的很多英雄豪杰、甚至是才华横溢的文人，却没有做到庄子所说的这些，而在历史上留下了太多的遗憾。

是的，一个人，特别是一个很有才华的人，往往会招致别人的嫉恨。那些阴险的小人为了自己的切身利益，往往会想尽各种办法谋害才华横溢的人。因此，一个人，即使很有才华，也不要让自己的才华太外露，不然就将使自己陷入不利的处境，甚至丢掉性命。在这个社会上，一个人需要崭露锋芒是正常的，但应认清形势，不要不分场合、地点及其他客观情况，一味锋芒毕露。

但是，在生活中，人们却常常犯这样的忌讳：因自己的才华而狂妄自大，喜欢处处崭露锋芒。然而，霜打露头草，枪打出头鸟。一个人即使是天才，若丝毫不懂收敛，必将成为别人攻击的对象，由此为自己带来不必要的麻烦，为此，只有谦虚谨慎，才不会惹祸上身。

人 生 智 慧

◇谦虚谨慎，才不会惹祸上身。

◇一个人，即使很有才华，也不要让自己的才华太外露，不然就将使自己陷入不利的处境，甚至丢掉性命。

◇霜打露头草，枪打出头鸟。

物极必反，做事一定要有度

【聊天实录】

我：庄老先生，您对自我节制有何高见？

庄子：我曾讲过一个故事，其中有一段话是这么说的：东野稷以御见庄公，进退中绳，左右旋中规。庄公以为文弗过也，使之钩百而反。颜阖遇之，入见曰："稷之马将败。"公密而不应。少焉，果败而反。

公曰："子何以知之？"曰："其马力竭矣，而犹求焉，故曰败。"

我：您这段话该如何解释呢？

庄子：这段话的意思就是：东野稷因为善于驾车而得见鲁庄公，他驾车时进退能够在一条直线上，左右转弯形成规整的弧形。庄公认为就是编织花纹图案也未必赶得上，于是要他转上一百圈后再回来。颜阖遇上了这件事，入内会见庄公，说："东野稷的马一定会失败的。"庄公默不作声，不多久，东野稷果然失败而回。庄公问："你为什么事先就知道定会失败呢？"颜阖回答说："东野稷的马力气已经用尽，可是还要它转圈奔走，所以说必定会失败的。"

我：您的意思是说用东野稷驾车的例子来说明物极必反的道理，也给了我们一个启示：做事一定要有度。

庄子：是的，物极必反，做事一定要有度。

【解读】 　　进退有度的李鸿章

清朝时，太监李莲英受慈禧太后的宠爱，权倾朝野，人人望而生畏，人称"九千岁"。此人狐假虎威，老谋深算，心狠手辣。李鸿章以军功而升高官，最初看不起这些奴才，有意无意间得罪了李莲英。

慈禧太后有意静居，想把清漪园修缮一番，以便颐养天年，苦的是筹款无术，时常焦躁。李莲英曰："李伯爷是朝廷重臣，若能体仰上意，玉成此事，以慰太后，以宽圣心，当立下不世之功。"

李鸿章听到有这样贴近慈禧太后的好机会，岂肯轻易放过？当即满口应承，并马上献计献策，同李莲英商量。李莲英听了大喜，拍手称善，笑容可掬地着实奉承了李鸿章一番。他谦恭有礼地希望李鸿章入园内踏勘一回，看看哪里该拆该建，做到心中有数。

到了约定的日子，李莲英借口有事不能奉陪，派了个伶俐的太监领着李鸿章，转悠了一整天。事后不久，李莲英故意捡了个光绪皇帝肝火最旺的时候，诬陷李鸿章在清漪园里游玩山水。光绪最忌讳的就是别人不尊重他的皇权帝位，听说权倾当朝的李鸿章竟敢大摇大摆地在他御苑禁地游逛，顿时大怒，认为这是"大不敬"，是对皇权皇位的公然蔑视和冒犯！光绪一怒之下，不问青红皂白，立即下诏"申饬"，将李鸿章"交部议处"。

所谓奉旨申饬，就是由皇帝、太后或皇后派一名亲信太监，捧着"圣旨"去指着某人的鼻子，当众数落臭骂一顿。而被骂的人，既不能申辩，也不能回骂，还要伏在地上谢恩。这"申饬"虽不伤皮肉，却是极使人难堪的侮辱性惩罚。

李鸿章被御批"申饬"，他自然懂得其中奥妙，立即送了银子，没有当众受辱。李鸿章自然很快悟出了吃亏的原委，从此以后便对这位"九千岁"刮目相看，敬礼如仪，真可谓吃一亏，长一智。这就是李鸿章的退让之法——不去冒险与人争斗，而以守住自己为重。

这样看来：善于退让，把握住度，也能赢得成功，因为这样做一则保住了自己，二则保留了机会。

当然，如果有人违背你的人格信念而托你办事时，你也绝不能贪图一时之利，而不负责任地答应他，纵容他，一定要慎重考虑可能引起的后果。如果有人想整治别人，编造假的事实，求你出面作伪证，或者有人想让你同他一起干违法乱纪的勾当，如果你不想与其同流合污，就应有勇气拒绝这类无理的要求。

另外，有人请你代替完成工作时，如你的同事把自己分内的工作往你身上推，此类情况，都应拒绝。因为，形形色色的人们在社会舞台上都扮演了不同的角色，每一个人都有自己的责任和义务。既然承担了某种社会责任或契约，就应该践约。如果，当他们不能完成任务时，你也为他们去分担责任，那你是明帮暗害他们，因为那样做束缚了他们的自信心，助长了他们的依赖性。

的确，拒绝别人的要求是件不容易的事，大家都有体会。而当别人央求你，你又不得不拒绝的话，更是叫人头疼的，因为每个人都有自尊心，希望得到别人的重视，同时也不希望别人不愉快，因而，也就难以说出拒绝之话了。

不过，当你经过深思熟虑，知道答应对方的要求将会给你或他带来伤害时，那么，就应该拒绝，而不要为了面子问题，做出违心的事来，结果对双方都无好处。

在这个世界上，我们毕竟不能独来独往。办自己的事情时，有时涉及别人的利益。因此，在处理事情的过程中，我们必须全盘衡量，把握分寸，协调好各方面的利害关系，在争取我们自己利益的同时，绝不能伤害他人。

一定要懂得把握住度

水满则溢，月盈则亏，事情到了一定的程度就到了发生质变的临界点，这时候如果再进一步的话，就往往会导向事物的反面。发条上得太紧的表往往走不久，马力加到极限的车反而开不长，绷得太紧的琴弦弹几下就会断。因此，善用表的人不会把发条上得过紧，善驾车的人不会把车开得过快，善操琴的人不会让琴弦绷得过紧，一个智慧的人干什么事情都不会"过度"。下面这个故事里的小徒弟就是没有把握好度，结果失去了饭碗。

一位老师傅在退休时反复告诫小徒弟要苦练本领，少说话多做事，徒弟听了连连点头。十几年后，小徒弟有了一身过硬的本领，也成了厂里的技师。然而他找到师傅，苦着脸说："师傅，我一直按您说的方法做，整日埋头苦干，为工厂干了许多实事，也学得了一身好本领。可是升职加薪却从来没我什么事，连那些技术比我差很多、资历比我浅的都升职加薪了。"

师傅问："你确信你在工厂已经不可取代了吗？"他点了点头，师傅说："你是该到请一天假的时候了。"他一脸疑惑，但师傅接着说："不管以什么样的理由，你一定得请一天假。这就像一盏灯一直亮着，没人会注意到它，但只要熄上一次，就会引起其他人的注意……"他明白了师傅的意思，请了一天假。没想到第二天上班时，厂长主动找到他，说要让他当全厂的总技师，还要给他加薪。原来，在他请假的那一天，厂长才发现，工厂一天也离不开他，因为平时很多大故障都是他去处理的，别人根本不会处理。

他很高兴，也暗暗在心里佩服师傅的高明。从此，只要经济上出现了点小困难，他便要请上一天假，每次请假后，厂长多少都会给他加点薪。究竟请过多少次假，他自己也记不清了，只知道自己的日子越过越滋润。可就在他最后一次请假后准备去上班时，他被开除了。他苦恼地去找师傅，师傅听了他的叙述后说："那天我的话还没有说完，你就迫不及待地走了。要知道，一盏灯一直亮着，没人会注意到它，只要熄灭一次就会引起别人的注意没错，可是如果它总是熄灭，那么就会有被取代的危险，谁会需要一盏时亮时熄的灯呢？"

可见，这个师傅是高明的，埋头苦干，多做贡献是对的，但是如果苦干到一天假也没请过那么就成了空气，每时每刻都在那里，但却没有人会意识到它的重要性。所以师傅给他出了个主意，让他请一次假，只有这样，人们才能意识到他的重要性，给予他本应该有的报酬。但是，到了这个时候，小徒弟显然没有把握好度。当他越来越频繁地请假，甚至以此来作为自己加薪的要挟时，就已经超过了他自己的应得，也最终超出了厂长可以忍耐的限度，最终落得了个被扫地出厂的下落。

天下万物皆有其度。度的这边是克制，那边便是放纵；度的这边是知足，那边便是贪婪……度是不卑不亢，度是若即若离。度是经验与智慧的结晶，是成功与失败的分水岭。所以人一定要懂得把握住度，只有这样才能立于不败之地。

人 生 智 慧

◇物极必反，做事一定要有度。

◇我们在处理事情的过程中，必须全盘衡量，把握分寸，协调好各方面的利害关系，在争取我们自己利益的同时，绝不能伤害他人。

◇水满则溢，月盈则亏，事情到了一定的程度就到了发生质变的临界点，这时候如果再进一步的话，就往往会导向事物的反面。

放慢生活节奏，切莫忙得不像人样子

【聊天实录】

我：庄老先生，您对自我节制有何高见？

庄子：我曾讲过一个故事，其中有一句话是这么说的：庖丁为文惠君解牛，手之所触，肩之所倚，足之所履，膝之所踦，砉然响然，奏刀騞然，莫不中音。合于《桑林》之舞，乃中《经首》之会。

我：您这个故事该如何解释呢？

庄子：这个故事的意思就是：厨师给梁惠王宰牛。手接触的地方，肩膀倚靠的地方，脚踩的地方，膝盖顶的地方，哗哗作响，进刀时豁豁地，没有不合音律的。合乎（汤时）《桑林》舞乐的节拍，又合乎（尧时）《经首》乐曲的节奏。

我：您这个故事意思是说厨子庖丁就是一位懂得生活工作节奏的人，他为梁惠王分解全牛，剔肉析骨，技巧娴熟，动作利索。他手触肩扛，脚踩膝顶，刀声和动作声自然合乎节奏，就好比古代《经首》之曲那么优美动听，使人叹为观止。庖丁解牛所以神乎其技，在于他平时善于探求事物的变化规律，懂得以"无厚"（薄利的刀锋）入"有间"（筋骨的隙缝）的道理，所以19年下来，他手里的那把刀子，还锋利得好比刚从磨刀石上磨过那样。而梁惠王从庖丁解牛的妙法中，"得养生焉"，悟出了养生的道理。养生如同解牛一样，在于把握合理的节奏，该疾时疾，该缓时缓，而不是一味躁急。

庄子：是的，放慢生活节奏，切莫忙得不像人样子。

∽ 犹太人的智慧 ∽

众所周知，犹太人视时间为金钱，犹太商人都有一个共同的特点就是忙，但是他们却不像中国的多数商人一样从周一忙到周日，一天都不肯休息。犹太人则从每周的星期五晚上开始一直到星期六的傍晚为止，禁烟、禁酒，一切杂念都抛到九霄云外，一心一意地休息和向神祈祷。

曾经有人问一个犹太人："你工作一小时可赚 50 美元以上，如果每天休息一小时，一月就少赚 1500 美元，一年少赚 1.8 万美元以上，这值得吗？"犹太人回答说："假如一天工作 8 小时，一天可赚 400 美元，那我的寿命将减少 5 年，按每年收入 12 万美元计算，5 年我将减少 60 万美元收入。假如我每天休息一小时，那我除损失每天 50 美元外，将得到 5 年每天 7 小时工作所赚的钱，现在我 60 岁，假设我按时休息可再活 10 年，那么我将损失 15 万美元，15 万美元和 60 万美元谁多呢？"

对方哑口无言！

听了犹太人的回答，我们不得不佩服犹太人的精明！钱与命，孰轻孰重，看起来一目了然，但有几个人真正选择了重要的呢？大部分人总是认为，"我的身体很健康，多工作一会儿没什么影响的。""现在不挣钱，什么时候挣钱呢？"于是，越来越多的人选择了拼命地工作加班，对自己的健康很少关注。

诚然，许多人之所以选择拼命工作挣钱，是因为没有意识到付出的代价。其实，很多人都是由于长时间的过度疲劳使身体一直处于亚健康状态，最终导致积劳成疾的。

∽ 放慢生活节奏，乃养生之道 ∽

我们都知道，牛是很复杂的，而庖丁解牛，为什么能一刀下去，刀刀到位，轻松简单，原因是什么？是因为庖丁掌握了它的机理。牛与牛当然各不相同，但不管是什么牛，它们的机理都是一致的；每个人的生活也各有各的面貌，其基本原理也是近似的。庖丁因为熟悉了牛的机理，自然懂得何处下刀。生活也一样，如果能透解了、领悟了生活的道理，摸准了其中的规律，就能和庖丁一样，做到目中有牛又无牛，就能化繁为简，真正获得轻松。而梁惠王从庖丁解牛的妙法中，"得养生焉"，悟出了养生的道理。养生如同解牛一样，在于把握合理的节奏，该疾时疾，该缓时缓，而不是一味躁急。

由养生延伸开来，在当代人快节奏的生活、学习、工作、处世中，我们应在规律的支配下，以更合理的方式，在短暂的人生中活得更加游刃有余。

任凭风浪起，稳坐钓鱼台。在一个充满变数的世界里，个人还是应该以我为主，活出自己的风格，活出自己的节奏，以不变应万变。

其实，自己的节奏还不仅仅是个如何应对不利情况、如何做出最佳反应的问题。在没有竞争的场合下，选取什么样的快慢节奏，还是一个表现个性、通过主动设计自我形象以影响他人的问题。风风火火，以惯常的形式体现在一个人的行为中，代表了急脾气；以特殊的形式出现在一个平日不风风火火的人身上，则代表了紧急情况的出现。

庆历年间，宋仁宗有病，好长时间没能临朝听政。有一天，皇帝身体康复些，就想马上会见执政大臣，于是就在便殿设座，派人去叫中书省和枢密院的长官。吕夷简听到传唤，过了一会儿才应召前来，等到抵达皇宫，传令太监多次催促吕夷简，同僚们也敦促他快点走，而吕夷简反而更加步履迟缓了。

见了皇帝后，皇帝问道："我病了好长时间，刚刚见好，很高兴和你及大家见面，而你却姗姗来迟，究竟是为什么？"吕夷简从容地奏禀说："陛下患病，朝廷内外都很担忧。忽然听说传唤亲密大臣，我们假使急急忙忙地赶来，担心人们因此受惊而骚动呀。"

从这个故事中，我们可以感悟到，原来慢中还可以蕴涵如此深厚的智慧。那些整天忙忙碌碌的人，不妨想一下：自己真的需要这么忙吗？该不该让节奏慢下来，思考一下那些比追赶时间更重要的问题呢？

勤奋忘我的工作一直被当作一种美德来宣传，各行各业涌现出来的劳模，对他们的评价几乎都有加班加点、舍己为公这样的词语。在收获物质财富和精神奖励的同时，可能他们所欠给健康的"债"正在逐渐增加。当然，我们不是否认勤奋忘我这一精神和劳模的价值及意义，而是想提醒人们：不能为了工作忘了休息，不能赚钱不要命！

透支健康，年轻人可能并未在意。年轻的时候，你可以无限制透支它，用它去换来你想要的学识、地位和金钱。然而，这种透支是残酷而昂贵的，当你发现它的珍贵时，就算倾尽所有，也难以换回健康。如果说身体是"1"，金钱、地位都是"1"后面的"0"，没有了这个"1"，再多的"0"都将失去价值。

据报道，2005年4月10日，59岁的艺术家陈逸飞去世，之后，36岁的焦连伟和46岁的高文焕两位清华大学教师去世，以及均瑶集团董事长38岁过世的王均瑶，中青年的"过劳死"现象已经不容回避地摆在了我们面前。

"过劳死"最简单的解释就是超过劳动强度而致死，是指"在非生理的劳动过程中，劳动者的正常工作规律和生活规律遭到破坏，体内疲劳蓄积并向过劳状态转移，使血压升高、动脉硬化加剧，进而出现致命的状态"。人体就像一个弹簧，劳累就是外力。当劳累超过极限或持续时间过长时，身体这个弹簧就会发生永久变形，免疫力大大下降，导致老化、衰竭，甚至死亡。

随着生活节奏的加快，越来越多的人承受的工作、生活压力在不断加大，处于亚健康状态的人比比皆是，如果不注意调节和防治，很容易出现过劳死。在我国，中青年"过劳死"现象日益突出，每年有上百万人因此离开人世。有人甚至认为过劳死是白领杀手，它谋杀的主要就是社会精英分子。

据调查发现，82%的人选择了每天工作15小时以上，唯一的条件就是"奖金如果足够高"，尤其是在20~40岁的人中，这种想法相当普遍。

无论是出于什么样的原因，如此玩命地工作都是在透支生命。但是很多人并没有意识到这一点，正应了那句话："年轻的时候，拿命去换钱。年老的时候，拿钱去换命。"其实，这是典型的捡芝麻丢西瓜的表现。如果你挣了足够多的钱，却耗尽了生命，要那么多钱又有什么用呢？

我国台湾作家吴淡如说："没有任何东西比你自己的身体值钱，对自己好一点，并不浪费。记住这一点，才有资格好命。"所以说，不管是为了奉献社会还是为了追求个人的生活质量，都应该把自己的健康当回事。没有健康，一切都是空谈，没有任何意义。自己把自己的健康当回事，既是对自己负责，也是对家人负责。健康地活着，你才能体会生活的快乐，你的家人才能体会家庭的完整和温暖。

为此，要学会放慢生活的节奏，切莫忙得不像人样子。

人生智慧

◇放慢生活节奏，切莫忙得不像人样子。

◇养生如同解牛一样，在于把握合理的节奏，该疾时疾，该缓时缓，而不是一味躁急。

◇年轻的时候，拿命去换钱。年老的时候，拿钱去换命。

为人处事，一定要看清对象

【聊天实录】

我：庄老先生，您对自我节制有何高见？

庄子：我曾说过：井蛙不可以语于海者，拘于虚也；夏虫不可以语于冰者，笃于时也。

我：您这句话该如何解释呢？

庄子：这句话的意思就是：井里的青蛙，不可能跟它们谈论大海，因为它们受到生活空间的限制；夏天的虫子，不可能跟它们谈论冰冻，因为它们受到生活时间的限制。

我：您的意思是说您认为，即使自己有很好的才华，在与别人说话、或办事时也一定要看对象。如果对方与你的学识与见解不在同一个层次上，那么你说得再多，或者是做得再好也没用。就好比是跟井底之蛙谈论大海，对夏天的虫子谈论冬天的冰冻一样，只能是白费口舌。

庄子：是的，为人处事，一定要看清对象。

【解读】　　　　　 孔子的得意门生——颜回

颜回是孔子最得意的门生之一，由于他既好学，而且品性又好，所以得到了孔子的赏识。

有一天，颜回外出办事时，见到一家布店前围满了人，他上前一问，才知道是买布的顾客跟卖布的店员发生了纠纷。

只听见买布的那个顾客大嚷大叫："三八就是二十三，你为啥要收我二十四个钱？"

颜回走到那位顾客跟前施一礼，说："这位大哥，三八是二十四，怎么会是二十三呢？是你算错了，不要吵啦。"

那位顾客一听，很不服气，指着颜回的鼻子说："谁请你出来评理的？你算老几？要评理只有找孔夫子，错与不错只有他说了算！走，咱找他评理去！"

颜回说："好，孔夫子若评你错了怎么办？"

买布的说："评我错了输上我的人头，你错了呢？"

颜回说："评我错了输上我的冠。"

于是，二人打着赌，找到了孔子那里。

孔子问明情况后，对颜回笑笑说："三八就是二十三嘛！颜回，你输啦，快把冠取下来给人家吧！"

颜回从来不跟老师顶嘴，所以一听孔子说他错了，就只好老老实实地摘下帽子，交给了那个买布的顾客。那个人接过帽子后，就得意扬扬地走了。

而颜回对于孔子的这个评判，虽然在表面上绝对服从，但心里却一直想不通，他甚至认为孔子已经老糊涂了，自己也没有跟他继续学习的必要了。

于是，第二天一早，颜回就借故说家中有事，要请假回去，同时心里也在盘算着，这一去就再也不回来了。孔子当然明白颜回的心事，但他并没有点破，而且点头批准了他的假。

颜回临行前，去跟孔子告别。孔子要他办完事即返回，并嘱咐他两句话："千年古树莫存身，杀人不明勿动手。"

颜回应声"记住了"，便动身往家走。路上，突然风起云涌，雷鸣电闪，转眼间就下起了大雨。颜回一看雨下得太大了，便赶紧钻进路边一棵大树的空树干里避雨。但他刚躲进去，就猛然想起临别时孔子所说的"千年古树莫存身"，心想，师徒一场，再听他一次话吧，于是就从空树干里走出来，继续赶路。就在颜回刚离开那棵大树不多远时，突然从后面传来一声巨响，颜回猛地回头一看，顿时惊得目瞪口呆，因为他刚才藏身的那棵大树，已经被雷劈了个粉碎。

在感到后怕的同时，心里暗想：老师的第一句话应验啦！难道我还会杀人吗？

颜回赶到家时，已经是深夜了。他不想惊动家人，于是就用随身佩带的宝剑，拨开了妻子房间的门闩，但是等他到床前一摸时，却发现床上睡着两个人！

颜回一下子就怒从心头起，举剑正要砍，又想起孔子的第二句话："杀人不明勿动手。"

于是，他赶紧点灯一看，才发现床上睡的是妻子和自己的妹妹。

颜回在家里待了几天，便返回去了，一见到孔子便跪下说："老师，您那两句话，不但救了我，还救了我的妻子和我妹妹呀！您事前怎么会知道要发生什么事呢？"

孔子把颜回扶起来说："你走的那天，天气燥热，估计会有雷雨，所以我就提醒你'千年古树莫存身'；你又是带着气走的，身上还佩带有宝剑，所以我才告诫你'杀人不明勿动手'呀！"

听完孔子的解释，颜回打躬说："老师料事如神，让弟子佩服得五体投地！"

这时，孔子才趁机开导颜回说："我知道你请假回家是假的，实际上你是以为我已经老糊涂了，不愿再跟我学习了。但你怎么也不想想一下呢？我说三八二十三是对的，你输了，不过输了一个冠而已；但我如果说三八二十四是对的，他输了，那可是一条人命啊！你说是冠重要还是人命重要？再说了，那个人既然说出三八二十三来，说明他根本就不会算数，你又何苦去跟他较那个劲呢？"

颜回这才恍然大悟，于是又"扑通"跪在孔子面前，说："老师重大义而轻小是小非，学生还以为老师因年高而糊涂了呢，学生真是惭愧万分呀！"

以这以后，无论孔子去到哪里，颜回再没离开过他。

由此可见，孔子之所以被称为"圣人"，绝对不是徒有虚名的，尤其是他在修养方面所达到的境界，一直成为后世的榜样。就拿上面的这个故事来说，孔子的那个评判，实在值得我们深思；而孔子在受到颜回的误解时，并没有任何的埋怨，更没有对颜回进行训斥，而是耐心地对他进行开导。这样的修为，实际上已经够我们学一辈子的了。反观颜回，要不是听了孔子的劝诫，还不知犯了多少错误呢！

物各有性，好恶不同

众所周知，鱼喜水而人入水则死，物各有性，好恶不同，各物当以适情为获福，不能执一而强求于人。即便都是人，也要视各自的不同情况区别对待。

《三国志·魏书·华佗传》中有这样一个故事：有一次官吏倪寻和李延都感到头疼发热，找华佗看病，华佗诊断病情后，给倪寻开了下泻药，给李延开了发汗药。两人感到奇怪，问华佗为什么同样的病用不同的药，华佗说："倪寻的病是由内伤引起的，李延是因为外部受凉而引起感冒，病因不同，治疗方法也不一样。"他们回去后按药方服药，第二天病都好了。

这则故事给我们的道理和启示是：不能以主观主义的个人观点处理事务，应当坚持对症下药，因人而异，因地制宜。如果单纯以自己主观的善意来处理和对待身边的人和事，而不是从对象的实际属性出发，那么这种善意或许会带来不好的结果。

故事里的华佗能够视对象的不同特点而采取不同处理办法的智者，但是，也有很多人不看对象，盲目蛮干，受人笑柄，比如下面这个故事里的主人公公孙仪就是因为办事情完全不看对象而让人嘲笑至今。

战国时期，有一个叫公明仪的音乐家，他能作曲也能演奏，七弦琴弹得非常好。他弹的曲子优美动听，很多人都喜欢听他弹琴，人们很敬重他。

公明仪不但经常在室内弹琴，遇上好天气，还喜欢带上琴到郊外弹奏。有一天，他来到郊外，春风徐徐地吹着，垂柳轻轻地动着，还不时有一两只蝴蝶翩然飞过。那棵最大的柳树下，一头黄牛正在树荫下草地上低头吃草。公明仪一时兴致来了，摆上琴，拨动琴弦，就给这头牛弹起了自己最拿手的《清角之操》来，这首曲子非常最高雅美妙，人们经常会从很远的地方专程跑过来听他弹奏，但老黄牛在那里却无动于衷，仍然一个劲地低头吃草。

公明仪想：这支曲子可能太高雅了，该换个曲调，弹弹小曲。可老黄牛仍然毫无反应，继续悠闲地吃草。公明仪拿出自己的全部本领，弹奏最拿手的曲子。这回呢，老黄牛偶尔甩甩尾巴，赶着牛虻，仍然低头闷不吱声地吃草。

后来，老黄牛慢悠悠地走了，换个地方去吃草了。

最后，公明仪也只好叹口气，抱琴回去了，真是自找没趣，给人们留下了"对牛弹琴"这个成语，公孙仪也成了说话不看对象，或对愚蠢的人讲深奥的道理的典型。

为此，我们在日常生活中和工作学习中也要学习孔子和华佗，根据不同人的不同特点来区别对待，也就是一定要看清对象，而不能一味地鲁莽蛮干，为后人留下笑柄。

人生智慧

◇为人处事，一定要看清对象。

◇千年古树莫存身，杀人不明勿动手。

◇如果单纯以自己主观的善意来处理和对待身边的人和事，而不是从对象的实际属性出发，那么这种善意或许会带来不好的结果。

后　记

　　"国学今用"系列丛书是我们组织十多位国学知识功底深厚、文学造诣极深且对社会学、心理学等学科综合研究方面有较高水平的专家、学者，经过近两年通宵达旦的辛苦创作、数易其稿而苦心经营出来的历史传记作品，本套图书共十本，每本十五万字，语言通俗流畅，内容精彩有趣，知识性和可读性极强，在此，我们对在本书创作中付出辛勤劳动的作者们表示衷心的感谢！

　　在本书创作过程中，我们除了采用古代圣贤和近代之前国学名家的大量典籍资料以外，还参考了现当代相关的大量资料，有些作者我们已经进行了联系和沟通，但由于出版时间所限，以及有些作者的信息资料不太详细，截至出版之日，我们仍未能联系上这些作者，还请这些作者多多海涵，并在见到本书后及时与我们联系。

　　联系方式：457735190@qq.com

本书编委会